Il secondo grande libro dei test

Il secondo grande libro dei test

per conoscere voi stessi,
le vostre capacità e attitudini

GIUNTI DEMETRA

Impaginazione: M&M Fotocomposizione, Firenze
Testi e immagini tratti da *I test della personalità*, DVE Italia, 2008.

www.giunti.it

Via Bolognese 165 - 50139 Firenze - Italia
Via Dante 4 - 20121 Milano - Italia
Prima edizione: maggio 2011

Ristampa	Anno
6 5 4 3 2 1 0	2015 2014 2013 2012 2011

Stampato presso Giunti Industrie Grafiche S.p.A. - Stabilimento di Prato

Sommario

Introduzione 9

Istruzioni per l'uso 11

PRIMA PARTE

Conosci te stesso? 13

1. Quanti anni avete? 14
2. Che tipi siete? 22
3. Siete estroversi o introversi? 26
4. Siete sinceri? 32
5. Com'è la vostra memoria? 36
6. Siete ansiosi? 43
7. Siete ottimisti? 47
8. Com'è la vostra ambizione? 51
9. Siete simpatici? 56
10. Siete attivi, pratici, innovatori? 62
11. Com'è il vostro autocontrollo? 68
12. Sapete ridere? 73
13. Vi sentite soddisfatti di voi stessi? 92
14. Avete davvero cura del vostro corpo? 98

SECONDA PARTE

In coppia e in famiglia 105

15. La sessualità 106
16. L'affetto 110
17. L'indipendenza 114
18. Il vostro partner è davvero innamorato? 118
19. Come va la vostra coppia? 122
20. Siete lupi o agnelli? 131
21. Affinità di coppia 136
22. Siete gelosi? 145
23. Siete fatti per la famiglia? 151
24. Che tipo è la vostra mamma? 155
25. Vostro padre è autoritario? 159

TERZA PARTE

In società 163

26. Avete senso civico? 164
27. Siete tolleranti? 168
28. Siete un animale sociale o un solitario? 172
29. Avete spirito di adattamento? 176
30. Siete lungimiranti? 180
31. Attitudine al ragionamento 184
32. Misura il tuo Q.I. 190
33. Siete superbi o modesti? 199
34. Siete vittime o carnefici? 202
35. Cultura generale 205
36. Siete riflessivi o istintivi? 217

37. Com'è il vostro rapporto con il denaro? 220
38. Siete lavoratori operosi o sfaticati? 223
39. Siete corruttibili o integerrimi? 226
40. La capacità di negoziare 229
41. La capacità creativa 236
42. La capacità imprenditoriale 242
43. Quale settore professionale scegliere? 246

Introduzione

"Ma io chi sono?" Non c'è domanda più irresistibile, consueta, urgente, attuale e improrogabile di questa. Nella vita prima o poi tutti dobbiamo fare i conti con essa. A tranquillizzarci sulla nostra identità non bastano l'immagine che lo specchio rimanda di noi, né le risposte che le persone più vicine possono darci o i dati che all'anagrafe sono depositati con inconfutabile precisione. Questa domanda racchiude molto di più, va direttamente a tutto ciò che sta dietro ai nostri atteggiamenti e al nostro modo di pensare. Punta al nostro Io, insomma. E se in altre epoche erano la religione e la filosofia a rispondere a questi interrogativi, al giorno d'oggi la sete di conoscenza di se stessi ha trovato nuove fonti a cui dissetarsi: la psicologia e la psicoanalisi.

Ma anche se gli strumenti culturali sono diversi, e diverse sono le risposte, la questione fondamentale rimane, oggi come per i filosofi greci di oltre 2000 anni fa, sempre la stessa: "conosci te stesso".

Già, ma in che modo? Nell'epoca della misurazione esatta, della tecnologia avanzata, è possibile accontentarsi di risposte evasive e non quantificabili, come quelle date dall'astrologia, dalla lettura delle carte o della mano? Se la bilancia serve a misurare il peso corporeo, il metro l'altezza, l'elettrocardiogramma le funzioni del cuore e l'elettroencefalogramma quelle del cervello, qual è lo strumento capace di misurare, incasellare, catalogare la personalità umana nelle sue numerose varietà e sfumature?

Questo strumento è il test psicologico, che misura reazioni, informazioni, atteggiamenti e li riporta a scale di giudizio predeterminate, a modelli statistici, dunque all'"uomo medio" frutto dell'incontro non di due esseri umani, ma di due assi cartesiani. Cavallo di battaglia della psicologia del dopoguerra, soprattutto di quella statunitense, contestatissimo alla fine degli anni Sessanta perché ritenuto uno strumento discriminatorio, creato per dimostrare l'inferiorità razziale dei neri d'America, oggi il test sembra dividere addetti ai lavori e non: c'è chi sostiene che soprattutto i test attitudinali – peraltro usati in larga misura nella selezione del personale delle aziende e per indirizzare gli studenti verso determinati corsi di studio – siano ottimi strumenti, capaci di offrire informazioni nuove, utili e non sempre evidenti. C'è chi sostiene invece che i test sono arbitrari, frammentari, e che, soprattutto, non sono in grado di offrire una visione reale e globale della personalità, perché viziati da troppi elementi che provocano una distorsione dei risultati: la paura dell'esito, la voglia di fare bella figura, l'incapacità di rispondere in modo oggettivo alle domande che sondano il comportamento. Ma al di là dei pareri degli esperti, la risposta più esauriente viene proprio dal pubblico: il grande interesse nei confronti di tutto ciò che analizza la personalità, il costante aumento di pubblicazioni che propongono test e autoesami, l'indice di ascolto di trasmissioni televisive che sottopongono a test migliaia di spettatori, contribuiscono a favorire la diffusione dei test psicologici.

Confessiamolo: chi riesce a resistere alla tentazione di rispondere a invitanti domande in fondo alle quali c'è la certezza di un punteggio e di una valutazione che ci dice come siamo? Non c'è viaggio più emozionante e ricco di sorprese di quello all'interno di se stessi, anche se l'occasione per intraprenderlo è un semplice test tratto da un rotocalco o da uno spettacolo televisivo.

Ciò che vi proponiamo con questo libro è l'occasione di conoscervi e affrontare questo viaggio affascinante attraverso uno strumento semplice ed efficace: una batteria di test che servono a sondare la vostra personalità sotto diversi punti di vista – il rapporto con gli altri, con se stessi, col proprio corpo, col lavoro o lo studio – in modo divertente, insolito, non accademico, e che vi aiuteranno a delineare un ritratto di voi stessi. Un ritratto che in larga misura avrete sicuramente già tratteggiato, ma che i nostri test potranno aiutarvi ad arricchire di particolari interessanti.

I test, infatti, non sono oracoli e sicuramente non vanno interpretati come tali, ma possono darvi molte nuove indicazioni utili, spunti di riflessione, occasioni per discutere. L'importante è saper leggere con senso critico le valutazioni finali, cogliendo le indicazioni valide nella loro generalità, ed eliminando i dettagli e le sfumature che non vi riguardano. Un test effettuato da soli, con gli amici, i genitori, i figli, il proprio fidanzato o la moglie, ma anche da soli, può essere il pretesto per cominciare ad affrontare qualche problema scottante, ma anche per giocare, per scoprirsi, per conoscersi. Il vostro unico impegno, dunque, consisterà nel rispondere con la massima spontaneità e sincerità alle domande, tenendo presente che la risposta istintiva è sempre quella più valida. La nostra scommessa è quella di riuscire a confermare ciò che già sapete sul vostro conto, ma anche di riuscire, almeno una volta, a stupirvi, raccontandovi qualche cosa di inedito su quella misteriosa, affascinante, imprevedibile entità che è la vostra personalità.

Istruzioni per l'uso

In questo libro troverete alcune situazioni standardizzate che consentono di ottenere una serie di informazioni basate su elementi psicologici riguardanti la dimensione logica, percettiva e sociale della personalità.
La maggior parte dei test è correlata dalle modalità di calcolo del punteggio e da una descrizione – e soprattutto commento – dei risultati.
Potrete anche utilizzare le informazioni che ricaverete dai risultati dei vari test a distanza di tempo – sei mesi, un anno – quando, riprendendo i test, potrete confrontare i risultati ottenuti con quelli del passato.
Vi suggeriamo di rispondere sempre con spontaneità e serenità. Barare ai test è, infatti, come mentire a se stessi: è sciocco e soprattutto non dà alcuna garanzia di risultati.
Consigliamo comunque di non dare ai risultati più peso di quello che meritano: i test, infatti, sono uno strumento attendibile per una migliore conoscenza di sé e degli altri, ma non sono "verità di fede".

PRIMA PARTE

Conosci te stesso?

Molti sono convinti di essere buoni giudici di se stessi, ma un buon giudice, secondo le ricerche di Gordon Allport, un grande psicologo americano studioso della personalità, deve avere capacità che pochissimi hanno. Deve essere maturo e avere esperienza dei problemi che sta affrontando. Deve essere intelligente e comprendere i rapporti tra le cose.
Vernon Coleman, un altro psicologo di fama mondiale, afferma che l'intelligenza è meno importante per valutare gli amici che per giudicare se stessi. Ma come si sceglie un amico, un collaboratore, un dipendente? Per conoscerli, per conoscere gli altri, la scienza psicologica moderna ci offre due strade: dall'esterno e dall'interno.
Dall'esterno, con il supporto della fisiognomica, cioè della scienza che cerca di interpretare i caratteri di un individuo dall'aspetto esteriore. Dall'interno, con i metodi della psicologia professionale: i questionari, i test, la grafoanalisi.
Conoscere se stessi e gli altri è una necessità urgente, quotidiana, per evitare attriti, tensioni e delusioni. In questa prima parte del libro troverete appunto una serie di test utili per approfondire la conoscenza della vostra personalità.

Test 1

Quanti anni avete?

Quanti anni dimostrate realmente? Quelli che risultano dalla vostra carta d'identità? Molti di più? Molti di meno? Purtroppo non esiste ancora un'equazione che permetta di attribuire alle persone la vera età del loro spirito o del loro fisico.

Affermazioni del tipo "mi sembri ancora un ragazzo, eppure hai già superato gli 'anta'", "sono ancora giovane, ma mi sento già un relitto", "Marco ha lo spirito di un ventenne...", sono del tutto arbitrarie e non si basano su parametri quantificabili, ma su impressioni, sensazioni, stati d'animo. Eppure, anche se non esiste un'unità di misura che attribuisca anni, mesi, giorni, esattamente nella quantità che dimostriamo, esistono tuttavia indizi che ci possono aiutare a capire la nostra vera età: l'abbigliamento, l'arredamento della nostra casa, il nostro atteggiamento nei confronti delle novità, la nostra apertura o chiusura mentale, la nostra prontezza di spirito, il nostro modo di parlare, la nostra forma fisica, i nostri svaghi... l'elenco potrebbe continuare all'infinito.

È proprio in base a questi indizi che abbiamo costruito questo test, per scoprire, con una certa approssimazione, se siete più giovani o più vecchi della vostra età anagrafica. Com'è possibile? Facciamo qualche esempio illustre: Giacomo Leopardi, che compose poco più che ventenne "L'infinito", sarebbe appartenuto alla categoria dei giovani "vecchi", mentre Giuseppe Verdi, che a 80 anni compose il "Falstaff", o Totò, che sino al termine della propria carriera pretendeva nel proprio camerino un letto o un divano per poter accogliere degnamente ammiratrici, colleghe, giornaliste, appartengono a buon diritto alla categoria degli eterni giovanotti. E che dire di Sandro Pertini, diventato presidente della Repubblica a 82 anni?

Scoprite dunque la vostra vera età, rispondendo alle domande dei 4 test che vi proponiamo.

1. Rispondete alle cinque seguenti domande. Tempo massimo a disposizione: 4 minuti.

A. Scrivete il titolo degli ultimi cinque film che avete visto al cinema o in Tv. Se non ricordate il titolo scrivete il nome dell'interprete principale.

....

B. Se la risposta sbagliata alla domanda "Quanto fa 3 x 6?" è 20, scrivete la risposta giusta in questo spazio .... a meno che non sia vero il detto "La matematica è un'opinione".

C. Scrivete di seguito le prime 10 parole di una poesia che ricordate a memoria.

....

D. Scrivete il nome dei vostri nonni e di tutti i vostri cugini.

....

E. Quale oggetto tiene tra le mani la Venere di Milo?

....

2. Contrassegnate con una croce l'oggetto di ciascuna coppia che istintivamente vi piace di più.

A.	X 	Y 
B.	X 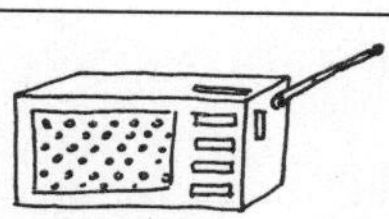	Y 
C.	X 	Y 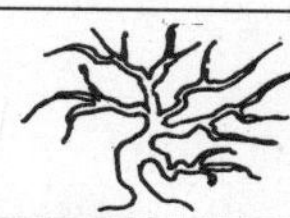
D.	X 	Y 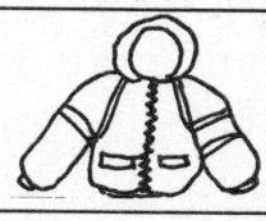
E.	X 	Y 

3. Rispondete alle seguenti domande con un sì o con un no.

	sì	no
A. Vi piacerebbe o ritenete indispensabile utilizzare i social network?	☐	☐
B. È stato il nero il colore più "in" nella moda autunno-inverno 2008-09?	☐	☐
C. Vi piace mascherarvi a Carnevale?	☐	☐
D. Pensate che la censura per le opere letterarie e artistiche sia anacronistica e lesiva della libertà d'espressione?	☐	☐
E. Pensate che un sistema di governo in cui si alternino forze politiche diverse, come per esempio quello inglese, sia più positivo e proficuo di un sistema in cui la maggioranza e il potere siano detenuti sempre dallo stesso gruppo politico?	☐	☐

4. Rispondete al gruppo di domande riguardanti la fascia d'età alla quale appartenete.

Dai 15 ai 20 anni

A. Preferite una ragazza o un ragazzo fisso, piuttosto che tanti flirt?	☐	☐
B. Vi piace fare i "cretini" in compagnia di amici con i quali ve la intendete bene, combinando scherzi a tutti, di tanto in tanto?	☐	☐
C. Vi piace il rock?	☐	☐
D. Pensate che il primo dovere di un ragazzo sia quello di studiare con profitto?	☐	☐
E. Praticate almeno uno sport o avete qualche attività ricreativa, al di fuori dello studio?	☐	☐

Dai 20 ai 30 anni

A. Avete un giro molto ampio di amici, che spazia tra le persone e gli ambienti più diversi?	☐	☐
B. Alla sera preferite uscire con pochi amici fidati e possibilmente accoppiati come voi?	☐	☐
C. Pensate che per voi sia giunto il momento di mettere la testa a posto e di non avere più l'età per fare "pazzie"?	☐	☐

	sì	no
D. Di recente avete interrotto qualche attività, hobby, sport, che prima praticavate con entusiasmo, per via degli impegni eccessivi?	☐	☐
E. L'unica cosa che vi preme in questo momento è laurearvi o trovare un buon posto per metter su famiglia, o se ce l'avete già, far carriera?	☐	☐

Dai 30 ai 40 anni

A. Passate molto più tempo in casa davanti alla Tv rispetto a qualche anno fa?	☐	☐
B. Di recente avete conosciuto e cominciato a frequentare nuovi amici?	☐	☐
C. Vi sentite particolarmente in forma in questo periodo?	☐	☐
D. Vi trovate a disagio con gente più giovane di voi?	☐	☐
E. Trovate che i vostri coetanei o le vostre coetanee siano estremamente affascinanti e non abbiano nulla da invidiare ai ventenni o alle ventenni?	☐	☐

Dai 40 ai 50 anni

A. Pensate che alla vostra età siano poche le cose che avete ancora da imparare dalla vita?	☐	☐
B. Vi preoccupate molto per la vostra salute, recandovi spesso dal medico per controlli preventivi?	☐	☐
C. Una corsetta e qualche pagina prima di addormentarvi vi sembrano un buon rimedio contro l'insonnia?	☐	☐
D. Avete qualche traguardo nel lavoro, nei rapporti familiari, nelle altre attività, che vi proponete di raggiungere?	☐	☐
E. Cambiereste lavoro, se vi proponessero qualche cosa di nuovo e allettante, ma impegnativo e completamente affidato alle vostre iniziative e capacità?	☐	☐

Dai 50 ai 60 anni

A. Vi sembra che l'umorismo dei giovani sia incomprensibile?	☐	☐

	sì	no
B. In occasione delle feste natalizie, andate volentieri a casa dei vostri parenti e non siete di quelli che pretendono a ogni costo che siano gli altri a spostarsi?	☐	☐
C. Avete qualche nuovo progetto a proposito dell'arredamento della vostra casa, qualche stanza da rinnovare, qualche pezzo da cambiare?	☐	☐
D. Vi danno fastidio quelli che turbano le vostre abitudini e il vostro quieto vivere?	☐	☐
E. Pensate che la pensione vi darà finalmente l'occasione di fare tutte quelle cose che vi sono sempre piaciute e per le quali non avete mai avuto tempo?	☐	☐

Dai 60 anni in poi

A. Vi divertono i bambini e i loro giochi?	☐	☐
B. Vi vestite e pettinate con cura solo per uscire, perché in casa è inutile badare a certe cose?	☐	☐
C. Parlate spesso agli altri dei vostri acciacchi?	☐	☐
D. Vi piace uscire a fare una passeggiata o una pedalata tranquilla in bicicletta, piuttosto che star sempre in casa?	☐	☐
E. Quando andate a far la spesa vi fermate a chiacchierare con un sacco di gente?	☐	☐

CALCOLA IL PUNTEGGIO E LEGGI IL RISULTATO

1. Dopo aver controllato l'esattezza delle vostre risposte, chiedendo conferma ad amici o familiari per le risposte A e D, confrontando la C con un libro, e tenendo presente che la risposta esatta alla B è 18, e alla E è nulla, perché la statua è priva di braccia, attribuitevi: 1 punto per ogni risposta esatta, se avete un'età compresa entro i 35 anni, 2 punti per ogni risposta esatta se avete un'età superiore ai 35 anni.
2. Attribuitevi 1 punto per ogni vostra risposta corrispondente alle seguenti: A=Y, B=X, C=X, D=Y, E=Y.
3. Attribuitevi 1 punto per ogni vostra risposta corrispondente alle seguenti: A=Sì, B=Sì, C=Sì, D=Sì, E=Sì.
4. Cercate la fascia di età corrispondente alla vostra nell'elenco delle risposte. Attribuitevi 1 punto per ogni vostra risposta corrispondente alla seguenti:

	A	B	C	D	E
Dai 15 ai 20 anni	no	sì	sì	no	sì
Dai 20 ai 30 anni	sì	no	no	no	no
Dai 30 ai 40 anni	no	sì	sì	no	sì
Dai 40 ai 50 anni	no	no	sì	sì	sì
Dai 50 ai 60 anni	no	sì	sì	no	sì
Dai 60 in poi	sì	no	no	sì	sì

Sommate quindi i punteggi conseguiti nei test 1, 2, 3, 4, e cercate il gruppo al quale appartenete.

Punteggio compreso tra 25 e 15

Qualunque sia la vostra età anagrafica, l'orologio del vostro spirito e della vostra forma fisica si è fermato parecchi anni prima: dimostrate sicuramente meno anni di quelli che avete, sia per la mentalità aperta e disponibile, sia per la prontezza di spirito, sia per il vostro modo di affrontare la vita e per l'entusiasmo con cui accogliete tutto ciò che è nuovo e attuale. Amate la compagnia di persone più giovani, ma vi sentite a vostro agio in ogni ambiente e con la gente più diversa. Vi adattate facilmente ai cambiamenti e alle novità, pur non dimenticando le vostre radici e tutto ciò che di importante e positivo c'è nelle tradizioni. Curate il vostro aspetto fisico, anche se le prime rughe o i primi capelli bianchi non vi terrorizzano o non vi hanno terrorizzato. Siete portati a guardare avanti, e ciò che vi riserva il domani vi incuriosisce e non vi spaventa.

Punteggio compreso tra 14 e 8
Le vostre caratteristiche rientrano pienamente nella media delle persone della vostra età, qualunque essa sia. Non siete affatto preoccupati di dimostrare meno anni di quelli che avete, perché la vostra età vi va benissimo e riuscite ad apprezzare i vantaggi che essa comporta. Amate tutto ciò che riguarda il vostro passato, siete saldamente ancorati nel presente e nella realtà in cui vivete, il futuro non vi preoccupa. Sicuramente per voi invecchiare non rappresenta un dramma, in quanto ritenete che con l'età si acquisti più saggezza ed esperienza. L'unico rischio che correte è quello di chiudervi in una cerchia molto ristretta di persone e di essere poco disponibili a nuove idee e tendenze, essendo conservatori per inclinazione.

Punteggio compreso tra 7 e 0
Gli anni passano su di voi e si fanno sentire, qualunque sia la vostra età. Se siete giovane, preferite la compagnia di persone più mature e posate dei vostri coetanei, che fondamentalmente non comprendete e trovate insignificanti. Vi hanno sempre attribuito un'età superiore a quella che avete effettivamente, forse perché siete cresciuti più in fretta degli altri, e non avete mai avuto opportunità e voglia di fare giochi e "fesserie" tipiche dell'adolescenza. Dedicate più tempo agli impegni di studio o di lavoro che agli svaghi e, anche quando avete tempo libero, non vi lasciate mai andare completamente, ma preferite dedicarvi a qualche attività utile, sociale o culturale. Se siete adulti o in età matura, avete una scarsa disponibilità a considerare e valutare ciò che hanno di positivo le innovazioni e i cambiamenti, che guardate piuttosto con sospetto.
Non date troppa fiducia agli altri, soprattutto se più giovani di voi, e spesso siete portati a rimpiangere "i vostri tempi" e a ricordare che una volta i giovani erano diversi, meglio educati, più rispettosi. Preferite restare chiusi "nel vostro brodo", amate le vostre piccole abitudini, la vostra casa, e siete poco disponibili alle relazioni sociali, se non con amici di vecchia data e con qualche parente. Non vi cu-

rate del vostro aspetto fisico, perché "sono sciocchezze da donne o da giovani", stentate a stare al passo coi tempi per quanto riguarda moda, notizie di attualità, nuove tendenze culturali.

Commento

Se il vostro punteggio è scarso nel test 1, è un po' di prontezza di spirito che vi manca. Se avete conseguito il punteggio più basso nel test 2 significa che siete abbastanza tradizionalisti nei vostri gusti, e ciò traspare dall'arredamento della vostra casa, dal vostro abbigliamento, dalle vostre letture.

Se è il test 3 quello nel quale avete conseguito il punteggio più basso, ciò significa che siete abbastanza conservatori, non amate le novità, siete poco curiosi di conoscere e imparare cose nuove.

Se infine il punteggio relativo al test 4 è quello più scarso, vuol dire che avete atteggiamenti e modi di pensare abbastanza diversi dai vostri coetanei.

Analizzate dunque con attenzione le vostre risposte e fate il vostro bilancio. Se tutto sommato la vostra vita vi va bene così com'è, non c'è motivo per voler cambiare. Se invece siete spesso di cattivo umore, vi sentite soli e non fate che rimpiangere i bei tempi andati, questi test possono essere l'occasione per riflettere anche sulle vostre responsabilità, per non attribuire solo agli altri e al mondo che cambia la colpa della vostra insoddisfazione.

Test 2

Che tipi siete?

Vi siete mai posti questa domanda? Prima di provare a rispondere, diamo una definizione di che cos'è un tipo: "forma, esemplare a cui si riportano i singoli nelle loro varietà", così si legge sul vocabolario. Allora esiste un modello al quale vi ispirate, più o meno consciamente? Vi hanno mai detto che assomigliate a questo o a quello, oppure che siete un tipo originale e strano, o ancora che il vostro personaggio è fuori moda, o che siete un punk o una *femme fatal* in piena regola? Insomma, che tipi siete?

Qualunque sia la vostra risposta, non sarà sicuramente tanto azzeccata quanto quella di un amico, di un conoscente, o anche di un estraneo. Perché il vostro tipo non è altro che l'immagine che gli altri hanno di voi e che, vicina o lontana dal vostro vero Io, riguarda l'apparenza, le vostre scelte evidenti, i vostri gusti esteriori. Quanto quest'immagine corrisponda al vostro mondo interiore, o piuttosto si allontani da ciò che siete realmente, in questo momento non ci riguarda. Se recitate una parte, se vi sforzate di adeguarvi a un modello, probabilmente questa immagine sarà molto diversa dal vostro vero Io, sarà una corazza protettiva, che solo i più intimi riusciranno a penetrare.

Se invece la vostra immagine non è costruita, se non avete mai pensato di imitare qualcuno, probabilmente essa rappresenterà in larga misura ciò che voi stessi siete realmente.

Tuttavia ciò che ora ci interessa non è quello che sta dietro all'apparenza, ma l'apparenza stessa. La vostra personalità verrà sviscerata dai test successivi; per ora ciò che vogliamo definire è solo il vostro tipo, attraverso le vostre scelte, i gusti, le vostre preferenze rispetto ai settori più svariati.

Rispondete sinceramente alle seguenti domande e saprete che tipi siete.

1. Scegliete tra questi due gruppi di personaggi il cantante o il complesso che preferite o di cui avete più dischi.

Donne		**Uomini**	
A. Gianna Nannini	☐	A. Robbie Williams	☐
B. Carla Bruni	☐	B. Radiohead	☐
C. Lady Gaga	☐	C. Tiziano Ferro	☐
D. Gianni Morandi	☐	D. Daniele Silvestri	☐
E. Irene Grandi	☐	E. Morgan	☐

2. Scegliete, tra quelle elencate, l'opera d'arte che vi piacerebbe avere in casa.

Donne		**Uomini**	
A. Il *David* di Donatello	☐	A. *Campbell's Soup* di Andy Warhol	☐
B. *Le muse inquietanti* di Giorgio De Chirico	☐	B. *Il quarto stato* di Pellizza da Volpedo	☐
C. *Il quarto stato* di Pellizza da Volpedo	☐	C. *La primavera* di Botticelli	☐
D. *Danseuse* di Degas	☐	D. I *Bronzi di Riace*	☐
E. La *Venere di Milo*	☐	E. *Ecce ancilla domini* di Dante Gabriele Rossetti	☐

3. Scegliete tra questi oggetti quale istintivamente vi attrae di più.

Donne		**Uomini**	
A. Un rossetto	☐	A. Un paio di guanti da pugile	☐
B. Un paio di zoccoli	☐	B. Un orsacchiotto di peluche	☐
C. Una racchetta da tennis	☐	C. Una spilla da balia	☐
D. Un bocchino per sigarette	☐	D. I fumetti di Altan	☐
E. Un libro	☐	E. Un paio di guanti di pecari	☐

4. Scegliete tra questi animali quello che istintivamente vi attrae di più.

Donne		**Uomini**	
A. Passerotto	☐	A. Cane lupo	☐
B. Bobtail	☐	B. Levriero afgano	☐
C. Pechinese	☐	C. Dobermann	☐
D. Cavallo	☐	D. Leone	☐
E. Tigre	☐	E. Agnello	☐

5. Scegliete in quale di queste epoche vi sarebbe piaciuto vivere.

Donne
A. Negli anni Sessanta (la "dolce vita") ☐
B. Alla fine del '700 (durante la Rivoluzione francese) ☐
C. Nell'800 (nel periodo del Romanticismo) ☐
D. Nel futuro ☐
E. Nel Rinascimento ☐

Uomini
A. Nell'800 (nel periodo del Romanticismo) ☐
B. Nell'epoca post-atomica ☐
C. Alla fine dell'800 (età del Decadentismo) ☐
D. Durante la Resistenza ☐
E. Negli anni Sessanta (la "dolce vita") ☐

6. Scegliete a quale di questi personaggi vi piacerebbe assomigliare.

Donne
A. Federica Pellegrini ☐
B. Scarlett Johansson ☐
C. Anne Hathaway ☐
D. Concita de Gregorio ☐
E. Regina Rania di Giordania ☐

Uomini
A. Valentino Rossi ☐
B. Renzo Piano ☐
C. Riccardo Scamarcio ☐
D. Jovanotti ☐
E. Hugh Grant ☐

CALCOLA IL PUNTEGGIO E LEGGI IL RISULTATO

Se la maggioranza delle vostre risposte appartiene a uno dei gruppi di seguito elencati, il vostro tipo è facilmente riconoscibile e individuabile. Se invece non avete conseguito in alcun gruppo un punteggio superiore a 4, significa che non amate riconoscervi in un tipo o un personaggio, ma siete tipi originali e sempre diversi, disposti a cambiare spesso gusti e "abito".

DONNE

Femme fatal. Se il maggior numero delle vostre risposte corrisponde a: 1=C, 2=E, 3=A, 4=E, 5=A, 6=B, significa che il vostro tipo è quello della *femme fatal* la mangiatrice d'uomini, sofisticata ed elegante, egocentrica e capricciosa.

Maestrina. Se il maggior numero delle vostre risposte corrisponde a: 1=D, 2=D, 3=E, 4=A, 5=C, 6=E, il vostro tipo è quello della maestrina, romantica, timida, introversa, votata a servire e fare del bene agli altri, protettrice degli indifesi.

Sportiva. Se il maggior numero delle vostre risposte corrisponde a: 1=E, 2=A, 3=C, 4=D, 5=D, 6=A, il vostro tipo è quello della sportiva, intraprendente, dinamica, sempre in movimento, proiettata nel futuro.

Snob. Se il maggior numero delle vostre risposte corrisponde a: 1b, 2=B, 3=D, 4=C, 5=E, 6=C, il vostro tipo è quello della snob, intellettuale, che ama frequentare i salotti bene della propria città.

Femminista. Se il maggior numero delle vostre risposte corrisponde a: 1=A, 2=C, 3=B, 4=B, 5=B, 6=D, il vostro tipo è quello della femminista, impegnata politicamente, sicura del proprio aspetto, votata a una sola causa.

UOMINI

"Il migliore". Se il maggior numero delle vostre risposte corrisponde a: 1=A, 2=D, 3=E, 4=D, 5=A, 6=A, la vostra aspirazione è quella di essere "il migliore", il più forte, muscoloso, simpatico, il conquistatore della compagnia.

Timidone. Se il maggior numero delle vostre risposte corrisponde a: 1=C, 2=C, 3=B, 4=E, 5=A, 6=E, il vostro tipo è quello del timidone, tenero, che vuol essere coccolato e conquistato dalle donne senza muovere un dito, e incapace di fare male a una mosca.

Tecnologico. Se il maggior numero delle vostre risposte corrisponde a: 1=B, 2=A, 3=C, 4=C, 5=B, 6=B, il vostro tipo è quello del tecnologico, sempre impegnato a navigare in internet e chattare, a cui non possono mancare le ultime novità in campo di computer, telefonia ed elettronica.

Dandy. Se il maggior numero delle vostre risposte corrisponde a: 1=E, 2=E, 3=E, 4=B, 5=C, 6=C, siete un dandy, uno snob raffinato e decadente, un esteta, che ama circondarsi di cose belle.

Intellettuale di sinistra. Se il maggior numero delle vostre risposte corrisponde a: 1=D, 2=B, 3=D, 4=A, 5=D, 6=D, il vostro tipo è quello dell'intellettuale di sinistra, o comunque dell'uomo impegnato politicamente, colto, aggiornato sui fatti d'attualità.

Test 3

Siete estroversi o introversi?

Il vostro umore è sempre alle stelle? Non avete alcun problema nel rivolgere la parola a uno sconosciuto? Sapete cavarvela in ogni situazione? Siete infiammabili come un fiammifero? Partireste domani per una spedizione in Antartide?
Vi chiederete quale nesso lega tutte queste domande, basate su situazioni e comportamenti apparentemente così diversi? Il nesso c'è, e come! Spensieratezza, socievolezza, irascibilità, impulsività, le "qualità" di coloro che hanno risposto affermativamente ai precedenti interrogativi sono sfaccettature diverse di un solo aspetto fondamentale del carattere di ciascuno di noi, l'estroversione o il suo contrario, l'introversione. Studiate e analizzate da tutti gli psicologi, e addirittura individuate dai Greci, se pur con nomi diversi, queste due componenti di base del nostro temperamento si manifestano quotidianamente, e certamente ciascuno di noi avrà imparato a riconoscerle. Tuttavia, anche dietro i comportamenti più espliciti può racchiudersi qualche sorpresa: spesso infatti la timidezza toglie una certa dose di platealità a un carattere fondamentalmente estroverso, oppure chiasso e rumore possono nascondere la vera essenza del carattere timido di quel nostro amico così "effervescente". Proponendo una serie di domande riguardanti situazioni più o meno comuni, si scoprirà il vostro grado di estroversione o introversione. Le vostre reazioni di fronte a tali situazioni sono da "estroversi" o no? È quello che saprete alla fine del test.
Rispondete quindi alle seguenti domande, nel modo più istintivo e immediato, contrassegnando il quadratino relativo al sì o al no.

	sì	no
1. Siete capaci di restare a lungo fermi nella stessa posizione?	☐	☐
2. Di solito finite di mangiare molto più velocemente della media dei vostri parenti e amici?	☐	☐

	sì	no
3. Giocate spesso il tutto per tutto, se la posta è alta?	☐	☐
4. Vincete con un concorso un viaggio premio piuttosto avventuroso e con un pizzico di rischio: accettate di partire anche a costo di prendervi le ferie fuori stagione e mandare all'aria alcuni vostri piani di lavoro?	☐	☐
5. Amate circondarvi di amici vivaci e allegri per "scatenarvi" e divertirvi in compagnia?	☐	☐
6. Preferite il teatro al cinema?	☐	☐
7. Vi capita spesso di pensare all'eventualità di una malattia?	☐	☐
8. Se doveste scegliere di trasferirvi a New York o a Vienna, optereste per la prima soluzione?	☐	☐
9. Di solito parlate misurando bene le parole e facendo frequenti pause di riflessione?	☐	☐
10. Vi piacciono di più le carni rosse e la selvaggina delle verdure?	☐	☐
11. Se avete un appuntamento vi preparate con un certo anticipo per scongiurare eventuali imprevisti?	☐	☐
12. Alla mattina vi alzate da letto senza fatica e pieni di energie?	☐	☐
13. Vi è mai capitato di arrabbiarvi tanto da perdere il controllo?	☐	☐
14. Vi muovete con gesti scattanti e veloci, per non dire frenetici?	☐	☐
15. Aspettate sempre il verde prima di attraversare la strada?	☐	☐

	sì	no
16. Vi capita spesso di concedervi delle pause più o meno unghe, durante le quali non fate null'altro che rilassarvi e riflettere?	☐	☐
17. Vi piace trascorrere serate davanti al caminetto chiacchierando in tutto relax con i vostri pochi ma carissimi amici?	☐	☐
18. Ridete con facilità?	☐	☐
19. Preferite i viaggi organizzati "tutto compreso", che non lasciano spazio a fastidiosi imprevisti?	☐	☐
20. Quando partecipate a una festa vi buttate nella mischia e ballate sino all'esaurimento delle forze?	☐	☐
21. Preferite avere pochi abiti costosi, magari con una "griffe" famosa, ma classici e intramontabili, piuttosto che parecchi straccetti vistosi e alla moda?	☐	☐
22. Tenete una contabilità dettagliata delle vostre spese, senza lasciare nulla all'imprevisto?	☐	☐
23. Siete spesso generosi con gli altri quando le cose vi sono andate bene o siete euforici?	☐	☐
24. Da piccoli "menavate" le mani piuttosto che prenderle dagli altri?	☐	☐
25. Vi capita mai di concentrare l'attenzione di tutto un gruppo su di voi, nel corso di una chiacchierata, di una serata con amici, di un gioco, di un dibattito?	☐	☐
26. Se qualcosa vi va male, pensate che "domani è un altro giorno", e ciò vi ricarica?		
27. Preferite le violette del pensiero alle rose rosse?	☐	☐

	sì	no
28. Di solito siete sinceri, immediati e non bluffate quasi mai?	☐	☐
29. Le novità vi eccitano invece di spaventarvi?	☐	☐
30. Ma è proprio vero il detto "meglio un giorno da leone che cento da pecora"?	☐	☐

CALCOLA IL PUNTEGGIO E LEGGI IL RISULTATO

Attribuitevi 1 punto per ogni risposta corrispondente alle seguenti.

1.	no
2.	sì
3.	sì
4.	sì
5.	sì
6.	no
7.	no
8.	sì
9.	no
10.	sì

11.	no
12.	sì
13.	sì
14.	sì
15.	no
16.	no
17.	no
18.	sì
19.	no
20.	sì

21.	no
22.	no
23.	sì
24.	sì
25.	sì
26.	sì
27.	no
28.	sì
29.	sì
30.	sì

Punteggio compreso tra 30 e 20

Siete persone decisamente estroverse, con tutti gli aspetti positivi e negativi che questa componente del carattere comporta. E cominciamo dai primi che sono sicuramente maggiori: socievolezza estrema, disponibilità nei confronti degli altri e una certa festaiola allegria fanno di voi degli amici preziosi e sempre ricercati, anche se a volte un po' invadenti e superficiali. Siete inoltre superattivi, pieni di vitalità ed entusiasmo nei confronti di tutto ciò che fate, non sapete stare un attimo fermi e, se non riuscite a sfogare in uno sport o in una attività fisicamente impegnativa il surplus delle vostre energie, siete capaci di fare le ore piccole per dedicarvi sino all'ultimo a qualcosa che vi interessa. Preferite alle attività teoriche quelle più pratiche, e anche nel vostro lavoro riversate l'impulsività, l'amore del rischio e quel pizzico di irresponsabilità che vi contraddistinguono, e che fanno di voi quasi sempre un vincente. Tra i risvolti negativi di queste caratteristiche, una certa avventatezza, una tendenza alla superficialità e soprattutto l'irascibilità: non sempre siete tolleranti e sapete dare ascolto agli altri. Spesso vi accade di dare in escandescenze per questioni che non lo meritano, salvo poi dimenticarvene dopo pochi minuti. Tuttavia la vostra generosità e sincerità fanno quasi sempre dimenticare a chi vi conosce bene queste piccole intemperanze.

Punteggio compreso tra 19 e 10
La vostra estroversione è media: ciò significa che nei rapporti con le persone vi sapete dare con misura, anche per il timore di eccedere o infastidire. Sapete ascoltare e capire gli altri senza mai prevaricarli, anche se la pensano diversamente da voi. Pur avendo rapporti cordiali con parecchie persone, quelli che considerate vostri amici sono veramente pochi. Solo con loro riuscite a esprimere in pieno la vostra personalità, e vi lasciate andare a quella punta di originalità e di follia che nascondete dietro un atteggiamento equilibrato e pratico. Siete dinamici e attivi, ma non fate mai nulla avventatamente. Accettate i rischi solo se attentamente calcolati.

Punteggio compreso tra 9 e 0
Controllati, riservati, riflessivi, cauti: le vostre caratteristiche sono quelle delle persone introverse. Fondamentalmente pacati e tranquilli in ogni vostra manifestazione, non vi lasciate mai travolgere dagli impulsi ma ponderate attentamente ogni vostra mossa prima di agire. Nei rapporti con gli altri siete inclini a selezionare attentamente le amicizie, con le quali condividete interessi comuni come il gusto per la musica, il teatro, o qualche hobby poco "chiassoso". Amate anche la solitudine poiché siete dei pensatori, probabilmente avete il gusto della lettura o di altri passatempi solitari. Le attività che vi si addicono sono quelle più attinenti al pensiero che all'azione, quelle di precisione e pazienza, le professioni che richiedono concentrazione e riflessività piuttosto che dinamismo.

Test 4

Siete sinceri?

Da bambini ci dicevano che le bugie hanno le gambe corte o che ai bugiardi spunta un naso lungo come quello di Pinocchio. E questo spesso bastava a farci perdere la voglia di mentire, o se lo facevamo eravamo perfettamente coscienti di "averla fatta sporca".
Nel mondo degli adulti invece questa separazione netta tra verità e menzogna non esiste più, poiché spesso le convenzioni sociali, la convenienza, la necessità di un compromesso finiscono per farci raccontare una verità, che non è tale, ma che non sentiamo nemmeno come una vera bugia.
Proviamo dunque a scoprire, attraverso questo test, in che misura diplomazia e mediazione hanno appannato la vostra sincerità. Oppure quanto poco l'abbiano scalfita.
Contrassegnate tra le 3 possibili risposte a ogni domanda quella che si avvicina di più al vostro abituale modo di pensare e agire, poi calcolate il vostro punteggio e scoprirete se siete sinceri.

1. Ma voi le dite mai le "bugie"? Non quelle grosse, ma quelle che non fanno male a nessuno?
A. Piccole o grandi che siano, evito di mentire. ☐
B. Beh, se proprio non fanno male a nessuno, qualcuna ogni tanto mi scappa! ☐
C. In genere cerco di evitarle. ☐

2. Uscendo da una mostra di pittura, passate di fronte al banco delle offerte libere. In quel momento siete solo, nessuno vi vede, l'addetto alla raccolta dei soldi è momentaneamente assente. Cosa fate?
A. Se non avete in tasca spiccioli, uscite senza lasciare nulla. ☐
B. Ve la filate alla chetichella senza fare offerte. ☐
C. Non c'è alcun motivo per cui non dovreste pagare, e quindi lasciate lo stesso una piccola offerta. ☐

3. Se una persona vi è cordialmente antipatica, vi capita mai di parlar male di lei con altri?

A. Solo se vi ha fatto qualche torto grave, altrimenti cercate di non far conoscere ad altri i motivi della vostra antipatia. ☐
B. Per principio non parlate mai alle spalle della gente. ☐
C. Se vi è proprio antipatica può darsi che qualche cosa sul suo conto l'abbiate detta. ☐

4. Se la cosa torna a vostro immediato vantaggio, vi dipingete agli altri in modo migliore o diverso da quello che siete realmente?

A. Assolutamente mai. ☐
B. Può essere capitato. ☐
C. In genere cercate di essere voi stessi. ☐

5. Vi mettete le dita nel naso quando siete sicurissimi di essere soli?

A. Certamente no! ☐
B. Sono domande da fare? ☐
C. Qualche volta, molto raramente. ☐

6. Tornando da un viaggio in un paese esotico o da una vacanza particolare, vi è mai capitato di "romanzare" il vostro racconto, aggiungendo particolari non proprio autentici o amplificando fatti accaduti?

A. A volte vi lasciate prendere dall'entusiasmo. ☐
B. A pensarci bene sì, anche se non lo fate intenzionalmente, ma magari ve ne rendete conto dopo. ☐
C. No, cercate di essere fedeli alla realtà. ☐

7. Vi è mai capitato di vedere un film o una rivista pornografica?

A. Siete contrari alla pornografia. ☐
B. Qualche volta, ma non è che la cosa vi interessi molto. ☐
C. Ogni tanto. ☐

8. Siete sicuri di fare sempre il vostro dovere al 100 per cento, o in qualche occasione, se pur rara, avete dato un po' meno?

A. Siamo esseri umani: qualche volta capita di dimenticare per un attimo i doveri. ☐
B. Siete tipi che fanno sempre il proprio dovere fino in fondo. ☐
C. Di solito cercate di dare tutto il possibile. ☐

9. **Vi è mai capitato di sorridere e dimostrarvi amichevole con una persona solo per il vostro tornaconto, pur trovandola insopportabile?**
A. No, mai. ☐
B. Nel mondo del lavoro capita tutti i giorni. ☐
C. Qualche volta. ☐

10. **Cosa pensate del detto "Porgi l'altra guancia"?**
A. Al giorno d'oggi è difficile da mettere in pratica. ☐
B. Lo trovo giustissimo. ☐
C. In teoria potrebbe essere giusto, ma nella vita di tutti i giorni reagite alle prevaricazioni in ben altro modo! ☐

CALCOLA IL PUNTEGGIO E LEGGI IL RISULTATO

Attribuite a ogni risposta i punti indicati nel seguente schema, quindi sommateli. Il punteggio ottenuto vi guiderà nelle risposte.

	A	B	C
1.	3	1	2
2.	2	1	3
3.	2	3	1
4.	3	1	2
5.	3	2	1
6.	2	1	3
7.	3	2	1
8.	1	3	2
9.	3	2	1
10.	2	3	1

Punteggio compreso tra 30 e 20
Dite la verità almeno a voi stessi: siete così impegnato ad apparire onesto, sincero fino in fondo, retto, che non vi rendete nemmeno

conto che questa è una "finzione" come un'altra, un abito che vi siete cuciti addosso. Com'è possibile, infatti, che non vi scappi mai la più piccola bugia, che non vi sia mai capitato di esagerare le tinte di un racconto? Almeno una volta nella vita vi sarà pur capitato: i vostri "no", "mai", "assolutamente" suonano stonati. Siete un santo, oppure un po' bugiardo, vostro malgrado.

Punteggio compreso tra 19 e 10
Siete persone perfettamente equilibrate e nella vita avete imparato a utilizzare quel pizzico di diplomazia a volte indispensabile, senza per questo rinunciare a una fondamentale onestà con voi stessi e con gli altri. Certamente vi capita spesso di far buon viso a cattivo gioco e di non dire fino in fondo ciò che pensate. Ma questo avviene solo se si tratta di situazioni banali e di piccole cose. Nelle questioni importanti infatti non rinunciate mai a esprimere il vostro reale pensiero, anche se questo può costarvi. Anche nelle relazioni con gli altri siete fondamentalmente sincero, ma qualche piccola menzogna, a fin di bene, di tanto in tanto ve la concedete per non ferire le persone che vi stanno a cuore.

Punteggio compreso tra 9 e 0
La vostra sincerità è addirittura disarmante, in quanto siete disposto ad ammettere pubblicamente quello che tutti fanno o pensano in privato, ma si guardano bene dal dichiarare. Voi invece chiamate le cose col loro nome e dite a tutti quello che pensate. Odiate i bluff e le mediazioni ipocrite, preferite le persone che come voi vanno dritte al nocciolo delle questioni. La vostra sincerità totale vi sarà costata non pochi problemi, in una società in cui è più importante l'immagine che si vuol dare di se stessi piuttosto di ciò che si è realmente.

Test 5

Com'è la vostra memoria?

La memoria si può paragonare a un magazzino: a seconda del suo padrone può essere più o meno ricolmo, più o meno ordinato, e riempito con materiali diversi. Il che, riferito a una delle più importanti facoltà del nostro cervello, significa che non tutti ricordiamo le stesse cose allo stesso modo: prima di tutto ci rimangono impresse le cose che ci colpiscono o ci interessano maggiormente. E quello che interessa a una persona può essere assolutamente insignificante per l'altra. Ciascuno di noi ha poi una diversa capacità di ricordare ciò che ha visto, piuttosto di quello che ha sentito, e ancora, i fatti successi molti anni prima, ma non quelli accaduti pochi attimi addietro, o viceversa. E infine c'è chi è sistematico anche nei ricordi, chi invece è caotico e si perde nella successione delle date e degli avvenimenti. Ciascuno di noi, dunque, organizza il proprio magazzino a suo piacimento, secondo le proprie capacità. Con i due prossimi test vi aiutiamo a scoprire qual è il vostro tipo di memoria, e soprattutto, in che misura ne siete dotati.
Nella pagina di fronte troverete tre tavole. Osservate attentamente la prima per 30 secondi, prendendo nota mentalmente delle lettere riportate nello schema e del loro ordine. Girate quindi la pagina e provate a riportare nel corrispondente schema vuoto, posto nella pagina successiva, ciò che avete letto, possibilmente nello stesso ordine. Quindi ripetete la stessa operazione con la tavola dei numeri: 30 secondi per osservarla, poi girate la pagina e cercate di riprodurla nello schema vuoto. Infine osservate attentamente la terza tavola, per 30 secondi. Nella pagina dopo troverete riprodotto un disegno simile, tranne che in 10 particolari differenti: trovateli in meno di 2 minuti.

PROVA A

FARE	DIRE	LUI	CIAO
CON	MAI	SE	VAI
SUL	GEL	MAI	TUO
M10	NILO	CANE	PENA

PROVA B

75	89	65	41
93	88	42	569
10	6	33	8
68	23	50	17

PROVA C

PROVA A

PROVA B

PROVA C

PROVA D

Rispondete ora alle seguenti domande.

1. Vi ricordate sempre dei compleanni di amici e parenti?

A. Sì. ☐
B. Non sempre. ☐
C. No. ☐

2. Siete capaci di trovare un oggetto in una stanza buia?

A. Sì. ☐
B. Raramente. ☐
C. No. ☐

3. Quando siete al telefono riconoscete il vostro interlocutore dalla voce?

A. Sì ☐
B. Spesso. ☐
C. Mai. ☐

4. Se sentite l'inizio di una canzone ascoltata poche volte, sapete riconoscerla dopo poche note?

A. Sì. ☐
B. Può capitare. ☐
C. Mai. ☐

5. Quando andate a far la spesa dovete scrivervi una lista?

A. No. ☐
B. Se devo fare molti acquisti. ☐
C. Sempre. ☐

6. I ricordi della vostra infanzia a che età risalgono?

A. All'età di 3 anni. ☐
B. All'età di 4 anni. ☐
C. All'età di 5 anni. ☐

7. Sentendo l'odore di un cibo, sapete riconoscerlo?

A. Sì. ☐
B. Solo se mi piace. ☐
C. Mai. ☐

8. Con tutto il vostro daffare, vi dimenticate spesso delle piccole promesse fatte?

A. No. ☐
B. Qualche volta. ☐
C. Quasi sempre. ☐

9. Avete facilità a imparare nuove lingue, parole dialettali o strane?

A. Sì. ☐
B. Una facilità media. ☐
C. No. ☐

10. Quando parlate vi capita spesso di perdere il filo del discorso?

A. Mai. ☐
B. Qualche volta. ☐
C. Capita spesso. ☐

CALCOLA IL PUNTEGGIO E LEGGI IL RISULTATO

Prova A: attribuitevi 1 punto per ogni gruppo di lettere collocato esattamente nello spazio corrispondente (*max 16 punti*).

Prova B: attribuitevi 1 punto per ogni numero collocato esattamente nello spazio corrispondente (*max 16 punti*).

Prova C: attribuitevi 1 punto per ogni differenza individuata. Nel secondo disegno mancano: il raggio di sole, una rondine, albero a destra in alto, zampa della mucca, finestra del campanile, croce del campanile, ramo dell'albero a sinistra, parte dello steccato della casa piccola, campo coltivato in alto a sinistra, cespuglio a destra in basso (*max 10 punti*).

Prova D: attribuitevi 1 punto per ogni risposta del tipo C; 2 punti per ogni risposta del tipo B; 3 punti per ogni risposta del tipo A (*max 30 punti*).

QUANTA MEMORIA AVETE?

Punteggio compreso tra 72 e 40
Se per caso avete ottenuto un punteggio intorno al 70 avete sicuramente una memoria prodigiosa, siete il nuovo Pico della Mirandola! Ma si tratta di casi rarissimi. In tutti gli altri, compreso quelli entro il 40, avete comunque una memoria superiore alla media: non solo avete una straordinaria facoltà di ricordare in ogni occasione ciò che vi è utile, ma possedete anche un'alta capacità di concentrazione, di attenzione e di sistematicità, il che vi permette di ordinare in modo schematico e preciso il vostro "magazzino", dal quale vi risulta poi facile attingere le informazioni che vi servono.

Punteggio compreso tra 39 e 20
Avete una buona memoria, soprattutto se il vostro punteggio supera il 30: non solo ricordate facilmente le cose più importanti riguardanti il vostro lavoro, quelle riguardanti gli affetti e la vita privata, ma siete anche dotati di una buona dose di attenzione, e avete la capacità di captare e inserire nella vostra "banca dati" informazioni che ad altri normalmente sfuggono. Il che vi garantisce sempre prestazioni brillanti. E non solo se si tratta di lavoro: una persona che ricorda un profumo o una data predispone nel modo migliore il proprio interlocutore.

Punteggio compreso tra 19 e 0
Quanto più il vostro punteggio si avvicina a 0, tanto più è scarsa la vostra memoria. Probabilmente, tuttavia, non si tratta solo di una minore facoltà di ricordare, ma il problema riguarda soprattutto la fase "dell'immagazzinaggio": forse la vostra concentrazione è particolarmente scarsa in questo periodo, e vi riesce difficile prestare attenzione anche alle cose più importanti. Leggendo nelle risposte successive in quale tipo di memoria siete più scarsi potrete esercitarvi per migliorarla: soprattutto se si tratta di quella a breve termine, una maggiore sistematicità nell'annotarvi particolari e informazioni importanti vi potrà aiutare. Cominciate con qualche numero di telefono o con l'ascoltare e selezionare le notizie principali del telegiornale. Forse non ci avevate mai prestato eccessiva attenzione: per questo vi entravano in un orecchio e uscivano dall'altro, non per colpa della memoria!

CHE TIPO DI MEMORIA AVETE?

Prova A e B. Se avete totalizzato il maggior punteggio in queste due prove, avete una memoria immediata (cioè riguardante gli avvenimenti più recenti) particolarmente sviluppata, di tipo concettuale.

Prova C. Se avete ottenuto il vostro più alto punteggio in questa prova, avete una memoria di tipo visivo. Cioè ricordate con più facilità immagini che concetti astratti.

Prova D. Se avete totalizzato il vostro punteggio più alto nelle prime 5 domande di questa prova, non avete un'attenzione elevatissima, ma una memoria a medio termine piuttosto sviluppata. Se invece il vostro punteggio più alto è stato totalizzato nelle ultime 5 domande, significa che avete una facoltà di ricordare le cose lontane più sviluppata della memoria immediata o a medio termine. Questa è una caratteristica delle persone di una certa età.

Test 6

Siete ansiosi?

È difficile, al giorno d'oggi, vivere tra mille impegni senza farsi condizionare dall'ansia e dallo stress. In realtà, l'unico vero antidoto allo stress è un carattere poco ansioso, capace quindi di reagire agli stimoli martellanti dell'ambiente che ci circonda in modo equilibrato. Attraverso questo test vogliamo aiutarvi a scoprire se siete dotati di tale capacità oppure se siete tipi ansiosi, quindi più facilmente soggetti a stress. Una prima risposta immediata?
Osservatevi mentre vi accingete a fare la prova: siete tranquilli e rilassati, oppure vi state agitando perché non trovate la penna, non sapete se avrete tempo sufficiente, o pensate alle pentole che bollono sul fuoco? Rispondete nel modo più istintivo e immediato alle seguenti domande, contrassegnando la risposta più vicina al vostro comportamento abituale.

	sì	no
1. Quando avete un appuntamento vi preparate sempre con fin troppo anticipo, nel timore di contrattempi e imprevisti?	☐	☐
2. Leggendo l'enciclopedia medica o ascoltando la pubblicità di un farmaco, avvertite immediatamente tutti i sintomi descritti, riconoscendovi affetto da questa o quella malattia?	☐	☐
3. Preferite non guidare da soli se dovete affrontare percorsi nuovi o non conoscete bene il posto?	☐	☐
4. Di notte fate quasi sempre un bel sonno filato?	☐	☐
5. Gli imprevisti di qualsiasi tipo hanno il potere di innervosirvi e farvi andare "tutto storto"?	☐	☐

sì no

6. Avete la facoltà di concentrarvi su ciò che state facendo isolandovi dall'esterno e dai rumori provenienti dall'ambiente? ☐ ☐

7. Vi capita mai di sentire "un nodo alla gola" e lo stomaco chiuso per lo sforzo che avete fatto o che state facendo nel dominarvi, di fronte a una situazione difficile? ☐ ☐

8. Quando entrate soli in un luogo pubblico avete la sensazione che tutti vi guardino, o di avere qualche cosa fuori posto? ☐ ☐

9. Avete mai avuto la sensazione di non essere all'altezza di una situazione, di non riuscire a farcela? ☐ ☐

10. Se nel corso di una serata elegante vi accorgete di avere una calza smagliata o una macchia di pomodoro sulla camicia, riuscite lo stesso a divertirvi, infischiandovene? ☐ ☐

11. Se qualcuno dei vostri familiari tarda a rientrare, pensate subito a qualche inconveniente, e vi preoccupate finché non arriva a casa? ☐ ☐

12. Di solito controllate sempre più volte di aver chiuso la porta di casa a chiave, il rubinetto del gas o dell'acqua? ☐ ☐

13. Avete delle abitudini e dei riti nel corso della giornata (tipo il caffè a una data ora, la sigaretta subito dopo mangiato, la pennichella), ai quali vi costa moltissimo rinunciare? ☐ ☐

14. Avete una digestione sempre facile e senza problemi? ☐ ☐

15. Vi capita di soffrire di improvvise vampate di calore o di sudori freddi senza un motivo plausibile? ☐ ☐

		sì	no
16.	Non partite mai per una località turistica senza aver prenotato l'albergo?	☐	☐
17.	Preferite che qualcuno vi accompagni quando si tratta di andare dal medico, di affrontare un esame o qualche altra situazione non del tutto rilassante?	☐	☐
18.	Avete qualche tic?	☐	☐
19.	Solo in vacanza vi rilassate del tutto?	☐	☐
20.	Alla sera preparate tutto ciò che vi serve per il giorno dopo (abiti, documenti, borsa) con un'estrema meticolosità?	☐	☐

CALCOLA IL PUNTEGGIO E LEGGI IL RISULTATO

Attribuitevi 2 punti per ogni risposta uguale alle seguenti (*max 40 punti*).

1.	sì
2.	sì
3.	sì
4.	no
5.	sì
6.	no
7.	sì
8.	sì
9.	sì
10.	no

11.	sì
12.	sì
13.	sì
14.	no
15.	si
16.	no
17.	sì
18.	sì
19.	sì
20.	sì

Punteggio compreso tra 40 e 25
Siete una persona decisamente ansiosa, e questa vostra caratteristica è tanto più marcata quanto più il vostro punteggio è vicino al 40. Ciò significa che difficilmente riuscite a godere liberamente degli aspetti positivi dell'esistenza, ma tendete invece a sottolineare quelli negativi o a drammatizzarli. È assai difficile che ammettiate con voi stessi e con gli altri questa situazione psicologica: piuttosto date la colpa ai numerosi problemi che vi assillano, al superlavoro o alla famiglia, scaricando su di essi la responsabilità del vostro stato di tensione continua. In realtà scambiate la causa con l'effetto: è proprio la vostra ansia di fondo che vi fa vedere tutto più nero e più difficile. Provate a parlarne con qualcuno e a cercare di vedere le cose da un altro punto di vista: affrontare in modo diverso i problemi può aiutarvi a liberarvene.

Punteggio compreso tra 24 e 14
Il vostro grado di ansia è quello comune alla maggior parte della gente che vive nelle grandi città. Ciò vuol dire che non disponete di una tranquillità a prova di bomba, ma nella media sapete reagire bene agli stress e agli stimoli provocati dall'ambiente. Se dovete sostenere qualche prova difficile o qualche esame reagirete con un pizzico di ansia e di nervosismo in più. Ma bisogna sottolineare che questo vostro stato d'animo è passeggero e legato a situazioni particolari. Tant'è vero che spesso riuscite a dominarlo sfogandovi con qualcuno o facendo una passeggiata rilassante. Quindi non siete ansiosi per natura, ma sono le circostanze che possono rendervi tali, in alcune occasioni.

Punteggio compreso tra 13 e 0
Beati voi: appartenete infatti alla schiera ridottissima dei non-ansiosi. Di coloro che sanno ben adattarsi alle condizioni di vita imposte dai tempi moderni senza troppo soffrirne: anzi, trovate in essa incentivi continui e motivi di stimolo. Ulcera, cattiva digestione, insonnia per voi sono sconosciute. Probabilmente avete trovato la vostra valvola di sicurezza in uno sport o in una particolare tecnica di rilassamento.

Test 7

Siete ottimisti?

“Quella lì vede il mondo tinto di rosa!” si dice di una ragazza che della vita coglie solo gli aspetti positivi e non si sofferma su quelli negativi. “Quell’uomo vede tutto nero!” si dice invece di chi si aspetta sempre il peggio da ogni avvenimento e non sa gioire delle piccole cose che possiede.
In entrambi i casi l’ottimismo e il suo contrario sono stati legati a un colore. Questo accostamento non fa parte solo del linguaggio parlato ma anche degli strumenti della psicologia, che si avvale dei colori per risalire a determinati aspetti del carattere. Ed è proprio ciò che vogliamo fare con questo test per stabilire, attraverso le vostre preferenze cromatiche, se siete degli autentici ottimisti o cova in voi la “serpe” del pessimismo. Se assomigliate di più a Giacomo Leopardi o al Candido di Voltaire.
In questo test troverete un elenco contenente una serie di concetti più o meno astratti e, accanto a ciascuno, due coppie di colori: contrassegnate l’abbinamento di colori che istintivamente associate alla persona in questione. Per avere un impatto visivo maggiore è consigliabile fornirsi di pennarelli, per associare a ogni definizione delle coppie di macchie colorate corrispondenti a quelle descritte.
Altrimenti dovrete lavorare solamente con l’immaginazione.

1. Bellezza
A. Viola-blu ☐
B. Giallo-grigio ☐

2. Felicità
A. Rosso-blu ☐
B. Verde-giallo ☐

3. Solidarietà
A. Nero-verde ☐
B. Blu-giallo ☐

4. Azione
A. Blu-grigio ☐
B. Rosso-giallo ☐

5. Pace
A. Blu-marrone ☐
B. Giallo-nero ☐

6. Tristezza
A. Marrone-nero ☐
B. Blu-nero ☐

7. Armonia
A. Blu-rosso ☐
B. Verde-nero ☐

8. Impulsività
A. Rosso-grigio ☐
B. Marrone-verde ☐

9. Sincerità
A. Verde-blu ☐
B. Marrone-giallo ☐

10. Ambizione
A. Giallo-verde ☐
B. Giallo-grigio ☐

CALCOLA IL PUNTEGGIO E LEGGI IL RISULTATO

Attribuitevi 2 punti per ogni risposta uguale alle seguenti (*max 40 punti*).

1.	A
2.	A
3.	B
4.	B
5.	A

6.	B
7.	A
8.	A
9.	B
10.	A

Punteggio compreso tra 20 e 15
Siete degli inguaribili ottimisti: probabilmente fate parte di quel ristretto numero di persone che al mattino si svegliano piene di buon umore e di fiducia in ciò che le attende. Ed è proprio questo atteggiamento positivo nei confronti degli avvenimenti che vi aiuta a superare qualsiasi ostacolo senza eccessiva fatica, sicuri come siete che comunque le cose prima o poi si sistemano. Invidiati e amati per questo vostro carattere, costituite un punto di riferimento per chi vi sta vicino, e sono in molti ad attingere alla vostra fonte quasi inesauribile un po' dell'ottimismo che a loro manca. Anche se qualche volta la vostra carica di fiducia nel lieto fine vi allontana dalla realtà e può giocarvi qualche brutto scherzo, sapete comunque superare le inevitabili delusioni, alle quali nemmeno voi siete invulnerabili, con estrema disinvoltura. "Domani è un altro giorno!" è la vostra filosofia.

Punteggio compreso tra 14 e 8
Siete fondamentalmente delle persone con la testa sulle spalle, che sanno inquadrare ogni avvenimento nella sua giusta luce. Ciò significa che non siete di quelli che vedono tutto nero di fronte a sé, ma l'esperienza vi ha insegnato ad andare cauti con gli entusiasmi. Per questo non cantate vittoria finché non siete sicuri di avere la situazione in pugno, di aver raggiunto la meta o un buon risultato. Solo allora vi lasciate andare al giusto entusiasmo. Si può dire, tuttavia, che sapete di poter contare sempre sul vostro realismo e sulla vostra obiettività di giudizio, doti che vi aiutano in ogni circostanza.

Punteggio compreso tra 7 e 0

Una serie di esperienze negative o dolorose ha probabilmente eliminato in voi quella dose di fiducia nel domani che ognuno di noi possiede, per quanto poco ottimista. Il pessimismo che vi contraddistingue attualmente quindi non è detto che sia una componente fissa del vostro carattere. Può darsi che superando questo momento vediate le cose sotto una luce diversa. Se invece, in coscienza, non ricordate di essere mai stati particolarmente ottimisti, dovreste cercare di fare uno sforzo per vedere gli avvenimenti sotto una luce diversa. Un briciolo di fiducia in voi stessi e nelle circostanze è sempre un elemento in più che può giocare a vostro favore.

Test 8

Com'è la vostra ambizione?

Siete ambiziosi? In che misura? E quale tipo di ambizione vi contraddistingue? Quella che vi pone in continua lotta con voi stessi o quella che vi spinge a competere con gli altri? Nella vita vi interessa "arrivare", non importa come e a quale prezzo, oppure preferite veder realizzate le vostre aspirazioni, anche se esse non vi porteranno mai al vertice della scala sociale? Sognate di diventare famosi, oppure il vostro scopo è quello di evitare l'ulcera e ritirarvi in campagna? Insomma, che tipo di ambizione è la vostra? È quello che vi aiuterà a scoprire questo test, andando oltre le apparenze e le risposte più scontate. Rispondete sinceramente alle seguenti domande, contrassegnando la risposta più vicina al vostro modo di pensare.

	sì	no
1. *Avete spesso la sensazione di non aver combinato nulla nella giornata, per colpa della stanchezza o di qualche altro malessere?*	☐	☐
2. *Pensate che lo sport e gli hobby siano delle inutili perdite di tempo?*	☐	☐
3. *Se fate qualche cosa vi piace farla bene e piuttosto non la iniziate nemmeno?*	☐	☐
4. *Avete qualche carica direttiva in un'associazione culturale, politica o ricreativa del vostro quartiere, o sperate di ottenerla?*	☐	☐
5. *Preferite andare in vacanza dove si trova gente che conta piuttosto che in un luogo qualsiasi?*	☐	☐
6. *Siete d'accordo col detto "non rimandare a domani quello che potresti fare oggi"?*	☐	☐

sì no

7. Fate spesso confronti tra i risultati del vostro lavoro e quelli ottenuti dagli altri? ☐ ☐

8. Vi è mai capitato di pensare che una certa persona pur valendo la metà di voi ha un'auto più potente della vostra e una casa più bella? ☐ ☐

9. Pensate che l'abito e l'aspetto di una persona non abbiano alcuna influenza sul suo successo personale? ☐ ☐

10. Preferite riempire le pareti di casa vostra di stampe e riproduzioni che vi piacciono piuttosto che di pochi pezzi di valore? ☐ ☐

11. Alla sera a casa ripensate con piacere e soddisfazione a quello che avete fatto durante il giorno? ☐ ☐

12. Pensate che per evitare delusioni sia meglio non puntare troppo in alto? ☐ ☐

13. Siete mai andati in palestra o ad abbronzarvi artificialmente per proporvi agli altri in una forma migliore? ☐ ☐

14. Avete solo abiti e accessori firmati, o almeno la maggioranza? ☐ ☐

15. Vi capita mai di invidiare intensamente qualcuno? ☐ ☐

16. Pensate che quelli che fanno carriera più velocemente di voi siano tutti raccomandati? ☐ ☐

17. Per ottenere uno spostamento o un miglioramento ambito da tempo non esitate a mettervi in competizione con un amico? ☐ ☐

18. Secondo voi fare sempre il proprio dovere è ciò che conta nella vita? ☐ ☐

	sì	no
19. Se vi si propone la scelta tra un posto di lavoro che vi piace e uno che non vi piace, ma più prestigioso e remunerativo, optate per il primo?	☐	☐
20. Date mai delle feste allo scopo di invitare "gente che conta"?	☐	☐
21. A Natale, se poteste scegliere, preferireste ricevere una bella sommetta di denaro al posto del solito regalo?	☐	☐
22. Preferite acquistare una piccola casa, ma che sia vostra, piuttosto che avere in affitto un appartamento più bello ed elegante?	☐	☐
23. Dedicare tempo ad anziani, bambini e parenti vari vi sembra solo una grande perdita di energie?	☐	☐
24. Rinunciate a molte cose per il lavoro, anche a quelle che farebbero piacere a chi vi sta vicino?	☐	☐
25. Pensate che senza un buon posto e una carriera sicura nella vita non si è nessuno?	☐	☐
26. Ai semafori fate mai a gara con gli altri automobilisti per chi parte prima?	☐	☐
27. Quando viaggiate in treno prenotate sempre in prima classe?	☐	☐
28. Fate caso alle stelle dell'albergo o del ristorante dove siete stato invitato?	☐	☐
29. Per voi l'amore è più importante della vostra carriera professionale?	☐	☐
30. Preferite usare la scala mobile piuttosto che fare le scale a piedi?	☐	☐

CALCOLA IL PUNTEGGIO E LEGGI IL RISULTATO

Attribuitevi 1 punto per ogni risposta uguale alle seguenti.

1.	no
2.	sì
3.	sì
4.	sì
5.	sì
6.	sì
7.	sì
8.	sì
9.	sì
10.	no

11.	sì
12.	no
13.	sì
14.	sì
15.	sì
16.	no
17.	sì
18.	no
19.	no
20.	sì

21.	sì
22.	no
23.	sì
24.	sì
25.	sì
26.	sì
27.	sì
28.	sì
29.	no
30.	sì

Punteggio compreso tra 30 e 20
Siete estremamente ambiziosi, e questo test non fa che confermare qual è la vostra massima aspirazione: diventare qualcuno. A questo scopo dedicate tutte le vostre energie, spesso a scapito dei rapporti affettivi più autentici e di qualsiasi momento di relax. Siete un lavoratore accanito, combattivo, pieno di energie e di risorse: i vostri valori prioritari sono produttività e carriera. Forse per questo non guardate in faccia a nessuno quando si tratta di conseguire qualche risultato. La vita secondo voi è una competizione nella quale vince il migliore: e voi non avete alcuna intenzione di stare al palo, costi quel che costi! Una buona posizione sociale, un reddito elevato e un posto di prestigio sono il vostro traguardo.

Punteggio compreso tra 19 e 10
Siete persone appagate ed equilibrate, animate da una buona dose di ambizione, ma anche da una serie di principi altrettanto ferrei che non vi permettono mai di passare sugli altri o trascurare chi vi sta vicino per ottenere uno scopo. Amate il vostro lavoro al quale dedicate molte energie e impegno: considerate infatti la vostra attività come un'occasione per esprimere al meglio le vostre capacità,

e solo se ci riuscite vi sentite appagati. Questo indipendentemente dal grado o dal livello che avete raggiunto. Tuttavia oltre al lavoro ci sono cose che considerate altrettanto importanti: qualche ora di svago, magari all'aria aperta, un buon rapporto con i vostri familiari o chi vi sta vicino, un'attività ricreativa che vi arricchisca lo spirito. Le tasche piene insomma non sono per voi le sole cose che contano.

Punteggio compreso tra 9 e 0
Il vostro tipo di ambizione non coincide con quello comune alla maggior parte della gente, che ha come scopo la carriera, i soldi, una buona posizione sociale. Ciò non significa che voi siate meno ambizioso, anche se i traguardi che volete raggiungere sono ben diversi: una vita tranquilla, serena, in pace con voi stessi e con chi amate; un'attività che vi permetta di esprimere tutta la vostra creatività e il vostro ingegno, oppure che vi faccia guadagnare quel tanto che basta per potervi dedicare ai vostri interessi. Che sono sicuramente molti: la natura e gli animali, gli sport che vi permettono di stare a contatto con ambienti incontaminati, lo studio delle lingue o di altre discipline che possono arricchirvi (non in senso materiale) e allargare i vostri orizzonti... Probabilmente non appena avete un po' di soldi anziché comprare la macchina nuova o rinnovarvi il guardaroba pensate a un bel viaggio, all'acquisto di nuovi dischi, libri, o di un sassofono.

Test 9

Siete simpatici?

Insomma, piacete agli altri, il vostro indice di gradimento tra amici, colleghi, parenti, compagni è alto o basso?
Non rispondete subito sì o no, forse la risposta non è così scontata come sembrerebbe. Per poter essere obiettivi con noi stessi dovremmo poterci guardare dall'alto, dal buco della serratura, da una finestra, diventare "altro da sé", per poter avere una lucida visione del nostro comportamento con gli altri, e anche dell'atteggiamento degli altri nei confronti della nostra persona, in nostra assenza. Troppo difficile, se non impossibile. Molto più facile invece affidare a un osservatore esterno e imparziale il giudizio. A un test, per esempio.
Provate dunque a rispondere sinceramente alle seguenti domande, con un sì o con un no, preparandovi a eventuali sorprese e a un risultato non sempre scontato.
Il significato originario di simpatia, dal greco συμπα'θεια, è quello di conformità di sentimenti: sentire insieme le stesse cose. E non è detto che gli allegroni, quelli sempre al centro dell'attenzione per i loro scherzi e le loro battute, abbiano anche questa prerogativa, così come una persona schiva, poco amante delle "luci della ribalta", spesso risulta invece simpatica a molti.

	sì	no
1. Vi piace essere sempre al centro dell'attenzione?	☐	☐
2. Vi capita spesso di arrivare senza preavviso a casa degli amici per una spaghettata?	☐	☐
3. Vi piace raccontare barzellette, soprattutto quelle spinte?	☐	☐
4. Vi capita spesso di litigare con altri automobilisti per infrazioni vostre o loro?	☐	☐

	sì	no
5. Ricevete spesso regalini inaspettati a Natale?	☐	☐
6. Quando siete giù di corda, cercate di non farlo pesare agli altri?	☐	☐
7. La puntualità non è il vostro forte?	☐	☐
8. Pensate che sia giusto tra vicini di casa darsi una mano a vicenda, e quindi tutte le volte che vi serve qualche cosa o qualche favore lo chiedete senza problemi?	☐	☐
9. Prestate volentieri le vostre cose agli amici?	☐	☐
10. Dopo una festa in casa altrui, vi fermate a dare una mano per riordinare?	☐	☐
11. Vi piace ascoltare gli altri piuttosto che essere sempre voi a prendere parola per primo?	☐	☐
12. Vi ricordate in genere i nomi delle persone che vi hanno presentato o che non vedete da tanto tempo?	☐	☐
13. Sentite spesso il bisogno di amici che vi tirino su il morale e vi sappiano capire?	☐	☐
14. Siete abituati a ringraziare con una telefonata o un bigliettino dopo un invito particolarmente gradito?	☐	☐
15. Non avete problemi a ospitare a casa vostra per una sera l'amico di un vostro amico, che altrimenti non saprebbe dove dormire?	☐	☐
16. Quando voi parlate all'interno di un gruppo, attorno a voi si fa il silenzio e tutti vi ascoltano?	☐	☐
17. Se rompete un bicchiere o un piatto particolarmente prezioso in casa di amici, fate di tutto per ricomprarlo uguale, nonostante essi vi abbiano detto che non fa niente?	☐	☐

sì no

18. Se qualche persona a voi vicina ha dei problemi, l'ascoltate con pazienza anche se vi annoia? ☐ ☐

19. Siete soliti ricordarvi delle ricorrenze delle persone care e degli amici? ☐ ☐

20. Prendete spesso in giro bonariamente gli altri e i loro difetti, facendo ridere tutta la compagnia? ☐ ☐

21. Siete uno che non apprezza molto gli scherzi, soprattutto se diretti a voi? ☐ ☐

22. Di solito ridete per una battuta detta da altri, anche se non è molto riuscita?

23. Di solito sorridete anche agli estranei? ☐ ☐

24. Vi dà fastidio che la conversazione cada su argomenti "seri" o che richiedono una cultura che voi non avete? ☐ ☐

25. Vi piacciono i pettegolezzi? ☐ ☐

26. Se vedete qualcuno dei vostri amici giù di corda, gli date una bella pacca su una spalla ricordandogli che la vita è bella? ☐ ☐

27. Vi fa piacere fare colpo sugli altri con un bel vestito? ☐ ☐

28. Mantenete i contatti con persone conosciute in vacanza? ☐ ☐

29. Avete l'abitudine di dire sinceramente agli amici ciò che non va tra di voi? ☐ ☐

30. Vi sentite timido e impacciato in mezzo a troppa gente? ☐ ☐

31. Anche se non siete un gran chiacchierone, vi fa piacere incontrare gente simpatica e ascoltare una conversazione piacevole? ☐ ☐

	sì	no
32. Le porte di casa vostra sono sempre aperte?	☐	☐
33. Prima di fumare chiedete sempre ai presenti se dà loro fastidio?	☐	☐
34. C'è armonia e dialogo nella vostra famiglia?	☐	☐
35. Se qualcuno esprime un parere col quale non siete d'accordo, ribattete immediatamente?	☐	☐
36. Vi capita spesso di fare delle belle risate con i vostri familiari, per qualche scherzo, qualche battuta, qualche fatto buffo che vi è capitato?	☐	☐

CALCOLA IL PUNTEGGIO E LEGGI IL RISULTATO

Attribuitevi 1 punto per ogni risposta corrispondente a quelle sopra indicate.

1.	no	13.	sì	25.	sì
2.	sì	14.	no	26.	no
3.	sì	15.	sì	27.	sì
4.	sì	16.	sì	28.	sì
5.	sì	17.	sì	29.	sì
6.	sì	18.	no	30.	sì
7.	sì	19.	sì	31.	sì
8.	sì	20.	no	32.	sì
9.	sì	21.	no	33.	no
10.	sì	22.	sì	34.	sì
11.	sì	23.	sì	35.	sì
12.	no	24.	sì	36.	sì

Punteggio compreso tra 36 e 28

Sì, siete proprio simpatici, e probabilmente lo sapevate già.

Non solo con gli amici, ma anche in famiglia e nel vostro ambiente di lavoro siete apprezzati dagli altri, perché siete cordiali, disponibili, ma anche rispettosi delle esigenze e delle personalità altrui. Vi piace far baldoria con gli amici e siete sempre pronti a organizzare qualche cosa a casa vostra, ma non vi dispiace nemmeno una chiacchierata tranquilla con le persone più vicine a voi.

Un'altra qualità che gli altri apprezzano in voi è la capacità di saper ascoltare e di tenere nella giusta considerazione le opinioni altrui, anche quando non corrispondono alle vostre. All'interno di ogni gruppo siete un leader indiscusso per il vostro carisma e molti vorrebbero assomigliarvi, perché avete una notevole carica empatica.

Punteggio compreso tra 27 e 15

La vostra compagnia è piacevole, soprattutto se vi trovate con persone a voi familiari o conosciute da vecchia data.

La vostra "tenuta sociale" è buona, siete disponibili all'amicizia e agli incontri, anche se ogni tanto vi lasciate trasportare dall'entusiasmo e diventate un po' invadenti. D'altronde questo atteggiamento lo riservate solo alle persone che vi piacciono o che hanno dimostrato per voi particolari attenzioni, mentre a volte vi capita di essere leggermente a disagio con persone molto diverse da voi, e allora tendete a escludervi dalla conversazione. In entrambi i casi tuttavia si tratta di eccezioni. Generalmente siete considerati dagli altri buoni amici e simpatici.

Punteggio compreso tra 14 e 0

Decisamente avete qualche difficoltà con la gente, e non sempre riuscite simpatici a tutti. Se le vostre risposte al questionario sono difformi dal modello, soprattutto nelle domande: 1, 2, 3, 8, 20, 25, 27, 33, 35, ciò è dovuto alla vostra eccessiva esuberanza e invadenza: la troppa giovialità e il vostro buon umore a tutti i costi possono dare fastidio a qualcuno.

Dovreste cercare di capire al volo le situazioni, per essere più in sintonia con gli altri e i loro desideri. Non sempre siete attento alle esigenze altrui, ragion per cui gli altri vi credono un po' egoista. Anche in famiglia tendete a prevaricare gli altri componenti del nucleo con

la vostra personalità, tuttavia le persone che vi conoscono a fondo vi perdonano e vi amano anche per questo.
Se invece le vostre risposte al questionario sono difformi maggiormente nelle domande: 6, 9, 13, 21, 30, 34, le vostre difficoltà sono dovute soprattutto all'insicurezza e all'eccessiva riservatezza. I rapporti con gli altri vi procurano ansia, anziché piacere, anche perché avete una tendenza a sentirvi giudicato dagli altri e inferiore. Cominciate col cercare di piacervi di più e abbiate più fiducia in voi stessi: piacerete di più anche agli altri.

Test 10

Siete attivi, pratici, innovatori?

È abbastanza facile incontrare persone iper-attive e dinamiche, concrete e abili, pronte a recepire tutto ciò che è nuovo e moderno, oppure persone assai più tranquille e sedentarie, sognatrici e idealiste, attaccate al passato e ai ricordi. Può capitare, tuttavia, di conoscere individui che rappresentano una bizzarra mescolanza delle caratteristiche di cui abbiamo parlato. A quale tipo assomigliate di più? Ecco una batteria di tre test volti a sondare altrettanti aspetti della personalità assai differenti tra loro, ma legati da un filo sottile: l'attivismo o il suo contrario, la passività; il realismo o l'idealismo; lo spirito d'innovazione o di conservazione. Attraverso queste prove scoprirete non solo in che misura siete dotati di queste caratteristiche, ma anche se siete tipi tutti di un pezzo, oppure se la vostra è una personalità più sfaccettata e ricca di sfumature.
Di seguito troverete 6 prove, 2 per ogni test. Eseguite dunque una coppia di prove alla volta: prima la A e la B, poi la C e la D, infine la E e la F. Il procedimento è uguale per tutte: dovete scegliere tre elementi contenuti all'interno di ciascuna tavola nel modo più istintivo e veloce possibile, contrassegnando le lettere relative alle parole o alle immagini preferite. Dopo la scelta verificate i vostri punteggi e i risultati raggiunti.

PROVA A

A	B	C	D	E	F	G	H	I
☐	☐	☐	☐	☐	☐	☐	☐	☐

PROVA B

A. Gamba	☐	B. Braccio	☐
C. Cuore	☐	D. Bocca	☐
E. Naso	☐	F. Mano	☐
G. Occhio	☐	H. Orecchio	☐
I. Piede	☐	L. Testa	☐

PROVA C

A	B	C	D	E	F	G	H	I
☐	☐	☐	☐	☐	☐	☐	☐	☐

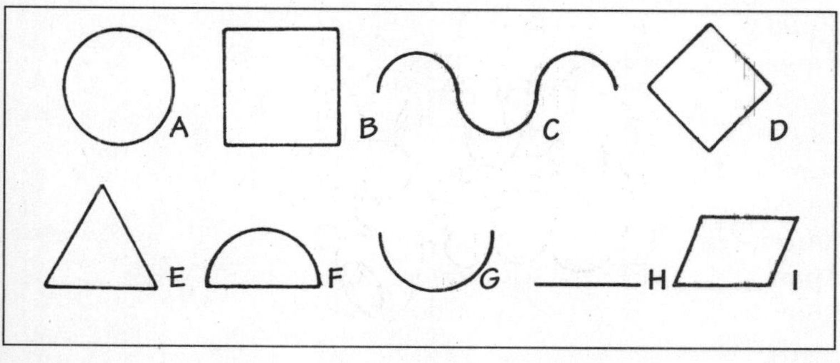

PROVA D

A. Bellezza	☐	B. Pane	☐
C. Seminare	☐	D. Soggetto	☐
E. Volare	☐	F. Coscienza	☐
G. Libro	☐	H. Casa	☐
I. Sogno	☐	L. Mangiare	☐

PROVA E

A	B	C	D	E	F	G	H	I
☐	☐	☐	☐	☐	☐	☐	☐	☐

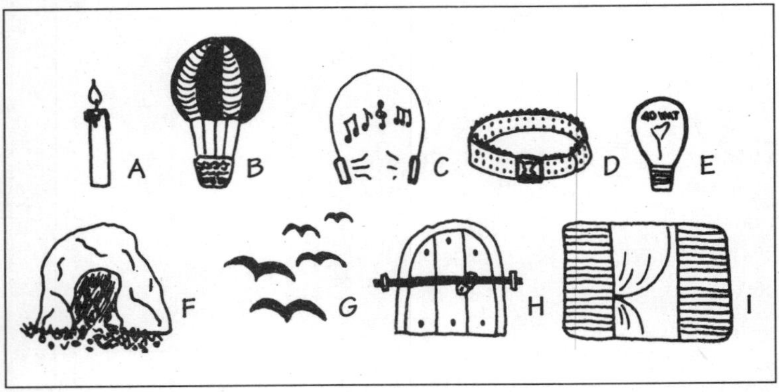

PROVA F

A. Sprint	☐	B. Veloce	☐
C. Rosso	☐	D. Marrone	☐
E. Occhio	☐	F. Bocca	☐
G. Calzoni	☐	H. Jeans	☐
I. Movimento	☐	L. Stabilità	☐
M. Vivo	☐	N. Vegeto	☐
O. Almanacco	☐	P. Agenda	☐
Q. Aprire	☐	R. Chiudere	☐
S. Rumore	☐	T. Silenzio	☐

CALCOLA IL PUNTEGGIO E LEGGI IL RISULTATO

Attribuitevi 1 punto per ogni risposta compresa tra le seguenti.

Prova A	A	B	E	F	G				
Prova B	A	B	D	E	F	I			
Prova C	B	D	E	H	I				
Prova D	B	C	G	H	I				
Prova E	C	D	E	G	I				
Prova F	A	C	E	H	I	M	P	Q	S

SIETE ATTIVI O PASSIVI?

Prove A e B (*max 6 punti: moltiplicate per 2*).

Punteggio compreso tra 12 e 9
Siete decisamente iper-attivi: indaffarati ed energici, preferite tutte le forme di attività fisica, anche se pesante, e gli sport, soprattutto quelli di potenza e movimento. Impegnati in attività sedentarie soffrite molto più degli altri per gli orari e le inevitabili costrizioni che esse comportano. Pieni di entusiasmo e di energie, la mattina vi svegliate sempre "caricati" e passate da un'occupazione all'altra senza mai stancarvi. Anche al di fuori del lavoro coltivate numerosi interessi.

Punteggio compreso tra 8 e 4
Siete abbastanza attivi, senza essere, tuttavia, precipitosi: vi piace ponderare bene tutto ciò che fate, e prima di intraprendere qualsiasi iniziativa preferite considerare tutti i pro e i contro. Amate gli sport all'aria aperta, soprattutto quelli che vi possono aiutare a rilassarvi, dal momento che nel lavoro date molto e le vostre energie non sono esauribili.

Punteggio compreso tra 3 e 0
Indolenti e tranquilli, alla dimensione dell'azione preferite quella della riflessione: ogni volta che decidete di fare qualche cosa impiegate molto tempo per passare dalla fase teorica a quella pratica e i vostri tempi di

recupero delle energie spese sono piuttosto lunghi. Facili a stancarvi, vi muovete sempre con lentezza e calma. Difficilmente amate gli sport, soprattutto quelli di scatto o potenza. A voi si adattano di più passatempi come le carte o i giochi di società, oppure sport come il golf.

SIETE REALISTI O IDEALISTI?

Prove C e D (*max 6 punti: moltiplicate per 2*).

Punteggio compreso tra 12 e 9
La gente dice di voi che avete i piedi per terra e la testa sulle spalle: siete infatti persone estremamente pratiche e concrete. Odiate le astrazioni e in ogni cosa preferite i fatti evidenti alle teorie. Per questo difficilmente la vostra attività sarà di tipo intellettuale, con eccezione di un'occupazione nell'ambito della ricerca scientifica, basata sul dato sperimentale, e più vicina, quindi, alla vostra formazione. Difficilmente a scuola siete o siete stati brillanti: la vostra preparazione (che può aver raggiunto anche ottimi livelli) l'avete acquisita tutta con l'esperienza.

Punteggio compreso tra 8 e 4
Siete persone razionali: per questo riuscite sempre a mediare tra ideali e necessità pratiche, senza rinunciare a nessuno dei due aspetti. Questa vostra caratteristica vi aiuta soprattutto nell'ambito del lavoro, dove tali doti sono molto apprezzate. Sul piano sentimentale spesso apparite agli altri troppo poco istintivi.

Punteggio compreso tra 3 e 0
Romantici, spirituali, idealisti, viaggiate sempre con la testa fra le nuvole. Avete impostato la vostra vita su una serie di principi ai quali difficilmente venite meno, anche a rischio di apparire testardi. Assolutamente disinteressati alle questioni di tipo materiale ed economico, scegliete sempre ciò che vi sembra giusto piuttosto di quello che vi conviene. Sul piano sentimentale sapete dare moltissimo, soprattutto se incontrate chi, come voi, condivide questa dimensione ideale dell'esistenza.

SIETE INNOVATORI O CONSERVATORI?

Prova E e F (*max 6 punti: moltiplicate per 2*).

Punteggio compreso tra 12 e 9
Il futuro e tutto ciò che è nuovo o in evoluzione vi affascinano molto più del passato. Per questo siete sempre proiettati verso il domani, e avete uno spirito profondamente innovatore. Creativi e pieni di iniziative, vi piace intraprendere attività originali e insolite, oppure ancora in espansione, come per esempio l'informatica. Anche sul piano sentimentale difficilmente vivete di ricordi, ma preferite basare la vostra relazione su progetti comuni e su interessi stimolanti da condividere col vostro compagno o con la vostra compagna.

Punteggio compreso tra 8 e 4
Tra passato e futuro avete fatto un'ottima mediazione: amate conservare tutto ciò che c'è di valido e positivo nelle tradizioni e nelle idee già consolidate, ma non esitate a convertirvi verso una nuova causa o nuove ipotesi di lavoro se vi rendete conto che esse sono migliori di quelle abituali. Questo equilibrio e la vostra obiettività vi aiutano sia nell'ambito dell'attività sia in quello familiare: qualunque sia la vostra età, nel rapporto con i membri della vostra famiglia non dovreste avere problemi causati dal gap generazionale.

Punteggio compreso tra 3 e 0
Amate il passato e tutto ciò che appartiene alle tradizioni, in una parola siete fondamentalmente un conservatore. Difficilmente abbandonate la via vecchia per la nuova, e tendete a imporre questo vostro punto di vista anche a chi vi sta vicino. Questo atteggiamento poco elastico può causarvi nell'ambito dell'attività qualche problema, dal momento che al giorno d'oggi in qualsiasi ambiente, spirito d'adattamento, elasticità mentale e disponibilità ai cambiamenti sono caratteristiche quasi indispensabili.

Test 11

Com'è il vostro autocontrollo?

Gli inglesi lo chiamano *self-control*. E, infatti, la maggior parte della gente è abituata ad associare alle popolazioni nordiche quella capacità di dominare le proprie emozioni e controllare i propri impulsi, ben sintetizzata dal termine autocontrollo. Una caratteristica che invece sembra lontanissima dalla nostra natura mediterranea e latina, calda e impetuosa, e verso la quale proviamo uno scarso interesse.
Una piccola dose di autocontrollo invece può essere utilissima nella vita quotidiana per un migliore rapporto con gli altri e per fronteggiare quelle situazioni che scatenano in noi, già sollecitati da ritmi di vita più che sostenuti e stressanti, risposte aggressive e talvolta violente. Un po' di *self-control* va tutto a vantaggio della propria (e dell'altrui) salute.
Il test che segue vi aiuterà a capire qual è la vostra dose di autocontrollo. Rispondete sinceramente alle domande che seguono, provando a immedesimarvi nella situazione preliminare descritta e immaginando la vostra reazione più immediata di fronte a essa.
Avete di fronte tre possibilità: contrassegnate quella che più si avvicina al vostro abituale atteggiamento, poi calcolate il vostro punteggio e scoprite che grado di autocontrollo avete.

1. Siete in coda presso lo sportello di un ufficio pubblico da più di due ore, quando il classico furbo appena arrivato cerca di passare davanti a tutti. Come reagite?

A. Vi mettete a urlare prendendolo per il colletto e lo sbattete in fondo alla fila. ☐
B. Lasciate perdere, tanto tra un po' tocca a voi. ☐
C. Lo invitate cortesemente a mettersi in coda, spiegandogli che voi siete lì da due ore e non avete alcuna intenzione di farvi passare davanti qualcuno che non abbia più che valide motivazioni. ☐

2. In una discussione con gli amici riguardante il calcio, la politica economica o qualsiasi altro argomento "caldo", come vi comportate?

A. Cercate di ascoltare gli altri e di farvi ascoltare, ma senza scaldarvi troppo, dal momento che l'importante in un'occasione come quella è passare qualche ora piacevole insieme. ☐

B. Se gli altri non la pensano come voi cominciate a scaldarvi e non è escluso che finiate con l'arrabbiarvi seriamente e urlare, se proprio non la vogliono capire. ☐

C. È difficile che prendiate parte a una discussione, preferitestare ad ascoltare gli altri. ☐

3. Pensate che una sberla ben assestata "quando ci vuole, ci vuole"?

A. Certamente, in alcune occasioni ragionare con certa gente proprio non serve! ☐

B. Solo se si tratta di difendervi o difendere una persona debole attaccata ingiustamente. ☐

C. No! In alcune situazioni l'atteggiamento da evitare è proprio quello di perdere la testa e venire alle mani: la parola a cosa serve, altrimenti? ☐

4. Un'amica o un amico, ultimamente, si rivolge a voi solo per lagnarsi dei propri guai. Cosa gli dite?

A. Che ne avete già abbastanza dei vostri e che la deve piantare una buona volta! ☐

B. Che potrebbe cercare di guardare le cose da un altro punto di vista, e incominciare col godersi in modo diverso la compagnia degli amici: rilassarsi e dimenticare per un po' i propri problemi può essere il modo migliore per ricaricarsi e risolverli. ☐

C. Gli amici servono proprio a quello: anzi, lo compatite e cercate di consolarlo. ☐

5. Avete mai rotto i piatti in casa vostra nel corso di una lite?

A. Una volta è capitato, ma si è trattato di una vera eccezione. ☐

B. Mai. ☐

C. Mi è capitato spesso: meglio rompere i piatti che la testa altrui! ☐

6. State guardando un film al cinema, quando improvvisamente si brucia la pellicola e l'immagine sparisce. Cosa fate?

A. vi mettete a fischiare e urlate "quadro". ☐

B. Aspettate con pazienza che riaggiustino la pellicola: siete uscito per divertirvi e non avete fretta. ☐

C. Se dopo un periodo di tempo ragionevole la proiezione non ricomincia, uscite dal cinema e chiedete alla cassa la restituzione dei soldi del biglietto. ☐

7. Siete in auto bloccati da un ingorgo stradale apparentemente inestricabile. Cosa fate?

A. Parcheggiate la macchina appena è possibile e ve ne andate a piedi alla più vicina fermata dell'autobus. ☐

B. Siete piuttosto irritato, ma sapete che l'unica soluzione è quella di aspettare più tranquillamente possibile che la situazione si sblocchi. Accendete l'autoradio. ☐

C. Cominciate a suonare il clacson e a inveire contro le macchine più vicine. ☐

8. Mentre state leggendo il giornale in santa pace qualcuno vicino a voi comincia a tamburellare fastidiosamente le dita sul tavolo e non accenna a smettere. Dopo qualche minuto cosa fate?

A. Gli dite che vi sta dando fastidio. ☐

B. Lasciate perdere: prima o poi smetterà. ☐

C. Cominciate a guardarlo con insistenza con un'espressione seccata, che dimostra tutto il vostro disappunto. ☐

9. State guardando un film d'amore: due protagonisti che non si vedevano da anni si incontrano per caso su una spiaggia quasi deserta. Secondo voi cosa faranno?

A. Non appena si vedono si baciano, e sbarazzandosi rapidamente dei vestiti cominciano a far l'amore selvaggiamente. ☐

B. Non appena si riconoscono si abbracciano e rimangono a lungo in quella posizione, commossi, increduli e senza parole. ☐

C. "Sei proprio tu? Non ci posso credere, ma cosa fai qui?". Dopo queste prime battute cominciano un dialogo fitto fitto, raccontandosi tutta la loro vita trascorsa senza l'altro. ☐

10. Mentre bevete il caffè al bar, un signore vi rovescia addosso inavvertitamente il contenuto del suo bicchiere. Come reagite?

A. "Guardi qui che cosa ha combinato! Cerchi di stare più attento", gli dite. ☐

B. Accettate le sue scuse con un sorriso, anche se siete un po' seccati: in fondo non l'ha fatto apposta. ☐

C. Lo insultate pesantemente. ☐

CALCOLA IL PUNTEGGIO E LEGGI IL RISULTATO

Sommate il punteggio da voi totalizzato in base al seguente schema.

	A	B	C
1.	1	3	2
2.	2	1	3
3.	1	2	3
4.	1	2	3
5.	2	3	1
6.	1	3	2
7.	2	3	1
8.	1	3	2
9.	1	3	2
10.	2	3	1

Punteggio compreso tra 30 e 20

Il vostro grado di autocontrollo è tale che viene da chiedersi come facciate a sfogare tensioni e conflitti che inevitabilmente si accumulano in ciascuno di noi nel corso della giornata. Il vostro atteggiamento in alcuni casi sembra fin troppo tollerante, addirittura rinunciatario. Probabilmente sareste un perfetto suddito di sua Maestà Britannica, ma la vostra educazione e il vostro riserbo spesso qui da noi vengono scambiati per debolezza, e inducono gli altri ad approfittare della vostra abbondante dose di *self-control*.

Punteggio compreso tra 19 e 10
Senso della misura, equilibrio, moderazione, caratterizzano il vostro stile in ogni circostanza, anche la più insolita ed esplosiva. Questo significa che sapete controllarvi senza andare in escandescenze per motivi banali, ma se la situazione lo richiede, reagite come si conviene, non permettendo a nessuno di mettervi i piedi in testa. Una buona dose di razionalità e un pizzico di umorismo vi aiutano a essere sempre padroni di voi stessi.

Punteggio compreso tra 9 e 0
Il vostro temperamento è paragonabile a un fiammifero: infiammabile. Siete facili alle arrabbiature e alle risse, e non perdete occasione per far capire agli altri che con voi c'è poco da scherzare. Anche quando non ce ne sarebbe la reale necessità. Forse per questo spesso non vi rendete conto che finite per essere ridicoli. Impulsivi e irascibili, vi basta poco per perdere il controllo e lasciarvi andare ad accessi di rabbia. Tuttavia sapete riconciliarvi col prossimo altrettanto velocemente, una volta che vi siete sfogati.

Test 12

Sapete ridere?

Avete il senso dell'umorismo? Sapete ridere delle varie situazioni che capitano nella vita di tutti i giorni? Sapete cogliere il lato comico delle cose? E che tipo di umorismo avete? Vi piace la battuta piccante o il non senso? Prediligete la satira politica o l'umorismo macabro?
Oppure appartenete a quella categoria di persone che ride poco, non si sbellica mai dalle risate, non trova divertente quasi nulla di ciò che fa solitamente ridere tutti gli altri?
Lo saprete rispondendo a questo test, che speriamo vi diverta.
Se a proposito di risate appartenete alla seconda categoria, ricordate che non sempre i classici avevano ragione: la massima "Il riso abbonda sulla bocca degli stolti" vi trova completamente concordi? Provate allora a consultare il libro del professor Raymond Moody, dell'Università della Virginia, dal titolo "Il potere salutare del riso". In esso il professore illustra il potere terapeutico delle risate, ormai largamente impiegato in vari ospedali degli Stati Uniti. Anche se i meccanismi di questa azione benefica del riso non sono ancora stati del tutto chiariti, numerose testimonianze confermano questa teoria: per esempio il giornalista americano Norman Cousins, della "Saturday Review", dato per spacciato nel 1964 per una grave malattia della colonna vertebrale, decise di finire i propri giorni in bellezza, chiudendosi in casa con una serie di libri umoristici e film comici. Nel giro di qualche tempo guarì perfettamente, "ridendo di gusto" e in modo del tutto inspiegabile.
Anche se è difficile pensare al riso come alla soluzione di tutti i guai, esso rimane comunque una valvola di sicurezza, e un calmante davvero eccezionale: Freud asseriva che il riso è una forma di difesa del Super-Io. Ma non c'è bisogno di essere psicoanalisti per conoscere gli effetti prodigiosi di una risata: conquista la simpatia, sdrammatizza le tensioni, esprime ciò che le parole sono incapaci di comunicare.
Provate dunque a misurare il vostro umorismo, con il seguente test: attribuite **un voto da 1 al 4** a ogni barzelletta che segue.

«Io una volta ero un principe...»
«Io, invece, un segretario di partito!»

Voto
....

«Lo so che il costume da bagno è obbligatorio:
ma io non devo fare il bagno!»

Voto
....

«Con questo caldo potrebbero anche farli funzionare quei grossi ventilatori!» *Voto ....*

«Tutta questa scena per farmi capire che vuoi i soldi per il casco per i capelli?!?...» *Voto ....*

«Va bene, signor Bianchi,
il dente lo togliamo la prossima volta...»

Voto
....

«La mamma va a fare la spesa e paga il latte 100 lire,
un chilo di carne 300 lire e... ma a quando risale l'ultima
edizione di questo libro?»

Voto
....

«Qui bisogna fare un bel taglio...»

Voto
....

«Ma certo, tesorino, che ci credo... hai fatto
un bel buco in giardino e hai trovato il petrolio...»

Voto
....

Voto

....

«Ti prego, falle venire il mal di testa...»

«Senta, non preferisce il mio numero di telefono al numero di targa?»

Voto

....

«Cominciamo bene: questa mattina mi sono tagliato facendomi la barba!»

Voto ………

«L'oroscopo di oggi dice che dovrei vedere più gente, uscire, condurre una vita meno appartata...»

Voto ………

«Chissà perché la maestra continua a chiederci le cose, se le sa già!»

Voto ....

«Fai l'indifferente: è mio marito.»

Voto ....

Voto
«Signora, ho detto una manciata di terra...» ....

Voto
«Smettila di preoccuparti, Boby! Lassie è tornato a casa!!!» ....

«È molto che sei qui, tesoro?
Stavo parlando al telefono...

Voto
....

«La mia conquista più sofferta...»

Voto
....

«È un'operazione veramente difficile.
Non potrebbe farmi prima anestetizzare?»

Voto
....

«Per la sua dieta, le chiedo solo due piccole
rinunce: il pranzo e la cena.»

Voto
....

«La situazione economica dello Stivale.»

Voto

....

«A che età ha cominciato ad andare d'accordo con i gatti?»

Voto

....

«Da quand'è che ha imparato così bene a nuotare, tuo marito?»

Voto

....

«Ora che abbiamo rotto il ghiaccio, potremmo anche conoscerci meglio...»

Voto

....

«Ma che bravo! Hai mangiato proprio tutta la pappa!»

Voto
....

«Non mi aveva detto che sapeva scrivere 60-90 parole al minuto?»
«Ma no... quelle sono le mie misure!»

Voto
....

«Le connivenze e le infiltrazioni della mafia si espandono ovunque.»

Voto ....

«Da quando ho dato loro la torta di mia moglie, da me non vengono più!»

Voto ....

«E smettila di chiamarmi babbo!»

Voto
....

«P.S. Il mio è un autentico atto di impegno civile:
voglio contribuire a risolvere il problema
del sovraffollamento delle carceri!»

Voto
....

CALCOLA IL PUNTEGGIO E SCOPRI CHE UMORISMO PREFERISCI

Non senso: sommate il punteggio da voi attribuito alle barzellette 3, 8, 12, 17, 20, 28.

Umorismo malizioso: sommate il punteggio da voi attribuito alle barzellette 2, 9, 10, 14, 24, 26.

Umorismo naif: sommate il punteggio da voi attribuito alle barzellette 13, 16, 19, 22, 25, 29.

Satira politico-sociale: sommate il punteggio da voi attribuito alle barzellette 1, 6, 7, 21, 27, 30.

Umorismo macabro, cinico: sommate il punteggio da voi attribuito alle barzellette 4, 5, 11, 15, 16, 23.

Dopo aver constatato in quale o in quali gruppi avete totalizzato il massimo punteggio, leggete le indicazioni che riguardano il tipo di umorismo da voi preferito.

Non senso
Questo tipo di umorismo è privo di aggressione e di significati sessuali impliciti. Si basa soprattutto su giochi di parole, situazioni paradossali, combinazioni contraddittorie degli elementi che costituiscono la battuta. Si avvicina abbastanza a quel tipo di umorismo che viene definito "inglese".
Chi predilige questo genere di battute di solito ama la risata arguta e sottile, non si lascia andare a battute pesanti, è acuto e ironico nel suo modo di scherzare.

Umorismo malizioso
È l'umorismo più consueto e popolare, quello che contiene riferimenti più o meno espliciti alla sfera sessuale. Più facilmente prediletto dagli uomini, provoca la risata sgangherata o il sorriso compiacente, a seconda di chi è lo spettatore.
Chi predilige questo tipo di umorismo è... malizioso, ama il doppio senso, la "toccata e fuga", le situazioni piccanti.

Umorismo naif
È ingenuo, tenero, senza allusioni di carattere sessuale. Prediligono questo tipo di umorismo non solo i bambini, ma in genere le persone candide, semplici, allegre, che si divertono e sanno ridere delle piccole cose di tutti i giorni.

Satira politico-sociale
Dileggia i costumi e le abitudini di determinate categorie di persone e gruppi sociali, in particolare i politici, e prende di mira situazioni attuali e fatti all'ordine del giorno.
Chi preferisce questo tipo di umorismo in genere è una persona aggiornata, colta, attenta a ciò che succede attorno a sé, magari impegnata politicamente o, al contrario, qualunquista e soddisfatta ogni volta che può parlar male della classe politica o deriderla.

Umorismo macabro, cinico
È l'umorismo nero, che ritrae situazioni violente, a sfondo sadico. Chi primeggia nel punteggio relativo al gradimento di questo genere, di solito è una persona abbastanza cinica e disincantata, velata da un filo di pessimismo, oppure una persona che ama sdrammatizzare situazioni di per sé angoscianti, come la morte, la malattia, il male.

VALUTAZIONE DEI RISULTATI

Sommate ora i punteggi parziali totalizzati e leggete la vostra valutazione.

Punteggio compreso tra 120 e 90
Siete dei gran mattacchioni, oltre che delle persone di "bocca buona": qualsiasi cosa vi fa ridere di gusto, anche quando lascia gli altri del tutto indifferenti. Amate le burle, gli scherzi e le battute di ogni tipo: la cosa più importante per voi è essere di buon umore. La vostra visione della vita vi induce a prendere tutte le cose con allegria, anche quelle sgradevoli.

Punteggio compreso tra 89 e 60
Avete molto *sense of humour,* siete degli intrattenitori simpatici e brillanti, avete il gusto della battuta sempre pronta, sapete cogliere il lato buffo di ogni cosa.

Punteggio compreso tra 59 e 30
Siete tipi dai gusti ricercati, amate solo le battute molto argute e pungenti, che sappiano veramente cogliere nel segno. Tutto il resto, che tanto sembra far ridere gli altri, non solo non vi fa sorridere, ma addirittura vi infastidisce. Preferite la satira e il non senso, e ritenete che siano pochi gli umoristi veramente spiritosi. Anche la risata per voi dev'essere un'espressione di intelligenza.

Punteggio compreso tra 29 e 0
Non sono molte le cose che riescono a strapparvi un consenso o un sorriso. Siete persone serie e posate, e ritenete che la mania di ridere di tutto e di tutti sia un atteggiamento immaturo e una moda. In realtà tra le cose che non sopportate ci sono le barzellette, e coloro che le raccontano.

Test 13

Vi sentite soddisfatti di voi stessi?

Come alla fine di ogni anno un'azienda chiude i propri bilanci preoccupandosi che siano in attivo, così ciascuno di noi si è trovato sicuramente a considerare i pro e i contro della propria attività, a fare il punto sulla realizzazione di un determinato progetto o su un rapporto, insomma si è trovato a fare un bilancio della propria vita, se non alla fine dell'anno, comunque in occasione di qualche cambiamento, di qualche tappa importante.
La preoccupazione è naturalmente sempre la stessa: quella di chiudere almeno in pareggio, evitando il rosso. Solamente che con cifre e numeri il passivo, per quanto possa essere una sgradevole realtà, è facilmente e obiettivamente riscontrabile. Ben più difficile è ammettere un bilancio negativo quando si tratta di noi stessi e saper analizzare con obiettività quali voci abbiano concorso a far precipitare in basso le nostre quotazioni.
Per questo vi proponiamo un test che possa aiutarvi in questa "resa dei conti", per capire in che misura siete soddisfatti di voi stessi e, se non lo siete, che cosa c'è che non va. Rispondete sinceramente alle seguenti domande, con un sì o con un no.

	sì	no
1. Vi piacerebbe essere diversi da quello che siete?	☐	☐
2. Vi è mai capitato di considerarvi dei falliti?	☐	☐
3. Pensate che il vostro rapporto con il partner o il vostro matrimonio sia positivo?	☐	☐
4. C'è qualche cosa in cui vi sentite realmente inferiori agli altri?	☐	☐
5. Quando sulla vostra strada incontrate troppi ostacoli, pensate che sia più ragionevole cambiare meta?	☐	☐

	sì	no
6. Ve la sentireste di prendere la parola di fronte a una platea per sostenere le vostre opinioni?	☐	☐
7. Ci sono componenti del vostro carattere che desiderereste cambiare?	☐	☐
8. Riponete molta fiducia nelle vostre decisioni?	☐	☐
9. Pensate di riuscire simpatico agli altri, in linea di massima?	☐	☐
10. In genere avete di voi stessi un'ottima opinione?	☐	☐
11. Vi vergognate di alcune azioni compiute in passato?	☐	☐
12. Vi sentite utili agli altri?	☐	☐
13. Le critiche altrui per voi sono uno stimolo o un'offesa?	☐	☐
14. Guardando il vostro album di fotografie, pensate di essere migliori nella realtà che nelle immagini?	☐	☐
15. Vi chiedete spesso quanto valete?	☐	☐
16. Vi sentite in colpa nei confronti di qualche vostro familiare?	☐	☐
17. Pensate che siano sincere le lodi che gli altri vi fanno?	☐	☐
18. Siete spesso impacciati con persone che non conoscete bene?	☐	☐
19. Pensate di essere in grado con le vostre capacità di realizzare ciò che desiderate?	☐	☐

	sì	no
20. In genere siete portati a considerarvi superiori alle persone che vi circondano, piuttosto che inferiori?	☐	☐
21. Alla sera siete di solito soddisfatti della vostra giornata?	☐	☐
22. In linea di massima nella vita avete ottenuto le cose che vi eravate prefissi?	☐	☐
23. Il vostro aspetto fisico vi soddisfa, vi considerate piacevoli nel complesso?	☐	☐
24. Pensate di essere un tipo che incontra, con l'altro sesso?	☐	☐
25. Pensate di aver avuto una buona preparazione a scuola?	☐	☐
26. I vostri superiori hanno saputo riconoscere i vostri meriti?	☐	☐
27. Vi siete sentiti o vi sentite incoraggiati e capiti dai genitori?	☐	☐
28. Pensate che gli altri approfittino del fatto che siete troppo buoni?	☐	☐
29. Ce la mettete sempre tutta nelle cose che fate?	☐	☐
30. Avete abbastanza faccia tosta?	☐	☐
31. Sapete cogliere al volo le situazioni favorevoli?	☐	☐
32. Tendete a sottovalutare le vostre capacità?	☐	☐
33. Pensate che le responsabilità familiari abbiano limitato e condizionato le vostre aspirazioni?	☐	☐

	sì	no
34. Pensate che la sfortuna si accanisca in modo particolare contro di voi?	☐	☐
35. Pensate che le condizioni economiche e sociali della vostra famiglia di origine abbiano condizionato in negativo la vostra carriera?	☐	☐
36. C'è stato qualche avvenimento sfavorevole come una malattia, un incidente, che ha condizionato la vostra esistenza?	☐	☐

CALCOLA IL PUNTEGGIO E LEGGI IL RISULTATO

Attribuitevi 1 punto per ogni risposta corrispondente a quelle indicate.

1.	no	13.	sì	25.	sì
2.	no	14.	no	26.	sì
3.	sì	15.	no	27.	sì
4.	no	16.	no	28.	no
5.	no	17.	sì	29.	sì
6.	sì	18.	no	30.	sì
7.	no	19.	sì	31.	sì
8.	sì	20.	sì	32.	no
9.	sì	21.	sì	33.	no
10.	sì	22.	sì	34.	no
11.	no	23.	sì	35.	no
12.	sì	24.	sì	36.	no

Punteggio compreso tra 36 e 28
Siete pienamente soddisfatti di voi stessi, e avete molta fiducia nelle vostre capacità. Vivete nella piacevole sensazione di sentirvi amati e benvoluti, nei rapporti con gli altri esprimete sicurezza e disponibilità, in poche parole avete una buona dose di amor proprio che non può non influenzare positivamente nei vostri confronti le persone che vi stanno vicino.
Siete in grado di valutare obiettivamente i vostri limiti e le difficoltà, per questo riuscite a realizzare in pieno i vostri scopi, cosa che vi offre soddisfazioni e approvazioni in abbondanza. Probabilmente la vostra personalità non si discosta molto dal vostro ideale dell'Io, quel modello che ciascuno di noi forma al proprio interno durante l'infanzia e l'adolescenza, al quale siete riusciti ad assomigliare e a conformarvi sempre più nel corso della vostra crescita e maturazione.

Punteggio compreso tra 27 e 15
Siete persone molto esigenti, per questo non sempre siete soddisfatti

dei risultati conseguiti, in quanto la vostra meta è... la perfezione. Avete obiettivi difficilmente raggiungibili, per questo non sempre il vostro bilancio è attivo, soprattutto se avete risposto differentemente dal modello sopra indicato alle domande: 1, 7, 15.
Tuttavia, dal momento che le attitudini e le capacità non vi mancano, anche se ogni situazione costituisce una sfida con voi stessi, non di rado riuscite nei vostri intenti e sono quelli i momenti in cui finalmente concedete qualcosa in più al vostro amor proprio e alla vostra autostima. Un consiglio? Siate un po' più indulgenti con voi stessi, e soprattutto non misuratevi sempre e solo con quelli migliori di voi. Nella vita ogni tanto è concesso anche essere normali.

Punteggio compreso tra 14 e 0

Proprio non vi piacete, eh? Vi sembra di non comportarvi mai adeguatamente alle situazioni, e di deludere gli altri, oltre che voi stessi, in ogni cosa che fate. Probabilmente alcuni dei vostri insuccessi sono determinati proprio dalla scarsa fiducia nelle vostre possibilità, cosa che vi rende perdenti sin dall'inizio, anche agli occhi degli altri. Proviamo a capire il perché: se avete risposto difformemente dal modello al maggior numero di domande comprese tra la 25 e la 28, ciò significa che siete portati ad attribuire agli altri i motivi del vostro insuccesso, e avete scarsa fiducia e disponibilità nel prossimo.
Se invece il maggior numero di risposte difformi è compreso tra la domanda 29 e la 32, ciò significa che non avete una grande opinione di voi stessi e misurate soprattutto i vostri difetti. Provate ad apprezzare anche qualche lato positivo della vostra persona: se date l'esempio anche gli altri lo scopriranno.
Se infine avete risposto diversamente dal modello alle domande comprese tra la 33 e la 36, siete portati ad attribuire al "Fato", alla avversa fortuna, la responsabilità dei vostri insuccessi. Come rimedio per voi vale il famoso proverbio "Aiutati che il ciel ti aiuta!"

Test 14

Avete davvero cura del vostro corpo?

Fate sempre manutenzione alla vostra macchina? Seguite scrupolosamente tutte le indicazioni riguardanti il cambio dell'olio e il controllo dei freni? Fate attenzione alle prime noie alla carrozzeria, eliminando subito le prime tracce di ruggine?
Se dedicate tutte queste attenzioni alla vostra vettura, che solo in questo modo secondo voi dà il meglio delle proprie prestazioni, provate a immaginare il vostro corpo come una macchina in grado di funzionare perfettamente, e fatevi un esame di coscienza: siete altrettanto scrupolosi con voi stessi? Siete al meglio delle vostre prestazioni fisiche? Se la risposta è positiva, la vostra salute buona, i vostri nervi rilassati, il vostro tono muscolare abbastanza "su", ciò significa che avete saputo ascoltare con attenzione i suggerimenti che "madre natura" ci regala continuamente, sotto forma di stimoli, avvertimenti, veri e propri allarmi: una sensazione di fame o una nausea persistente, una sonnolenza eccessiva o una insonnia tenace, occhiaie troppo pronunciate o una brutta cera sono tutti segnali che il nostro corpo ci invia e che significano di volta in volta: "mangia", "dormi", "riposati", "limitati nei grassi", "fa' un po' di moto"... Assecondare questi bisogni, prestare attenzione all'orologio biologico che dovrebbe regolare la nostra esistenza, significa sicuramente benessere, con tutte le piacevoli conseguenze che la cosa comporta. E se il paragone del nostro corpo con una macchina perfetta è troppo meccanicistico ed efficientistico per voi, lasciatevi convincere dagli orientali, che dedicano molte più attenzioni e cure di noi al proprio corpo, perché lo considerano il tempio dell'anima; oppure dal consiglio dei classici, che sostenevano il principio "Mens sana in corpore sano".
Misurate dunque attraverso questo test il vostro atteggiamento nei confronti della salute e del benessere del vostro corpo.
Per molti di voi la risposta sarà già evidente nel vostro aspetto, e nella vostra forma fisica. Per altri, invece, il risultato potrà costituire la base per una riflessione più seria delle proprie abitudini di vita.
Rispondete alle domande seguenti con un sì o con un no.

	sì	no
1. Fumate più di 20 sigarette al giorno?	☐	☐
2. Pensate che la mania della ginnastica e dello jogging sia una moda destinata a finire?	☐	☐
3. Preferite fare due passi ogni tanto, piuttosto che spostarvi sempre in macchina?	☐	☐
4. Passate la maggior parte della vostra vita in città?	☐	☐
5. Vi prescrivete spesso da soli le medicine?	☐	☐
6. Alla mattina vi sentite pieni di energia e scattanti?	☐	☐
7. Dormite almeno 6 ore per notte?	☐	☐
8. Fate spesso ricorso a tranquillanti e sonniferi?	☐	☐
9. Pensate che dopo i 40 anni sia utile un check-up periodico?	☐	☐
10. Praticate uno sport con regolarità?	☐	☐
11. Praticate uno sport di tipo agonistico?	☐	☐
12. Pensate che dopo una certa età sia meglio non dedicarsi più agli sport?	☐	☐
13. Siete orgogliosi del vostro fisico così com'è e non perdete tempo a fare ginnastica per continuare a mantenerlo in forma?	☐	☐
14. Siete in sovrappeso?	☐	☐
15. Siete troppo magri?	☐	☐
16. Alla sera vi sentite spesso distrutti?	☐	☐

	sì	no
17. Fate sempre le ore piccole?	☐	☐
18. Bevete a tavola un buon bicchiere di vino, a ogni pasto, senza superare questa quantità?	☐	☐
19. Fate più di un "cicchetto" al giorno?	☐	☐
20. Avete un'alimentazione molto ricca di grassi e intingoli?	☐	☐
21. Vi sottoponete ripetutamente a diete varie, ritagliate dai giornali, riprendendo i chili persi dopo qualche tempo?	☐	☐
22. Fate colazione alla mattina?	☐	☐
23. Facendo le scale a piedi vi viene il fiatone?	☐	☐
24. A mezzogiorno mangiate quasi sempre al bar un panino?	☐	☐
25. Andate dal medico per ogni piccolo malanno o dolore?	☐	☐
26. Siete sempre preoccupati per la vostra salute?	☐	☐
27. Prendete molto spesso il raffreddore?	☐	☐
28. In casa avete una cassetta per il pronto soccorso?	☐	☐
29. Il vostro armadietto dei medicinali è colmo di farmaci di vario tipo, che avete utilizzato in passato e non vi decidete a buttare?	☐	☐
30. Guardandovi sinceramente allo specchio, vi dareste più anni di quelli che in realtà avete?	☐	☐
31. Avete difficoltà a concentrarvi?	☐	☐
32. Ultimamente la vostra memoria fa spesso cilecca?	☐	☐

	sì	no
33. Preferite le vacanze a contatto con la natura, che vi permettono di ricaricarvi fisicamente e psicologicamente?	☐	☐
34. Quello di cui avete bisogno in ferie è una località molto frequentata, per poter ballare, fare le ore piccole e delle belle mangiate, insomma per distrarvi un po'?	☐	☐
35. Generalmente dormite bene, fate un bel sonno filato dalla sera alla mattina?	☐	☐
36. Sobbalzate per ogni piccolo rumore o stimolo imprevisto?	☐	☐

CALCOLA IL PUNTEGGIO E LEGGI IL RISULTATO

Attribuitevi 1 punto per ogni risposta corrispondente a quelle indicate.

1.	no	13	no	25.	no
2.	no	14.	no	26.	no
3.	sì	15.	no	27.	no
4.	no	16.	no	28.	sì
5.	no	17.	no	29.	no
6.	sì	18.	si	30.	no
7.	sì	19.	no	31.	no
8.	no	20.	no	32.	no
9.	sì	21.	no	33.	sì
10.	sì	22.	sì	34.	no
11.	no	23.	no	35.	sì
12.	no	24.	no	36.	no

Punteggio compreso tra 36 e 28

Complimenti! Il vostro atteggiamento nei confronti del vostro corpo e della sua salute vi dà più garanzie che una polizza assicurativa sulla vita! Qualsiasi età abbiate, è vostra preoccupazione quotidiana tenervi in esercizio, non perdere occasione per fare un po' di moto, mangiare cibi sani, facendo una certa attenzione al loro contenuto calorico, e dormire secondo il vostro fabbisogno.

Anche col medico avete un rapporto positivo: non vi allarmate eccessivamente per sintomi insignificanti, ma credete e avete fiducia nella medicina preventiva e in un buon controllo generale, ogni tanto.

Non fumate troppo, o non fumate del tutto, bevete solo un bicchierino ogni tanto e nel vostro atteggiamento "salutistico" cercate di coinvolgere anche gli altri, amici o familiari, anche se non sempre con risultati apprezzabili, perché c'è chi vi trova un po' maniaci nella vostra passione per la cura del corpo, e preferisce alle vostre regole ferree qualche vizio. Tuttavia non vi lasciate certo influenzare da questi tentatori e basta l'immagine che lo specchio quotidianamente rimanda di voi a soddisfarvi e darvi ragione.

Punteggio compreso tra 27 e 15

Il vostro atteggiamento nei confronti della salute è in linea di massima responsabile e accorto. Le recenti tendenze, sempre più diffuse anche a livello di massa, nei confronti di una maggiore cura e attenzione ai ritmi del corpo e al suo benessere, non vi hanno lasciati insensibili e vi hanno convinti a iscrivervi a una palestra o a fare un po' di jogging, a limitarvi nei dolci e nei grassi, a mangiare un po' più cereali.

Certamente non siete asceti e pensate che l'uomo è pur sempre fatto di carne, per cui qualche mangiatina di troppo, qualche sigaretta in più, qualche vizietto, insomma, ve lo concedete. Anche perché ogni tanto prevale su di voi la pigrizia, e, se il tempo è brutto o non c'è qualcuno che vi accompagni, dimenticate volentieri i vostri impegni quotidiani nei confronti della ginnastica. Una salute soddisfacente e una buona forma fisica generale vi garantiscono comunque qualche eccezione alla regola senza troppe conseguenze. Attenzione tuttavia a non lasciarvi troppo andare: se fino a ora vi siete mantenuti in forma, è anche grazie a qualche piccolo sacrificio. Non smettete dunque di farne, anche se i risultati non sono a breve termine: ne riparleremo tra 20 anni!

Punteggio compreso tra 14 e 0

I casi sono due: o appartenete a quel gruppo di persone che del proprio corpo si interessano davvero poco, richiedendogli in cambio prestazioni "eccezionali", oppure appartenete a quel gruppo, altrettanto nutrito, di persone preoccupatissime della propria salute, sempre attente al più piccolo acciacco, sempre pronte a farsi prescrivere e prescriversi medicinali tra i più svariati. In entrambi i casi – non c'è bisogno che siamo noi a dirvelo, basterà un'occhiatina critica allo specchio a parlare nel modo più eloquente – la vostra forma non è tra le migliori, non si può dire che siate dei tipi che scoppiano di salute.

Se avete risposto diversamente dal modello alle domande 1, 3, 4, 7, 8, 10, 17, 19, 20, 21, 22, 24, 31, 34, o alla maggior parte di esse, significa che abitualmente pretendete troppo dal vostro corpo, senza preoccuparvi di "ricaricare" le batterie. Fumare, mangiare e bere troppo, fare sempre le ore piccole, svolgendo magari un'attività lavorativa stressante, che già richiede molte delle vostre energie mentali oltre che fisiche, non prendere mai una boccata d'aria buona: sono tutte abitudini che alla lunga si pagano e che non possono essere mantenute in eterno, anche se voi sostenete di aver sempre fatto così e di stare benone.

Guardate la vostra carnagione, i vostri denti, i vostri capelli. In loro sono evidenti tutti i segni dello stress. E basterebbe un po' più d'amor proprio e di rispetto per la vostra "macchina", per tornare ad avere un colorito più acceso, tessuti più tonici, meno occhiaie e capelli più folti e lucenti. Cominciate con una passeggiata a piedi tutti i giorni. Per consigli più specifici non mancano pubblicazioni e personale specializzato.

Se invece la maggior parte delle risposte diverse dal modello appartiene ai numeri 5, 6, 8, 12, 16, 21, 25, 26, 27, 29, 30, 36, vi preoccupate in modo ansioso ed eccessivo della vostra salute, pensando che medici e medicine siano le sole cose in grado di aiutarvi. Vi lamentate dell'insonnia, della cattiva digestione, della stanchezza, ma in realtà non fate molto per evitarle.

Cercate di fare esami medici approfonditi, per escludere una volta per tutte le possibilità di gravi problemi di salute. Dopodiché decidetevi a buttare pillole e tranquillanti, facendo una bella corsa nel parco dopo il lavoro, anziché ingurgitare sonniferi per dormire. Troppo moto dopo una lunga inattività può essere pericoloso, per cui fareste bene a rivolgervi a personale specializzato, che vi dia i consigli appropriati.

SECONDA PARTE

In *coppia* e in famiglia

"Ma in fondo mi vuole bene davvero?"; "Sarà tutta apparenza o dietro alle sue smancerie c'è un affetto sincero?"; "Dopo tanti anni gli interesso ancora?"; "Possibile che non riesca a far nulla senza di me?"...

Dite la verità: chi di voi non si è mai posto, almeno una volta, qualcuna di queste domande, relegate in un angolino della mente, pensando al suo lui o alla sua lei, riflettendo sulla propria situazione di coppia? Domande spesso inespresse a parole, che rimangono a lungo nel famoso angolino, senza trovare risposte esaurienti. In amore, tuttavia, le parole spesso non contano: per questo bisogna imparare a leggere quell'alfabeto muto fatto di gesti, occhiate, atteggiamenti, sfumature, più eloquenti di qualsiasi dichiarazione infuocata. Proprio grazie a questo alfabeto segreto potremo trovare la risposta a tutte le nostre domande, senza scoprire troppo le carte. È ciò che vogliamo aiutarvi a fare con i test di questa seconda parte, che hanno lo scopo di misurare la vostra temperatura dell'amore.

Rispondete con sincerità alle domande dei test: i risultati potranno confermare le vostre sensazioni o dirvi qualcosa di inedito sull'interesse che la vostra "metà" ha per voi.

Test 15

La sessualità

Scegliete la risposta più vicina al comportamento del vostro partener.

1. Quando tra amici si parla di sesso o si scherza, lui/lei cosa fa?

A. Cerca di cambiare discorso. ☐

B. Scherza e ride senza problemi. ☐

C. Calca un po' troppo la mano, fino a esagerare. ☐

2. Capita spesso che lui/lei prenda l'iniziativa o faccia qualche avance?

A. Mai. ☐

B. Sempre. ☐

C. Non c'è una regola fissa, a volte cominciate voi, a volte lui/lei, in un'alternanza abbastanza equilibrata. ☐

3. Se voi fate qualche avance un po' audace in un luogo che non è l'ideale per scambiarsi effusioni, lui/lei come reagisce?

A. Con un grande imbarazzo, e cerca di farvi smettere. ☐

B. Sta al gioco e vi provoca. ☐

C. Vi dice di smetterla perché non è quello il momento né il luogo "per fare certe cose". ☐

4. Capita spesso che lui/lei sfiori con una carezza qualche parte intima del vostro corpo, con complicità e affetto, ma senza altri fini?

A. Mai. ☐

B. Spesso. ☐

C. Capita solo se lui/lei è su di giri, e vorrebbe... ☐

5. Il giorno dopo aver fatto l'amore in modo per voi piacevole e soddisfacente, lui/lei come si comporta?

A. È tutto/a ringalluzzito/a. ☐

B. È indifferente alla cosa, sembra non ricordarsene più. ☐

C. È teso/a e alla prima occasione vi rinfaccia di essere il solito o la solita egoista. ☐

6. Alla sera lui/lei cosa fa di solito?
A. Quello che fate voi, e poi andate a letto insieme. ☐
B. Guarda la televisione fino a tardi oppure legge un libro prima di addormentarsi. ☐
C. Pensa ai problemi della giornata e al lavoro, e spesso è troppo stanco/a per dedicare un po' di attenzioni a voi. ☐

7. Sono passati alcuni giorni dall'ultimo rapporto con lui/lei. Come si comporta?
A. Sembra non farci caso. ☐
B. Ve lo fa notare alludendovi con una battuta un po' acida. ☐
C. Passa ai fatti. ☐

8. Riguardo alla stampa pornografica o ai film porno, che atteggiamento assume?
A. È decisamente contrario/a, li trova immorali. ☐
B. Ogni tanto ne è incuriosito/a e magari ci scherza sopra, ma non ne ha alcun bisogno per essere stimolato/a sessualmente. ☐
C. Li trova molto eccitanti, e li guarda o li compra abitualmente. ☐

9. Che atteggiamento ha nei confronti delle altre donne o degli altri uomini?
A. Indifferente. ☐
B. Se vede una bella ragazza/un bel ragazzo si volta a guardare. Non ha certo il paraocchi, ma la cosa finisce lì. ☐
C. Capita spesso che dimostri un'inclinazione e un interesse per le persone dell'altro sesso che vi umiliano e vi fanno sentire a disagio. ☐

10. Avete fatto una bella litigata, sfogando tutti i vostri risentimenti accumulati e avete voglia di fare l'amore per far pace: lui/lei come reagisce?
A. Si fa un po' corteggiare e pregare, ma alla fine cede contento/a. ☐
B. Rifiuta con rabbia e vi tiene il muso per tutto il giorno. ☐
C. Magari cede, ma lo/a sentite distante. ☐

CALCOLA IL PUNTEGGIO E LEGGI IL RISULTATO

Attribuite a ogni risposta i punti indicati nel seguente schema, quindi sommateli. Il punteggio vi guiderà alla risposta che vi riguarda.

	A	B	C
1.	2	3	1
2.	1	3	2
3.	2	3	1
4.	1	3	2
5.	3	2	1
6.	3	1	2
7.	2	1	3
8.	1	3	2
9.	2	3	1
10.	3	1	2

Punteggio compreso tra 30 e 22

Complimenti: la soddisfazione sessuale della vostra "metà" e il suo appetito nei vostri confronti sono notevoli. Per lui/lei il vostro rapporto risulta appagante, stimolante e intenso anche sul piano fisico, cosa che non manca di dimostrarvi. Un tale coinvolgimento è invidiabile e promette di durare a lungo. Continuate così e il termometro non scenderà di una linea!

Punteggio compreso tra 21 e 14

Il vostro partner è mediamente soddisfatto della sua vita sessuale, nei confronti della quale sembra dimostrare un interesse piuttosto tiepido: stanchezza, stress, abitudine, preoccupazioni hanno la loro responsabilità in tutto ciò. Questo allentamento della tensione erotica tra voi due può essere quindi momentaneo e frutto di un periodo particolare, facilmente superabile. Ma non mancate di chiedervi se anche voi non avete qualche responsabilità nella situazione: da quanto tempo non gli/le dimostrate il vostro interesse e il vostro desiderio? Da quanto tempo non cercate di creare uno scenario diverso e insolito al rito dell'amore? A voi la risposta.

Punteggio inferiore a 13

Il vostro partner è decisamente insoddisfatto, o per lo meno tutti i sintomi sembrano dimostrarlo: una certa morbosità nei confronti del sesso, accompagnata da un rifiuto e da un certo astio nei vostri riguardi contraddistinguono infatti il suo comportamento attuale. Probabilmente qualche problema o tensione presente nel vostro rapporto finisce per riflettersi anche sulla sfera sessuale. Sta a voi trovare il coraggio o la volontà di individuare e risolvere questi conflitti. Dopo, sicuramente le cose andranno meglio anche sotto le lenzuola!

Test 16

L'affetto

Contrassegnate la risposta più vicina al comportamento abituale del vostro lui o della vostra lei.

1. Capita spesso che lui/lei vi prenda per mano?
A. Sì. ☐
B. No. ☐
C. Solo in momenti di particolare intesa. ☐

2. È sua abitudine farvi trovare qualche bigliettino nascosto in posti impensati?
A. Solo se lui/lei è arrabbiato/a: scrivendo riesce a "vuotare il sacco". ☐
B. Sì, soprattutto quando dovete stare lontani per un po'. ☐
C. Solo in occasione di qualche ricorrenza. ☐

3. Quando parlate a tu per tu, lui/lei è solito/a chiamarvi con nomi o diminutivi affettuosi?
A. Sì. ☐
B. No. ☐
C. Solo in circostanze molto intime. ☐

4. A lui/lei piace confidarsi con voi, parlare di tutte le sensazioni più segrete, dei progetti, delle ambizioni?
A. Sì, lo fa spesso. ☐
B. Più che altro lo fa in occasione di avvenimenti importanti, non per le piccole cose. ☐
C. No, non gli/le piace. I "segreti" li tiene per sé. ☐

5. Capita spesso che lui/lei vi abbracci o vi baci senza motivo?
A. No. ☐
B. Sì. ☐
C. Solo se è di buon umore. ☐

6. Lui/lei fa spesso degli apprezzamenti sul vostro aspetto, del tipo: "Sai che oggi non sei niente male"?

A. Mai. ☐

B. Capita, piuttosto raramente. ☐

C. Sì, vi apprezza molto anche fisicamente. ☐

7. Se voi siete particolarmente giù di morale, lui/lei fa di tutto per consolarvi e farvi sorridere?

A. Sì. ☐

B. Di solito non se ne accorge. ☐

C. No. Anzi, quando siete di cattivo umore non vi sopporta. ☐

8. Ogni tanto vi fa qualche sorpresa tipo un regalino inaspettato, un mazzo di fiori, due biglietti per il teatro?

A. No. ☐

B. Sì. ☐

C. Solo se deve farsi perdonare qualche cosa. ☐

9. In quali occasioni lui/lei è più affettuoso/a?

A. A letto. ☐

B. Quando non vi vede da tanto tempo. ☐

C. Lo è sempre molto. ☐

10. Se vi fate male, un bernoccolo o una piccola ferita, lui/lei cosa fa?

A. Preoccupatissimo/a, corre a prendere alcol e cerotti e vi coccola come un bambino/a. ☐

B. Si arrabbia dicendovi "potevi stare più attento/a!" ☐

C. Vi consiglia di andarvi a medicare. ☐

CALCOLA IL PUNTEGGIO E LEGGI IL RISULTATO

Attribuite a ogni risposta i punti indicati nel seguente schema, quindi sommateli. Il punteggio ottenuto vi guiderà nelle risposte.

	A	B	C
1	3	1	2
2.	1	3	2
3.	3	1	2
4.	3	2	1
5.	1	3	2
6.	1	2	3
7.	3	2	1
8.	1	3	2
9.	1	2	3
10.	3	1	2

Punteggio compreso tra 30 e 22
La vostra metà è molto dolce e affettuosa nei vostri confronti, e non ha alcuna difficoltà a manifestare l'amore che prova per voi con gesti di tenerezza. Coccolati, gratificati in ogni modo, approvati in ogni singola espressione, non soffrite certo di mancanza di affetto. Semmai un rapporto così stretto e assiduo sul piano affettivo, spesso non lascia troppo spazio all'autonomia. Controllate il vostro punteggio nel test sull'indipendenza.

Punteggio compreso tra 21 e 14
L'affettività che il vostro compagno o la vostra compagna vi dimostra è nella media. Certo non vi soffoca di attenzioni e non è stucchevole, ma vi è comunque vicino a modo suo. Probabilmente preferisce dimostrarvi il proprio affetto attraverso i fatti, mentre considera tenerezza e coccole cose da ragazzini o da "sposini" in luna di miele. Non è escluso che una lunga convivenza abbia eliminato dal vostro modo di comunicare questo tipo di manifestazioni. L'importante è che la cosa non sia a senso unico, ma in sintonia con i vostri desideri e il vostro modo di fare: quale punteggio otterreste girandovi le domande?

Punteggio inferiore a 13

La vostra metà non si può certo definire dolce: anzi, è piuttosto acidina, per la verità. Dalle vostre risposte sembra infatti che abbia deciso di bandire dal proprio modo di fare ogni espressione di tenerezza e sollecitudine nei vostri riguardi, se non in rari momenti di particolare euforia. I casi sono tre: o ci troviamo di fronte al classico duro incapace di uscire dal ruolo, o alla donna freddina e inibita dal punto di vista affettivo, o a un partner privo di slanci e attenzioni per via di abitudine o disinteresse. Nei primi casi non ci si può far nulla, è questione di carattere. Nell'ultima ipotesi provate a pensare se c'è qualche vostra responsabilità nel suo atteggiamento, cominciando proprio attraverso questo stesso questionario. Rivolgetelo a voi: da quanto tempo non scrivete più un bigliettino affettuoso o non fate un complimento? Può darsi che anche il vostro modo di fare non sia dei più zuccherosi.

Test 17

L'indipendenza

Contrassegnate la risposta più vicina al comportamento abituale del vostro lui o della vostra lei.

1. Questa sera voi volete andare a vedere un film che a lui/lei non piace. Cosa fa?

A. Non viene con voi, esce per conto proprio. ☐
B. Vi mette il muso, così finite per restare a casa. ☐
C. Trovate un film che piaccia a tutti e due. ☐

2. Lui/lei deve andare dal medico per una questione piuttosto delicata. L'appuntamento è di mattina. Cosa fa?

A. Ci va da solo/a senza problemi. ☐
B. Vi chiede se per caso siete liberi e volete accompagnarlo/a. ☐
C. Vi chiede di prendere un permesso per accompagnarlo/a. ☐

3. Lui/lei ha un hobby che non condivide con voi?

A. Sì. ☐
B. No. ☐
C. Ogni tanto capita che lui/lei faccia qualche partita a tennis o vada a teatro senza di voi, ma molto raramente. ☐

4. Questa sera voi siete fuori per lavoro, cosa che capita spesso: lui/lei cosa fa?

A. Ne approfitta per sistemare le sue cose in casa. ☐
B. Vi aspetta alzato/a finché non tornate. ☐
C. Ne approfitta per vedere degli amici che non frequenta con voi. ☐

5. Prima di prendere qualsiasi decisione, anche la più piccola, lui/lei vi consulta sempre?

A. Solo se è particolarmente importante. ☐

B. Sì, non decide nulla senza prima aver sentito il vostro parere. ☐

C. No, prende da solo/a le proprie decisioni, a meno che la cosa non riguardi davvero entrambi. ☐

6. Nella scelta degli amici come vi comportate?

A. Frequentate sempre amici comuni. ☐

B. Lui/lei frequenta per conto suo alcuni amici di vecchia data. ☐

C. Lui/lei frequenta solo i vostri amici, non avendone mai avuti di personali, o avendoli messi in secondo piano. ☐

7. A lui/lei viene proposta un'occasione di lavoro molto allettante, che però lo/a terrebbe lontano da casa per due mesi. Cosa fa?

A. Accetta senza esitare. ☐

B. È molto dubbioso/a, ma dopo averne parlato con voi accetta: vi vedrete ogni week-end. ☐

C. Non accetta. ☐

8. Dopo esservi messi insieme, lui/lei ha cambiato radicalmente le sue vecchie abitudini?

A. Solo alcune, come del resto anche voi. ☐

B. Sì, ha rinunciato a molte sue abitudini. ☐

C. No, non ha cambiato le sue vecchie abitudini di una virgola. ☐

9. Cosa farà lui/lei per le prossime vacanze?

A. Quello che deciderete insieme e farete entrambi. ☐

B. Quello che va a voi. ☐

C. Quello che a lui/lei piace di più: se corrisponde a ciò che piace anche voi, le trascorrete insieme, altrimenti ciascuno per proprio conto. ☐

10. Quando andate a cena dai suoi genitori?

A. In giorni prestabiliti da entrambi. ☐

B. Spesso li frequenta da solo/a, quando voi non ci siete. ☐

C. Tutte le volte che lui/lei lo desidera. ☐

CALCOLA IL PUNTEGGIO E LEGGI IL RISULTATO

Attribuite a ogni risposta i punti indicati nel seguente schema, quindi sommateli. Il punteggio ottenuto vi guiderà nelle risposte.

	A	B	C
1.	3	1	2
2.	3	2	1
3.	3	1	2
4.	2	1	3
5.	2	1	3
6.	2	3	1
7.	3	2	1
8.	2	1	3
9.	2	1	3
10.	2	3	1

Punteggio tra 30 e 22

Il vostro partner è... un uccel di bosco. Non c'è verso di farlo fermare o legare a voi più di quanto non lo sia attualmente: il suo istinto verso la libertà e l'indipendenza è talmente forte da non lasciarsi "ingabbiare" da un rapporto di coppia. Che dev'essere un rapporto molto speciale per resistere a questo regime di indipendenza assoluta l'uno dall'altra. Se questa autonomia è reciproca, complimenti! Siete riusciti a raggiungere un equilibrio esemplare. Se invece qualcuno ci rimette e ne soffre, purtroppo quel qualcuno siete voi. E le alternative che avete di fronte sono poche con un tipo simile: prendere o lasciare.

Punteggio compreso tra 21 e 14

Il vostro lui o la vostra lei sanno cavarsela egregiamente da soli, senza per questo essere "anarchici". Ciò significa che hanno raggiunto un buon grado di autonomia, che consente loro di camminare con le proprie gambe. Un fatto estremamente positivo per voi, che avete al fianco una persona matura e autonoma, capace di misurarsi con gli altri da pari a pari. Anche il vostro rapporto ne trae vantaggio, lontano da costrizioni e ricatti del tipo "senza di te non ce la faccio". Il che non toglie nulla all'affetto e all'amore che lui/lei prova per voi.

Punteggio inferiore a 13

La vostra metà da sola non muove un passo: è proprio una frana. Se questo stato di cose non riguarda lei sola, può darsi che la vostra coppia regga bene, unita dal reciproco bisogno di sostegno. Se invece siete voi a fare le spese della situazione, i casi sono due: o la cosa vi va benone, e allora rientrate nella categoria di quelli che amano fare da madre o da padre al proprio partner; oppure sopportate la cosa a fatica. Nel qual caso, ancora una volta dovrete essere voi a risolvere la faccenda, in un modo o nell'altro. Non potete certo contare sulla vostra... pesante metà!

Test 18

Il vostro partner è davvero innamorato?

Inutile assillare la propria metà con domande dirette, si riceverebbero solo risposte scontate e con tono un pochino seccato. Molto meglio imparare a guardare bene dentro il proprio rapporto. Questo test presuppone quindi una buona conoscenza del vostro partner: oltre a misurare il grado di attaccamento nei vostri confronti, può essere l'occasione per verificare quanto bene (o male) lo conoscete.
Rispondete alle seguenti domande contrassegnando le risposte più vicine all'atteggiamento o al modo di pensare del vostro partner.

1. *Cosa ne pensa del "fidanzamento"?*
A. Meglio che sia lungo, per evitare brutte sorprese. ☐
B. È una libera scelta. ☐
C. Se ci si vuole veramente bene, perché aspettare e non vivere insieme? ☐

2. *Cosa ne pensa del grande amore?*
A. Nel matrimonio sono più importanti altre cose. ☐
B. Cose da adolescenti. ☐
C. Lo sta vivendo con voi. ☐

3. *Due ragazzi in autobus si sbaciucchiano e si accarezzano davanti a voi due. Lui/lei come reagisce?*
A. Con imbarazzo. ☐
B. Con fastidio: ci vuole un po' di rispetto per gli altri. ☐
C. Sorride. ☐

4. *Capita spesso che lui/lei usi le stesse vostre parole o inizi un discorso contemporaneamente a voi?*
A. Sì. ☐
B. No. ☐
C. A volte. ☐

5. Di fronte a un tramonto lui/lei come si comporta?
A. Si lascia andare a un attimo di tenerezza. ☐
B. Vi racconta di quella volta che in una situazione del genere... ☐
C. Guarda l'orologio e dice che sarebbe ora di muoversi. ☐

6. Quando lui/lei vi fa un regalo, che criterio di scelta usa?
A. Vi chiede cosa vi piacerebbe. ☐
B. Va per negozi sforzandosi di trovare una cosa che vi può piacere. ☐
C. Sceglie qualche cosa che piace a lui/lei. ☐

7. Che cosa pensa della sua famiglia e dei suoi genitori?
A. A una certa età bisogna cercare di allontanarsi da loro e farsi i fatti propri. ☐
B. Sono un sostegno irrinunciabile. ☐
C. Li ama, ma ora si sente responsabile della sua vita e della sua nuova famiglia. ☐

8. Il vostro partner è via per un viaggio di affari. Cosa credete che stia pensando?
A. "Sarebbe più piacevole se lui/lei fosse con me". ☐
B. "Questi momenti di lontananza ravvivano la nostra unione: quando torno ci desideriamo di più". ☐
C. "Ogni tanto è piacevole starsene un po' da soli". ☐

9. La coppia a cui vorrebbe che la vostra assomigliasse è:
A. Tarzan e Jane. ☐
B. Principe William e Kate Middleton. ☐
C. Rossella O'Hara e Rhett Butler. ☐

10. A proposito di se stesso/a preferisce:
A. Raccontare tutto, anche i più intimi pensieri. ☐
B. Farvi partecipe delle sue emozioni. ☐
C. Tacere parecchie cose che riguardano solo lui/lei. ☐

CALCOLA IL PUNTEGGIO E LEGGI IL RISULTATO

Attribuite a ogni risposta i punteggi previsti dal seguente schema.

	A	B	C
1.	1	2	3
2.	2	1	3
3.	2	1	3
4.	3	1	2
5.	3	2	1
6.	2	3	1
7.	1	2	3
8.	3	2	1
9.	3	1	2
10.	3	2	1

Punteggio compreso tra 30 e 24
Il vostro partner è veramente "cotto": il suo atteggiamento e il suo modo di pensare (se avete riferito le cose come stanno) è quello di un adolescente innamorato. Nulla di strano quindi se la vostra è una coppia giovane o se state insieme da poco. Se invece la vostra è una coppia di vecchia data, questo risultato è ancora più apprezzabile perché significa che l'amore del vostro partner non si è raffreddato nel tempo. In questo caso tuttavia il vostro legame tende a essere esclusivo e poco aperto nei confronti degli altri.

Punteggio compreso tra 23 e 14
L'amore che il vostro partner nutre per voi è maturo e consolidato, anche se non sempre ha gli slanci tipici della grande passione. Ciò può significare che la vostra metà è una persona controllata e poco propensa al sentimentalismo, oppure che la vostra è una coppia ormai collaudata. In ogni caso tuttavia il vostro legame gode di buona salute e si sviluppa nella reciproca autonomia e fiducia.

Punteggio inferiore a 13
Il vostro partner è davvero un po' freddino e privo di grandi ardori o illusioni, in fatto di amore. È una questione di carattere oppure state passando un brutto periodo? Sta a voi individuare le cause di questo raffreddamento.

Test 19

Come va la vostra coppia?

Desiderio, gelosia, conoscenza, tenerezza, comunicazione: cinque facce dell'amore che hanno un ruolo importante in ciascuna coppia, ma mai uguale; infatti c'è quella coppia che non può vivere senza le scenate di gelosia di lei, che ha il potere di risvegliare in entrambi il desiderio e l'interesse reciproco; c'è l'altra, invece, che privilegia la comunicazione razionale e la riflessione, "il dirsi tutto a ogni costo"; l'altra ancora che esprime la propria coesione col linguaggio del corpo e la tenerezza; e infine la coppia che sembra addirittura non essere tale, tante sono le divergenze e i punti di attrito, ma che vive dei momenti di scambio e di comunicazione intensissimi quando si trova a letto. Ciascuno di noi, dunque, nel rapporto con l'altro o con l'altra, ha stabilito equilibri e modi personalissimi per vivere la propria storia di coppia che, per quanto diversi, possono comunque funzionare, proprio perché soddisfano le necessità di entrambi. Ma solo a questa condizione. Ciò che vuole stabilire il prossimo gruppo di test è proprio questo: la misura del desiderio, della gelosia, del bisogno di tenerezza, della conoscenza dell'altro e della capacità di comunicare di ciascun membro della coppia. Il punteggio finale non solo vi dirà quanto e come queste componenti siano o non siano presenti in ciascuno di voi, ma soprattutto in che misura siano sentite o ignorate anche dall'altro. Avete dunque la possibilità di misurare il polso della vostra coppia confrontando i vostri risultati non con un modello statistico astratto, ma con quelli del vostro compagno: un viaggio emozionante nel mondo segreto in cui vivete solamente voi due!

Troverete ora un gruppo molto nutrito di domande, che hanno lo scopo di sondare 5 diversi aspetti del vostro modo di amare. Volontariamente abbiamo raggruppato tutte le domande dei 5 test che seguono in un solo blocco, per non rendere il gioco troppo scoperto: è facile infatti "pilotare" inconsciamente le vostre risposte, sapendo in anticipo dove vuole andare a parare la domanda. Se per esempio avete deciso che tra voi non devono esistere gelosie, potreb-

be succedere che “involontariamente” le vostre risposte si orientino in un certo modo. Meglio non sapere dunque a quali test appartengono le varie domande: lo scoprirete alla fine. Altra avvertenza: questi test devono essere svolti separatamente e onestamente, prima da lei e poi da lui. Lui dovrà coprire con un foglio le risposte di lei, rispondendo senza sbirciare.
Rispondete dunque alle seguenti domande con un sì o con un no, che questa volta scriverete all’interno della casella a voi riservata.

	lui	lei
1. Ti piace camminare mano nella mano?	☐	☐
2. Se ricevi un aumento di stipendio gli/le telefoni subito per dirglielo?	☐	☐
3. Ti capita mai di pensare al corpo di lui/lei quando non c’è?	☐	☐
4. Sai qual è il suo colore preferito?	☐	☐
5. Pensi che l’amicizia disinteressata tra un uomo e una donna sia impossibile?	☐	☐
6. Pensi che tra voi ci sia un buon dialogo?	☐	☐
7. Ti piace che la “tua metà” ti chiami con un nomignolo affettuoso?	☐	☐
8. Lui/lei è sempre il primo a sapere i tuoi segreti?	☐	☐
9. Alla sera guardi tutti i programmi della Tv o leggi fino a tardi, prima di andare a letto?	☐	☐
10. Il tuo compagno/a ti abbraccia e ti bacia spesso senza motivo?	☐	☐
11. A lui/lei piace passeggiare sotto la pioggia?	☐	☐
12. Se lui/lei mette qualche cosa di carino per uscire alla sera, pensi che voglia far colpo su qualcuno?	☐	☐

	lui	lei
13. Trovi sufficiente la frequenza dei vostri rapporti sessuali?	☐	☐
14. Se c'è qualche cosa che non va, preferisci parlarne subito?	☐	☐
15. C'è sempre qualche cosa di nuovo che ti piacerebbe provare con lui/lei, a letto?	☐	☐
16. Che tu sappia, consulta spesso l'oroscopo?	☐	☐
17. Ti sembra che lui/lei esprima anche coi gesti l'amore che nutre per te?	☐	☐
18. Pensi di essere abbastanza in gamba per lui/lei?	☐	☐
19. Se lui/lei indossa un vestito che a te proprio non piace, glielo dici, anche se con tatto?	☐	☐
20. Sai qual è il suo profumo preferito?	☐	☐
21. Ti piace ogni tanto far l'amore in un luogo un po' insolito e proibito?	☐	☐
22. Ti capita mai di dirgli/le di non essere troppo appiccicoso?	☐	☐
23. Sei sicuro che lui/lei sia sempre sincero con te?	☐	☐
24. Ricordi il titolo dell'ultimo libro che lui/lei ha letto?	☐	☐
25. Preferisci evitare le bugie tra voi?	☐	☐
26. Quando rientri dal lavoro, i problemi della giornata continuano a tornarti in mente?	☐	☐
27. Quando stai per addormentarti senti il bisogno di un contatto fisico, anche minimo, con lei/lui?	☐	☐
28. Sai prevedere sempre in anticipo le sue reazioni?	☐	☐

	lui	lei
29. Ti infastidisce vederlo/la ballare un lento con un'altra persona?	☐	☐
30. La sera quando vi incontrate, di solito vi raccontate tutte le piccole e le grandi cose della giornata?	☐	☐
31. Ti capita spesso di sentire i segni del desiderio che sale e poi di non passare all'azione?	☐	☐
32. Se lui/lei vede la foto di un tuo/a ex, sai cosa dice?	☐	☐
33. Ti piace "rubare" a lui/lei qualche indumento tipo sciarpa o maglietta, da indossare quando lui/lei non c'è?	☐	☐
34. Quando lui/lei è al telefono, chiedi subito con chi sta parlando?	☐	☐
35. Se lui/lei ha la luna, gliene chiedi subito il motivo?	☐	☐
36. Pensi che saprebbe sostituire una gomma bucata della sua auto?	☐	☐
37. Gli/le hai mai detto "questo non è il momento", per fermare una sua avance?	☐	☐
38. Trovi che l'odore della sua pelle sia gradevole?	☐	☐
39. Guardando Love story, a lui/lei scappa qualche lacrimuccia?	☐	☐
40. Separarti da lui/lei ti rende particolarmente ansioso e agitato?	☐	☐
41. Pensi che l'intesa sessuale sia importante in una coppia ben riuscita?	☐	☐
42. Se una sera non ti va di andare a mangiare dai suoi, glielo dici?	☐	☐

	lui	lei
43. Ti piacciono le grattatine sulla schiena o in qualche altra parte del corpo?	☐	☐
44. Se lui/lei fa i complimenti a qualcuno, provi uno strano fastidio?	☐	☐
45. Se qualcuno ti parla della sua vivace attività sessuale, la cosa ti fa riflettere?	☐	☐
46. Il fatto che qualcuno lo/la corteggi, ti rende segretamente orgoglioso?	☐	☐
47. Pensi che tra voi due sia giusto parlare anche delle cose meno piacevoli?	☐	☐
48. Da piccolo lui/lei ha avuto qualche grave trauma?	☐	☐
49. Non provi alcun imbarazzo se lui/lei ti coccola davanti agli altri?	☐	☐
50. Quando sei fuori per lavoro speri che lui/lei alla sera stia in casa?	☐	☐

CALCOLA IL PUNTEGGIO E LEGGI I RISULTATI

Ciascuno dei due conteggi separatamente il punteggio realizzato. Quindi confrontatelo, per vedere in quali test avete gli stessi punti di vista, e in quali invece i vostri sentimenti e desideri sono diversi. In base ai punteggi leggete poi le risposte dei 5 test che vi riguardano individualmente.

AVETE VOGLIA DI TENEREZZA?

Attribuitevi 1 punto per ogni risposta uguale alle seguenti (*max 10 punti: moltiplicate per 2*).

1.	sì
7.	sì
10.	sì
17.	sì
22.	no

27.	sì
33.	sì
38.	sì
43.	sì
48.	sì

Punteggio compreso tra 20 e 10
Sì, hai voglia di tenerezza, ma il tuo desiderio sembra essere perfettamente appagato. Valuta anche il punteggio del tuo partner: se assomiglia al tuo, non fa che confermare una cosa che trapela da ogni tua risposta: voi due navigate in un mare di miele e zucchero.

Punteggio compreso tra 9 e 5
Le coccole ti piacciono, ma fino a un certo punto: in certe occasioni preferisci le maniere forti alle sviolinate, e quando sei con gli altri cerchi di non passare tutto il tempo a sbaciucchiarti con lui/lei. Inutile comunque bluffare troppo: sotto quella scorza dura si nasconde un cuore tenero!

Punteggio compreso tra 4 e 0
Sei decisamente un ruvidone/a. “Voglia di tenerezza” per te è solo il titolo di un film, che tra l’altro non ti ha nemmeno fatto piangere. Ma non c’è proprio nessuno che riesca a fare breccia nella tua

corrazza? Cosa ne pensa la tua metà? (controlla che nel frattempo non se la sia data a gambe!).

QUANTO BRUCIA IL DESIDERIO?

Attribuitevi 1 punto per ogni risposta uguale alle seguenti (*max 10 punti: moltiplicate per 2*).

3.	sì	26.	no
9.	no	31.	no
13.	sì	37.	no
15.	sì	41.	sì
21.	sì	45.	no

Punteggio compreso tra 20 e 10
Brucia, brucia, non c'è che dire. Il tuo appetito sessuale è piuttosto vivace. Tra te e il tuo partner sembra esserci un'ottima intesa anche sotto le lenzuola. Il suo punteggio concorda col tuo? Un cucchiaino di bromuro a testa!

Punteggio compreso tra 9 e 5
A volte brucia, ma a volte il tuo desiderio si intiepidisce un po': superlavoro, stress, abitudine? La ricerca del perché la puoi trovare riesaminando con il tuo lui/lei, le vostre risposte a queste domande. Ricorda comunque che anche in amore spesso "l'appetito vien mangiando"!

Punteggio compreso tra 4 e 0
"Niente sesso, siamo inglesi!" sembra essere il tuo film preferito. Sei proprio sicuro che piaccia anche al tuo partner?

C'È DIALOGO TRA VOI DUE?

Attribuitevi 1 punto per ogni risposta affermativa (sì) a tutte le seguenti domande *(max 10 punti: moltiplicate per 2)*: 2, 6, 8, 14, 19, 25, 30, 35, 42, 47.

Punteggio compreso tra 20 e 10
Il dialogo tra voi due c'è, eccome! Sincerità, affiatamento, facilità di comunicazione, comprensione: dalle tue risposte tutto ciò fa parte degli ingredienti quotidiani del vostro rapporto. Il punteggio del tuo lui/lei corrisponde? Altrimenti più che di dialogo si tratta di monologo.

Punteggio compreso tra 9 e 5
Se il dialogo è uno degli ingredienti principali di un buon rapporto, un pizzico di mistero e di silenzio certe volte ne costituiscono il sale: sembra essere questa la tua filosofia. Anche al tuo lui/lei piace il menage saporito?

Punteggio compreso tra 4 e 0
Come fai a dirgli/le: "Passami il pane"? Hai stabilito dei gesti in codice? La comunicazione con la tua metà infatti non sembra essere di tipo verbale. Può darsi che tu riesca a comunicarle in altro modo il tuo affetto: "i baci sono parole" dev'essere il tuo motto!

CONOSCI DAVVERO LA "TUA METÀ"?

Per valutare il tuo punteggio in questo caso devi chiedere aiuto alla tua "metà": solo lei infatti ti potrà confermare se è vero che sai qual è il suo profumo o il suo colore preferito. Assegnati dunque 2 punti per ogni risposta delle seguenti che avrai verificato essere esatta, con l'aiuto del tuo partner.: 4, 11, 16, 20, 24, 28, 32, 36, 39, 48.

Punteggio compreso tra 20 e 10
Il tuo lui o la tua lei per te è ormai come le tue tasche: conosci a perfezione ogni suo aspetto.

Punteggio compreso tra 9 e 5
Hai ancora parecchio da scoprire sul conto del tuo lui o della tua lei: o vi conoscete da poco, oppure lui/lei è stato molto abile nel confondere le tracce e non farti sapere troppo sul suo conto. La sua tattica? Fascino e mistero, come Mata Hari. Il suo punteggio nello stesso test? Attenzione: con un tipo così mai giocare a carte troppo scoperte!

Punteggio compreso tra 4 e 0
"Il mio partner, questo sconosciuto": ecco un libro che potresti scrivere nel prossimo inverno! O vi siete conosciuti da un mese oppure siete molto distratti: non vi preoccupate, a tutto c'è rimedio. Cominciate col chiedere a lui/lei come si chiama.

Test 20

Siete lupi o agnelli?

Siete intraprendenti, aggressivi, amanti dell'avventura, sempre vincenti, almeno nelle intenzioni, oppure timidi, riservati, tranquilli? Siete zingari o pantofolai, in amore siete cacciatori o prede? Fedeli o infedeli? Insomma, per riassumere l'idea in due sole parole, siete lupi o agnelli? Misurate attraverso un test quanta grinta mettete nelle cose, e in particolare nelle "questioni di cuore". Se siete lupi, sicuramente appartenete a quella categoria di persone che quando "puntano" la propria preda, sia essa una ragazza o un ragazzo, non la mollano fino a quando non la fanno propria. Se invece siete un agnello, appartenete al gruppo che ama farsi predare, che più facilmente è fedele al proprio lui o alla propria lei, che non ama troppo i cambiamenti e le novità. Ma non crediate che sia così scontata l'appartenenza a un gruppo piuttosto che a un altro! Provate a scoprirlo attraverso questo gioco, che con domande curiose e apparentemente non pertinenti al tema vi aiuterà a scoprire qualche cosa di inedito di voi. Rispondete con un sì o con un no alle seguenti domande.

	sì	no
1. Vi identificate nei ruoli interpretati da Hugh Grant?	☐	☐
2. Pensate che l'estate dia l'opportunità di incontri entusiasmanti?	☐	☐
3. Non sopportate gli spacconi?	☐	☐
4. Vi capita spesso di dire bugie sul vostro conto a persone appena incontrate e che probabilmente non rivedrete più?	☐	☐
5. Se sbagliano a darvi il resto, naturalmente a vostro vantaggio, segnalate l'errore, restituendo la somma eccedente?	☐	☐
6. Nei giochi di società vi piace barare?	☐	☐

	sì	no
7. Preferite le vacanze da soli o quelle con la vostra "metà"?	☐	☐
8. Se una persona che vi interessa è già legata a qualcuno, lasciate perdere per non turbare la sua felicità?	☐	☐
9. Vi piacciono più i levrieri afgani dei barboncini?	☐	☐
10. Gli animali che vi piacciono di più sono i gatti?	☐	☐
11. Vi piace cenare al ristorante cinese, per assaggiare piatti nuovi e strani?	☐	☐
12. Andate sempre dallo stesso parrucchiere?	☐	☐
13. Siete risparmiatori?	☐	☐
14. Se riucite a "scroccare" una cena o una bibita, la cosa vi fa sempre piacere?	☐	☐
15. Se incontrate una vostra ex fiamma insieme con il suo nuovo accompagnatore (o accompagnatrice), pensate "Si è consolato/a presto!"?	☐	☐
16. Nella stessa situazione precedente, pensate "Meno male che anch'io ho già un'altra/o!"?	☐	☐
17. Vi piace trascorrere le feste secondo le tradizioni?	☐	☐
18. Rivedete volentieri vecchi film che vi erano piaciuti molto?	☐	☐
19. Vi lancereste con il paracadute?	☐	☐
20. Fate o fareste la stessa professione dei vostri genitori?	☐	☐
21. Vi piacerebbe fare un lavoro che vi consentisse di viaggiare continuamente?	☐	☐

	sì	no
22. Preferite "Gastone" a "Paperino", tra i personaggi dei fumetti di Walt Disney?	☐	☐
23. A scuola copiavate o copiate i compiti dagli altri, conseguendo poi buoni voti?	☐	☐
24. Ricoprite i vostri libri con carta colorata?	☐	☐
25. Odiate i traslochi?	☐	☐
26. Vi fate spesso attendere agli appuntamenti?	☐	☐
27. Se qualcuno vi fa un "bidone", non sapete più cosa fare per quella sera?	☐	☐
28. Amate gli abiti originali e un po' vistosi?	☐	☐
29. Accettate spesso inviti da persone appena conosciute?	☐	☐
30. Rimpiangete spesso i bei tempi passati?	☐	☐
31. Siete capaci di attaccare bottone con una scusa qualsiasi?	☐	☐
32. Spesso, non sapete come mai, vi aiuta una buona dose di fortuna?	☐	☐
33. Se avete qualche dispiacere amoroso, dite, come Rossella in *Via col vento*: Ci penserò domani?	☐	☐
34. Se lui/lei vi lascia, pensate che "Morto un Papa, se ne fa un altro"?	☐	☐
35. Pensate con grande allegria che il mondo è sempre pieno di sorprese?	☐	☐
36. Pensate che la Coca-Cola faccia male, e quindi non la bevete?	☐	☐

CALCOLA IL PUNTEGGIO E LEGGI IL RISULTATO

Attribuitevi 1 punto per ogni risposta corrispondente a quelle indicate.

1.	no	13.	no	25.	no
2.	sì	14.	sì	26.	sì
3.	no	15.	no	27.	no
4.	sì	16.	sì	28.	sì
5.	no	17.	no	29.	sì
6.	sì	18.	no	30.	no
7.	sì	19.	sì	31.	sì
8.	no	20.	no	32.	sì
9.	sì	21.	sì	33.	sì
10.	sì	22.	sì	34.	sì
11.	sì	23.	sì	35.	sì
12.	no	24.	no	36.	no

Punteggio compreso tra 36 e 28

Perdete il pelo ma non il vizio: siete proprio lupacchiotti fatti e finiti, indipendentemente dal vostro sesso. La vostra specialità è quella di "fare i furbi", di cavarvela sempre in ogni situazione, anche a costo di qualche azione poco limpida. Naturalmente fate tutto ciò senza cattiveria o premeditazione, ma con molta spontaneità e allegria, il che garantisce spesso l'impunità alle vostre "spacconate" e conquista, malgrado tutto, la simpatia degli altri, soprattutto quelli del sesso opposto. Agli agnelli del vostro stesso sesso fate invece invidia e rabbia. Disinvolti e intraprendenti, liberi, amanti degli imprevisti, disordinati, disorganizzati, siete sempre in movimento e alla ricerca di qualcosa di nuovo. Istintivi e impulsivi, infedeli non per scelta ma per natura, in amore riuscite sempre a ottenere ciò che volete. Ma se per caso qualche cosa vi va storto, pazienza.

Non sapete cosa sono i rimpianti, vi adattate a ogni nuova situazione senza problemi, amate il presente e il futuro. Come ogni predatore non date troppa importanza alla propria "tana", preferite spostarvi alla ricerca di nuovi ambienti e nuove prede, non affondate mai le radici in alcun luogo.

Punteggio compreso tra 27 e 15

Appartenete a quella fascia di persone non facilmente classificabili nell'uno o nell'altro gruppo. Avendo caratteristiche comuni sia al lupo che all'agnello, siete probabilmente persone equilibrate, razionali, che sanno sfruttare le buone occasioni senza gettarsi allo sbaraglio. Amate il rischio solo se calcolato, vi lanciate in qualche impresa o approccio solo se siete sicuri di avere tutte le carte a vostro favore, meditate a lungo i pro e i contro di ogni iniziativa prima di intraprenderla. Siete abili nel penetrare la psicologia altrui, e questa qualità vi aiuta ad adeguare il vostro comportamento alla situazione, e a uscirne quasi sempre vincenti: sapete trasformarvi in lupo se avete puntato gli occhi su un agnello, oppure sapete essere tenero e dolce, se la persona che vi interessa è un predatore.

La vostra categoria quindi potrebbe essere quella dei camaleonti.

Amate le tradizioni, la vostra casa, la comodità, ma sapete cogliere il lato positivo delle novità, dopo averle attentamente studiate.

Punteggio compreso tra 14 e 0

Siete come un agnello, tenero e inerme. Timidi, remissivi, per niente aggressivi, assai romantici e dolci; l'iniziativa non è il vostro forte. Siete piuttosto dotati di pazienza e tenacia, affidabili e tranquilli, riflessivi e metodici. Amate le abitudini consolidate, la vostra casa, i vostri hobby, i vecchi amici e le tradizioni.

Adorate guardare le vecchie foto dell'album, tenete tutte le lettere che vi hanno scritto, odiate i video-games. In amore siete fedelissimi, e spesso vi struggete per grandi passioni non corrisposte, anche per il fatto che l'interessato (o l'interessata) non sempre ne è al corrente.

Preferite essere oggetto di una corte lunga e discreta, di essere notato nel mucchio e scelto da altri, piuttosto che farvi notare. Spesso venite ingannati per la vostra ingenuità e buona fede da lupi particolarmente voraci e in cerca di avventure, che vi giurano l'amore eterno e il giorno dopo scompaiono. Soprattutto se siete di sesso maschile, odiate le persone appartenenti alla categoria dei lupi, e pensate che abbiano solo una gran faccia tosta e una fortuna sfacciata, anche se in fondo siete convinti che non vi cambiereste mai con loro.

Test 21

Affinità di coppia

"Come sto bene con lui"; "Non dovrei dirlo per scaramanzia, ma con lei ho incontrato la felicità"; "Ma lo sai che io e te andiamo proprio d'accordo?"; "Forse in questo periodo c'è qualche cosa che non va"; "Chissà se con lei ho sbagliato tutto?"...
Quante volte vi è capitato di dire o di pensare queste frasi durante la vostra storia d'amore, durante il rapporto più o meno lungo che avete stabilito con una persona, nel corso del vostro matrimonio? Mai? Sempre? Solo se ci sono guai seri?
Le risposte a queste domande possono essere diversissime e tutte reali perché ciascuna coppia e ciascuna persona ha un bisogno diverso e vario di sondare se stessa, di indagare sulla propria situazione, di parlare di sé. C'è chi lo fa quotidianamente, ogni sera, quando ne capita l'occasione; ci sono coppie invece a cui basta uno sguardo, un contatto per intendersi senza bisogno di parole.
Alcuni credono che, finché le cose vanno bene, bisogna godersele senza farsi troppe domande, altri ritengono necessario il proprio impegno e la riflessione costante perché l'incantesimo continui, e non si fidano dell'istinto del momento.
Chi ha ragione, qual è il comportamento giusto?
È una risposta che nessuno, se non voi stessi, voi due, potete dare. Se siete felici, in armonia, non importa quale sia stata la ricetta per conseguire questa felicità: evidentemente è quella giusta. Se invece c'è qualche problema, forse qualche errore l'avete compiuto. In entrambi i casi potrà essere comunque divertente sondare attraverso un gioco come vadano le cose tra voi due, scoprire aspetti imprevisti, misurare qual è la vostra intesa e la vostra coesione come coppia.
Leggete insieme con il vostro partner le domande seguenti, rispondete ciascuno separatamente con un sì o con un no, senza consultarvi. Controllate il punteggio alla fine.

LEI

	sì	no
1. Sapete qual è il dopobarba preferito dal vostro uomo?	☐	☐
2. Da piccolo lui aveva un cagnolino in casa?	☐	☐
3. Gli piace la fantascienza?	☐	☐
4. Lui è un amante del bricolage?	☐	☐
5. È capace di attaccarsi un bottone?	☐	☐
6. Consulta spesso l'oroscopo?	☐	☐
7. Il vostro lui sarebbe capace di riprodurre con una certa abilità la *Gioconda* di Leonardo o qualche altra opera famosa?	☐	☐
8. Da piccolo ha mai fatto parte dei boy-scout?	☐	☐
9. Quanto è alto?	☐	☐
10. Sa nuotare "a farfalla"?	☐	☐
11. Accetterebbe di partecipare, come passeggero, a un volo sperimentale dello "Space-lab"?	☐	☐
12. Gli piacciono le bionde?	☐	☐
13. C'è una persona che lui non vorrebbe farvi conoscere?	☐	☐
14. Si è mai innamorato di qualche cuginetta?	☐	☐
15. Sapete con chi ha vissuto la sua "prima volta"?	☐	☐
16. Conoscete la macchina dei suoi sogni?	☐	☐
17. Secondo voi sa far funzionare la lavatrice?	☐	☐

	sì	no
18. Adora le grattatine sulla schiena?	☐	☐
19. Sapreste descrivere la sua "donna ideale"?	☐	☐
20. Gli piacciono le torte al cioccolato?	☐	☐
21. Vi piace fare il bagno insieme a lui, coccolandovi e giocando con la schiuma?	☐	☐
22. Pensate che non ci sia niente di più bello, alla sera, che una cena tranquilla, un buon spettacolo televisivo e poi subito a letto?	☐	☐
23. Vi piace scatenarvi in discoteca con gli amici?	☐	☐
24. Qualche volta, quando fate l'amore, vorreste provare qualche nuova posizione o qualche strano gioco?	☐	☐
25. Vi piace improvvisare all'ultimo momento un week-end e partire senza avere un programma prestabilito?	☐	☐
26. Dopo l'amore siete così rilassate, che spesso vi addormentate tra le sue braccia come una bambina?	☐	☐
27. È bello per voi rivedere insieme con lui un film significativo per entrambi, che vi ricorda un vostro momento particolare?	☐	☐
28. Preferite far l'amore in un ambiente che conoscete, confortevole, accogliente e intimo?	☐	☐
29. Una volta ogni tanto non vi dispiacerebbe far l'amore in macchina o in un posto scomodo o proibito?	☐	☐
30. Non vi piace affatto dover cenare spesso a casa dei suoi genitori?	☐	☐
31. Credete giusto che lui abbia dei momenti tutti per sé?	☐	☐

	sì	no
32. Dopo aver litigato violentemente, pensate che il modo migliore per far la pace sia fare l'amore?	☐	☐
33. Vi piacciono molto le carezze, i baci, le piccole tenerezze, e siete felici quando lui vi dedica queste attenzioni?	☐	☐
34. Pensate che in una coppia felice il sesso sia una componente importante?	☐	☐
35. I figli danneggiano, secondo voi, un rapporto anziché consolidarlo?	☐	☐
36. Pensate che l'infedeltà coniugale sia sempre deleteria?	☐	☐

LUI

	sì	no
1. Sapete qual è il profumo preferito della vostra donna?	☐	☐
2. Le piace la musica classica?	☐	☐
3. Siete capaci di scegliere un abito per lei?	☐	☐
4. Le piace passeggiare sotto la pioggia?	☐	☐
5. Adora Jude Law?	☐	☐
6. Consulta spesso l'oroscopo?	☐	☐
7. Dice spesso le bugie?	☐	☐
8. Farebbe il bagno nuda a mezzanotte?	☐	☐
9. Quanto è alta?	☐	☐
10. Sapete qual è il piatto che sa cucinare meglio?	☐	☐

	sì	no
11. Sapete il nome di battesimo di tutti e quattro i suoi nonni?	☐	☐
12. Conoscete la taglia che indossa?	☐	☐
13. Conoscete il numero di scarpe che porta?	☐	☐
14. Sapete per quale partito vota?	☐	☐
15. Se lei vi incontrasse per strada con una donna che non conosce, vi darebbe uno schiaffo?	☐	☐
16. È capace di cambiare da sola la gomma bucata della propria auto?	☐	☐
17. Ricordate il titolo dell'ultimo libro che ha letto?	☐	☐
18. A scuola era, o è, ferrata in matematica?	☐	☐
19. Sapete qual è il punto del suo corpo più sensibile?	☐	☐
20. Preferisce il mare alla montagna?	☐	☐
21. Vi piace fare il bagno insieme, coccolandovi e giocando con la schiuma?	☐	☐
22. Pensate che non ci sia niente di più bello, alla sera, che una cena tranquilla, un buon spettacolo televisivo e poi subito a letto?	☐	☐
23. Vi piace scatenarvi in discoteca con gli amici?	☐	☐
24. Qualche volta, quando fate l'amore, vorreste provare qualche nuova posizione o qualche strano gioco?	☐	☐
25. Vi piace da pazzi improvvisare all'ultimo momento un week-end, e partire senza un programma prestabilito?	☐	☐

	sì	no
26. Dopo l'amore siete così rilassati, che spesso vi addormentate tra le sue braccia come un bambino?	☐	☐
27. È bello per voi rivedere insieme con lei un film significativo per entrambi, che vi ricorda un vostro momento particolare?	☐	☐
28. Preferite fare l'amore in un ambiente che conoscete, confortevole, accogliente e intimo?	☐	☐
29. Una volta ogni tanto non vi dispiacerebbe fare l'amore in macchina o in un posto scomodo e proibito?	☐	☐
30. Non vi piace affatto dover cenare spesso a casa dei suoi genitori?	☐	☐
31. Credete giusto che lei abbia dei momenti tutti per sé?	☐	☐
32. Dopo aver litigato violentemente, pensate che il modo migliore per fare la pace sia fare l'amore?	☐	☐
33. Vi piacciono molto le carezze, i baci, le piccole tenerezze, e siete felici quando lei vi dedica queste attenzioni?	☐	☐
34. Pensate che in una coppia felice il sesso sia una componente importante?	☐	☐
35. I figli danneggiano secondo voi un rapporto anziché consolidarlo?	☐	☐
36. Pensate che l'infedeltà coniugale sia sempre deleteria?	☐	☐

CALCOLA IL PUNTEGGIO E LEGGI IL RISULTATO

Se avete risposto separatamente ciascuno alle domande che vi riguardavano, senza sbirciare quelle riguardanti il proprio compagno

o compagna, ora potete confrontare le risposte: le prime 20 sono volte a sondare la conoscenza reciproca, attraverso piccoli elementi della vita quotidiana, o riguardanti il modo di pensare. Le domande comprese tra la 21 e la 36 sono invece uguali per entrambi e servono a sondare quanta identità di vedute, bisogni, desideri ci siano tra voi due, a proposito di sesso, tenerezza e relazione.
Per attribuirvi il punteggio, che riguarda la coppia nel suo insieme e non ciascuno separatamente, dovrete fare poi delle somme: dopo aver verificato col compagno l'esattezza delle risposte che vi riguardano, e viceversa, attribuite 1 punto per ogni risposta esatta delle vostre e di quelle del vostro partner, per quanto riguarda le prime 20 domande (quindi, per esempio, se conseguirete il punteggio massimo avrete totalizzato in due 40 punti).
Confrontate poi la seconda parte delle domande, quelle comprese tra la 21 e la 36: atttribuitevi 1 punto ogni volta che avete risposto in modo uguale alla stessa domanda (in questo caso il punteggio massimo conseguibile in due è 16). Ciò che importa in questo settore di domande non è il confronto delle vostre opinioni con un modello medio o astratto, bensì l'accordo e l'identità di vedute col vostro partner, le vostre risposte saranno quindi "giuste" o "sbagliate" solo in relazione a questo punto di vista. In questo modo ciascuna coppia avrà il proprio personalissimo termometro per misurare il proprio grado di coesione e il proprio accordo. Sommate infine i due punteggi parziali ottenuti e verificate in quale gruppo è compreso il vostro.

Punteggio compreso tra 56 e 40
Complimenti! Il termometro segna 40 di febbre. Ciò significa che il vostro rapporto brucia di una sana passione, alimentata oltre che da una buona intesa sul piano sessuale e dall'attrazione fisica anche da una reciproca conoscenza e da una perfetta identità di vedute. Generalmente amate le stesse cose, ma anche se ciò non accade sapete rispettare i punti di vista dell'altro e i suoi gusti. Tra di voi esiste un buon dialogo, fatto non necessariamente di parole, ma anche di gesti, di attenzioni, di sguardi complici. Sapete benissimo quali sono i desideri l'uno dell'altra, e li sapete soddisfare in un clima di fiducia e di sicurezza. Ma ciascuno di voi due sa anche ritagliarsi i propri spazi e i propri momenti di solitudine, quando sente di averne bisogno.

Punteggio compreso tra 39 e 20

La vostra coppia "tiene" abbastanza bene e ha tutte le premesse per essere felice e "in crescita". Certamente non è la monotonia del rapporto quella che lamentate, dal momento che alti e bassi non vi mancano, e che non sempre desiderate le stesse cose. D'altronde non sempre una perfetta comunione di vedute serve a rendere stabile il rapporto. Anzi, nel vostro caso il confronto e lo "scontro" sono vere e proprie necessità, per aumentare la conoscenza reciproca. Infatti, se avete totalizzato un punteggio molto basso nel primo gruppo di domande, ciò significa che tra di voi esistono numerose zone sconosciute e misteriose, ancora tutte da sondare e da scoprire. Se il punteggio più basso riguarda invece il secondo gruppo di domande, significa che non sempre siete in grado di capire e soddisfare i bisogni dell'altro. Una lettura più attenta delle risposte diverse vi dirà quali sono i desideri e le aspettative non soddisfatte della vostra "metà", ai quali potrete in futuro prestare più attenzione.

Punteggio compreso tra 19 e 0

Forse c'è qualche cosa che non va, e non c'era bisogno di un quiz per capirlo. Tuttavia anche un gioco può essere il pretesto per cominciare a parlarne insieme, il modo per vedere dove non siete in sintonia, senza drammatizzare troppo. Se il maggior numero di risposte sbagliate riguarda il primo gruppo, il vostro problema è una conoscenza reciproca superficiale e disattenta, che solo il tempo e la volontà possono aiutarvi a migliorare.

Se invece il punteggio più basso riguarda la seconda parte di domande, il vostro disaccordo coinvolge questioni interne al rapporto stesso.

Vediamo quali: le domande 21, 26, 27, 28, 33, riguardano il bisogno di tenerezza. Se le discordanze riguardano soprattutto queste domande, significa che uno dei due avverte un maggior bisogno di rassicurazione affettiva, e che non ritiene sufficiente quella che il partner gli esprime. Al contrario l'altro membro della coppia probabilmente ritiene inutili e superflue certe "smancerie" e dà per scontati l'affetto e l'amore, senza sentire il bisogno di dimostrarlo.

Se le discordanze prevalgono tra le domande 24, 29, 32, 34, la mancanza di sintonia riguarda la sfera sessuale: evidentemente esistono dei bisogni e dei desideri diversi tra voi due, che non sempre riuscite a conciliare. Se infine non vi trovate d'accordo sulle rimanenti do-

mande, probabilmente avete ideali diversi a proposito della relazione di coppia e anche gusti diversi: verificate se sono le questioni di fondo a dividervi, come figli, libertà individuale, rapporti con gli altri, oppure se sono solo dei particolari facilmente conciliabili, come il desiderio di uscire più spesso o di stare più tranquilli, l'abitudine d'improvvisare o di fare qualche cosa di non programmato.
In ogni caso questo gioco può esservi servito a rompere il ghiaccio, a mettere sul tavolo argomenti diversi, sui quali forse non avevate mai riflettuto. Sta ora a voi continuare e approfondire l'analisi su voi due, oppure chiudere il libro dicendo "era solo un gioco". Il polso che non batte in modo regolare è solo un sintomo, di per sé insignificante. Solo esami più approfonditi possono riconoscere eventuali "malattie" e dare una "diagnosi" precisa.

Test 22

Siete gelosi?

“Amore vuol dir gelosia...” diceva una vecchia canzone. Siete d’accordo con questa affermazione, o pensate che la gelosia sia un sentimento stupido ed egoistico? Credete che sia una condizione psicologica assolutamente estranea alla vostra natura, oppure la conoscete bene, e avete spesso dovuto fare i conti con essa?
Ma prima di rispondere al test che misura il grado e l’intensità della vostra potenziale gelosia, o la sua assenza, proviamo a dare di essa una definizione: che cos’è la gelosia, se non la paura di perdere il proprio lui o la propria lei? Non compare forse ogni volta che si delinea all’orizzonte la presenza di qualche ostacolo tra noi e il nostro oggetto d’amore, che sia il proprio ragazzo o la moglie, la madre, il fratello, l’amica? Presente anche nel mondo animale, la gelosia affonda le proprie radici nell’istinto e nell’inconscio, e non sempre riesce a essere condizionata dalla cultura, dall’educazione, dalla ragione. È come una “gatta” che cova dentro ciascuno di noi, pronta a balzare fuori se le condizioni giustificano la sua presenza, oppure a dormire, magari tutta la vita, se non ci sono situazioni che propiziano il suo risveglio.
Nessuno dunque ne è immune, anche se c’è chi riesce a esercitare un controllo sulla gelosia e a razionalizzarla.Chi non ci riesce, invece, spesso reagisce in modo sproporzionato rispetto alla situazione che l’ha determinata, per scongiurare la situazione temuta: l’abbandono, il confronto con il potenziale o presunto “rivale”, le scenate vere e proprie. Giusto ingrediente in un rapporto a due, se sapientemente dosato, la gelosia può essere un modo per imparare a scoprire che l’interesse dell’uno verso l’altra è sempre vivo, ma può diventare anche una pericolosa ossessione e una minaccia per la libertà individuale e per il rapporto stesso.
Gelosi o permissivi, aperti o chiusi nella più stretta monogamia, sarà comunque divertente verificare che tipo di gelosia è la vostra, o scoprire se una “gatta” cova in voi. Per farlo rispondete sinceramente alle seguenti domande con un sì o con un no. Il test è uguale per gli uomini e per le donne.

	sì	no
1. Se lui/lei riceve una telefonata da una persona sconosciuta, cercate immediatamente di a sapere chi è?	☐	☐
2. Una sua bugia vi fa solo sorridere?	☐	☐
3. Non vi va a genio che le persone siano troppo gentili e cordiali con lui/lei?	☐	☐
4. Pensate che una vera e disinteressata amicizia tra un un uomo e una donna sia impossibile?	☐	☐
5. Siete mai colti dal dubbio di non essere abbastanza in gamba per lui/lei?	☐	☐
6. Pensate che l'infedeltà in un rapporto sia inevitabile, prima o poi?	☐	☐
7. Vi dà fastidio vederlo/a ballare con altre persone?	☐	☐
8. Se lui/lei si veste con particolare cura per uscire una sera, pensate che sia per far colpo su qualcuno?	☐	☐
9. Se nel corso di una festa lui/lei parla soprattutto con un altro invitato, voi piantate il muso?	☐	☐
10. Pensate che lui/lei non sappia resistere alle tentazioni?	☐	☐
11. Vi innervosisce il fatto che lui/lei guardi insistentemente una persona di sesso opposto?	☐	☐
12. Avete mai fantasticato di seguire, non visto, lui/lei, o di registrare le sue telefonate?	☐	☐
13. Vi secca molto il fatto che una sera lui/lei esca senza di voi?	☐	☐

	sì	no
14. Avete mai pensato di una persona: "Quello/a mi vuol rubare lui/lei"?	☐	☐
15. Vi lusinga il fatto che lui/lei sia corteggiato da altre persone?	☐	☐
16. Separarvi da lui/lei per brevi periodi vi rende molto ansiosi?	☐	☐
17. Pensate che la vita senza di lui/lei sarebbe inutile?	☐	☐
18 Vi dà fastidio che lui/lei sia molto affettuoso con un'altra persona?	☐	☐
19. Vi danno fastidio i suoi complimenti nei confronti di un'altra persona?	☐	☐
20. Vi fidate di lui/lei?	☐	☐
21. Pensate che "Il cuore è forte ma la carne debole"?	☐	☐
22. Pensate che gli amici vi apprezzino per quello che siete veramente?	☐	☐
23. All'interno di un gruppo sentite l'ammirazione degli altri e quella di lui/lei nei vostri confronti?	☐	☐
24. Nell'ambiente di lavoro pensate di avere il posto che meritate?	☐	☐
25. Vi scoprite spesso a osservare il suo comportamento quando si trova in mezzo agli altri?	☐	☐
26. Pensate che lui/lei debba poter fare quello che crede, anche senza chiedere il vostro parere?	☐	☐
27. Nella vostra famiglia vi sembra di essere trattati nello stesso modo degli altri membri?	☐	☐

	sì	no
28. I vostri amici sono più disponibili e affettuosi con lui/lei che con voi?	☐	☐
29. Pensate che se lui/lei vi lasciasse, troverebbe immediatamente un'altra persona con cui sostituirvi?	☐	☐
30. D'accordo fidarsi degli amici, ma quando si tratta di lui/lei è meglio stare con gli occhi aperti?	☐	☐
31. Vi ritenete unico e irripetibile?	☐	☐
32. Desiderate spesso assomigliare a qualcuno che piace molto a lui/lei, o che rappresenta il suo ideale?	☐	☐
33. Pensate che anche se lui/lei è molto innamorato/a di voi, ciò non escluda un eventuale tradimento?	☐	☐
34. Sapete riconoscere davanti agli altri i meriti di qualche persona del vostro sesso, se la ritenete migliore di voi in qualche cosa?	☐	☐
35. Quando le cose in un rapporto vanno al meglio, siete felice e cercate di godervelo senza farvi troppe domande?	☐	☐
36. Otello secondo voi è un personaggio fuori del tempo?	☐	☐

CALCOLA IL PUNTEGGIO E LEGGI IL RISULTATO

Attribuitevi 1 punto per ogni risposta corrispondente a quelle indicate.

1.	no
2.	sì
3.	sì
4.	no
5.	no
6.	no
7.	no
8.	no
9.	no
10.	no
11.	no
12.	no

13.	no
14.	no
15.	sì
16.	no
17.	no
18.	no
19.	no
20.	sì
21.	no
22.	sì
23.	sì
24.	sì

25.	no
26.	sì
27.	sì
28.	no
29.	no
30.	no
31.	sì
32.	no
33.	no
34.	sì
35.	sì
36.	no

Punteggio compreso tra 36 e 28
Bravi: appartenete a quella rara categoria di persone per la quale non è vero che "Amore vuol dir gelosia". Anzi per voi l'amore è tutto il contrario: lealtà, fiducia, libertà di giudizi, apertura agli altri, indipendenza. Avete una buona dose di autostima e ritenete che se il vostro partner ha scelto di stare con voi non ci siano motivi per pensare che desideri un altro compagno o mediti il tradimento. Altrettanta fiducia pretendete dal vostro partner, il quale, se per caso la pensa proprio come voi e per natura cede più facilmente al desiderio del possesso, passerà dei brutti momenti e difficilmente sarà compreso da voi, che la gelosia non sapete nemmeno cosa sia. Non siate tuttavia categorici: anche la gelosia può essere un segnale positivo, il sintomo di un amore intenso e passionale.

Punteggio compreso tra 27 e 15
Siete mediamente gelosi: conoscete bene quel sentimento che fa capolino in voi di tanto in tanto, dopo una festa con amici, in una vacanza con gente nuova, in occasione di nuove conoscenze. Lo conoscete a tal punto che avete imparato a fare i conti con esso, a razio-

nalizzarlo e ad analizzarlo con obiettività, per non lasciarvi andare alle scenatacce e ai musi che vi verrebbero d'istinto. Tuttavia ogni tanto il vostro autocontrollo cede, e allora possono nascere delle tensioni col vostro lui o con la vostra lei, dovute proprio alla gelosia. Anche se il vostro rapporto va al meglio, non sempre siete rilassati fino in fondo e sicuri nei suoi confronti: spesso basta quindi qualche sfumatura o un particolare per fare scattare in voi l'allarme.

Punteggio compreso tra 14 e 0
Proprio non vi fidate di niente e di nessuno! Siete sempre "all'erta", pronti a cogliere il minimo indizio che giustifichi le vostre supposizioni. "Lei (o lui) guarda con troppa insistenza quella persona, quindi vuole tradirmi": queste conclusioni le tirate almeno tre volte al giorno e, nell'ansia di correre ai ripari, non riuscite a godervi il vostro rapporto come merita. La vostra paura di essere abbandonati dipende anche dalla scarsa stima che avete di voi stessi, che non vi permette di dare il meglio quando siete in compagnia. Provate a rilassarvi e a prendere le cose come vengono. È impossibile che dietro a ogni angolo si nasconda un rivale in amore!

Test 23

Siete fatti per la famiglia?

Amate starvene nel guscio della vostra famiglia e non sentite alcun bisogno di mettere il naso fuori casa?
Rispondete sinceramente alle domande, contrassegnando la risposta più vicina al vostro abituale modo di agire o di pensare.

1. Se vedete un ragazzo e una ragazza abbracciati per la strada cosa pensate?
A. Come sono carini. ☐
B. Se ne accorgeranno di quali problemi li attendono! ☐

2. Vi è mai capitato di pensare che la vostra famiglia sia un ostacolo per voi in determinate occasioni?
A. Sì. ☐
B. No. ☐

3. Date il bacio della buonanotte ai vostri familiari prima di andare a dormire?
A. Sì. ☐
B. No. ☐

4. Secondo voi i genitori per i figli restano le persone più importanti nella vita?
A. Sì. ☐
B. No. ☐

5. È difficile che una donna riesca a realizzarsi se ha famiglia e figli?
A. Sì, è difficile. ☐
B. No, con un po' di buona volontà. ☐

6. I bambini sono molto belli, ma danno troppi problemi, ne convenite?
A. Sì. ☐
B. No: basta non dare peso eccessivo a questi problemi, che non sono mai insormontabili. ☐

7. Nella maggior parte dei sogni che riuscite a ricordare, l'azione si svolge in mezzo a perfetti sconosciuti, piuttosto che in compagnia di qualche viso noto, appartenente alla vostra famiglia?

A. Sì. ☐

B. No. ☐

8. Ogni bambino dovrebbe essere svezzato il più presto possibile e affidato alle istituzioni pubbliche non appena la madre non deve più allattarlo?

A. Certamente. ☐

B. Non è necessario essere così drastici, se non c'è una reale necessità. ☐

9. Se avete un progetto che vi sta a cuore, o una bella notizia, di solito a chi correte a riferirlo?

A. Al vostro più caro amico. ☐

B. Alla persona che amate. ☐

10. Nella vostra famiglia di origine c'era (o c'è) un clima amichevole e disteso?

A. Sì. ☐

B. No. ☐

11. Tutti i "grandi" non avevano famiglia o figli che li distraessero. Siete daccordo?

A. Certamente. ☐

B. No: un esempio per tutti, i coniugi Curie. ☐

12. Se vi proponessero un posto di lavoro molto interessante e ben pagato all'estero, non esitereste a separarvi per due anni dalla vostra famiglia, se non ci fossero le condizioni per portarla con voi?

A. Se l'occasione fosse unica non esitereste: in fondo sono solo due anni! ☐

B. No: rifiutereste. ☐

13. Usate senza problemi il bicchiere o l'asciugamano utilizzato già da qualcuno della vostra famiglia?

A. No, per motivi igienici. ☐

B. Sì. ☐

14. In famiglia vi sentite apprezzati e approvati in egual misura che fuori, se non di più?

A. Sì. ☐

B. Purtroppo no. ☐

15. Siete un tipo che vive alla giornata, senza pensare al futuro, alla pensione e ad accumulare qualche risparmio?

A. Sì. ☐

B. No, sarebbe da incoscienti. ☐

CALCOLA IL PUNTEGGIO E LEGGI IL RISULTATO

Attribuitevi 1 punto per ogni risposta uguale alle seguenti.

1.	A
2.	B
3.	A
4.	A
5.	B

6.	B
7.	B
8.	B
9.	B
10.	A

11.	B
12.	B
13.	B
14.	A
15.	B

Punteggio compreso tra 15 e 10

Sì, siete proprio fatti per la famiglia: se siete giovani e non ancora sposati non tarderete a realizzare ciò che per voi rappresenta l'unica dimensione esistenziale possibile, la vita a due (con tanto di figli al più presto). Se invece avete già una vostra famiglia ciò significa che vivete felicemente al suo interno, protetti e appagati affettivamente, senza sentire in nessun modo il peso delle piccole rinunce che essa comporta. L'unità e l'armonia che regnano nel vostro clan familiare vi impediscono tuttavia una maggiore apertura nei confronti del mondo esterno, degli amici, della società.

Punteggio compreso tra 9 e 5

In famiglia ci state benone, anche perché avete saputo mantenere con il mondo esterno quei contatti e quei legami che fanno del vostro un nucleo aperto e vivace, mai soffocante. Pur costituendo per voi un punto affettivo insostituibile, la vostra famiglia, infatti, non è un'ancora di salvezza, e non costituisce l'unico momento di socializzazione della vostra vita. Apprezzate e amate molto i vostri familiari e, se non siete ancora sposati, pur non avendo alcuna fretta, sperate, quando verrà il momento, di ricreare nella nuova famiglia la stessa armonia e lo stesso clima costruttivo che caratterizzano quella attuale.

Punteggio compreso tra 4 e 0
Siete decisamente dei single incalliti e amate troppo la vostra libertà per poter vivere bene in famiglia. Se ne avete la possibilità, infatti, cercate di vivere da soli o con amici, oppure preferite una convivenza priva di legami burocratici e possibilmente di prole. Non sempre tuttavia le circostanze consentono una vita così libera a chi in cuor suo la desidererebbe: un punteggio di questo tipo potrebbe anche essere stato totalizzato da chi, pur avendo al dito il famoso cerchietto, mal sopporta la propria condizione di sposato ed è rimasto profondamente deluso e insoddisfatto dall'esperienza.

Test 24

Che tipo è la vostra mamma?

Che tipo di mamma è stata, o è, la vostra? La classica mamma italiana, affettuosissima e protettiva, tutta casa e figli, o una donna che ha saputo dividersi tra il ruolo di madre e di moglie, riuscendo a conservare anche un po' di spazio per la propria individualità? È ciò che vuole scoprire il prossimo test. Per farlo potete avvalervi dei vostri ricordi e delle vostre impressioni, oppure farvi aiutare da vostro padre.
Rispondete alle seguenti domande contrassegnando la risposta più vicina al comportamento abituale di vostra madre.

1. Quando eravate piccoli la notte si alzava sempre lei se scoppiavate a piangere?

A. Sì, lo riteneva suo dovere. ☐
B. Se era troppo affaticata lo chiedeva a vostro padre. ☐
C. Nella maggior parte dei casi sì. ☐

2. Quando siete andati all'asilo, lei come ha reagito?

A. Con sollievo perché finalmente poteva disporre di un po' di tempo per se stessa e il marito. ☐
B. Con grande dispiacere. Per la prima volta sentiva il suo piccolo staccarsi da sé. ☐
C. Era contenta per tutte le amicizie e i giochi che avreste fatto. ☐

3. Alla sera, quando eravate piccoli, spesso vostro padre usciva da solo perché lei doveva accudirvi?

A. Sì. ☐
B. No. ☐
C. Di tanto in tanto. ☐

4. In casa vostra madre si vestiva e si veste semplicemente ma con cura?

A. No, si vestiva e si veste solo se doveva uscire, altrimenti indossava qualche abito vecchio. ☐
B. Sì. ☐
C. Non si è mai vestita con eccessiva cura, né in casa, né fuori. ☐

5. Da quando si è sposata vostra madre ha continuato a frequentare le sue amiche di un tempo?

A. No, ha smesso dopo il matrimonio. ☐
B. Sì, e continua a frequentare le proprie amicizie. ☐
C. Solo in occasione di alcune importanti ricorrenze. ☐

6. Cosa ne pensa vostra madre del lavoro femminile?

A. Una cosa sacrosanta per potersi emancipare. ☐
B. Per una donna l'unica vera occupazione dovrebbe essere quella di accudire il marito e i figli. ☐
C. Ciascuna donna deve comportarsi come meglio crede: tutte hanno le loro buone ragioni. ☐

7. Vi siete mai resi conto che vostra madre "civettava" con vostro padre?

A. Quando erano più giovani poteva accadere. ☐
B. Vostra madre non è il tipo. ☐
C. Sì, con molta discrezione. Ancor oggi c'è una certa complicità tra i vostri genitori. ☐

8. Come ha accettato i vostri primi flirt?

A. Non li ha accettati: vi sgridava continuamente dicendo che non avevate ancora l'età per pensare a certe cose. ☐
B. Con un po' di sorpresa ma con indulgenza. ☐
C. Ha cercato di esservi vicina, facendovi capire che anche lei a suo tempo aveva vissuto le stesse emozioni. ☐

9. Qual è la sua frase ricorrente?

A. "Con tutti i sacrifici che ho fatto per voi, bella riconoscenza...". ☐
B. "I figli sono le uniche gioie della vita". ☐
C. "Ti auguro di essere felice come lo sono stata io". ☐

10. *Vostra madre dispone inaspettatamente di una piccola sommetta eccedente. Cosa ne fa?*

A. Vi compra una camicia. ☐

B. Compra due biglietti per il teatro per sé e vostro padre. ☐

C. Compra qualche leccornia da mangiare tutti insieme. ☐

CALCOLA IL PUNTEGGIO E LEGGI IL RISULTATO

Attribuite a ogni risposta i punteggi riportati nel seguente schema.

	A	B	C
1.	3	1	2
2.	1	3	2
3.	3	1	2
4.	2	1	3
5.	3	1	2
6.	1	3	2
7.	2	3	1
8.	3	2	1
9.	3	2	1
10.	3	1	2

Punteggio compreso tra 30 e 24

La vostra è la classica mamma italiana: possessiva, molto affettuosa e premurosa, completamente dedita ai figli e alla famiglia, nella quale ha realizzato ogni sua ambizione. Al ruolo di mamma ha dato maggiore importanza che a quello di moglie e compagna, dedicando ai figli e alle faccende domestiche tutte le proprie attenzioni, spesso a scapito di un rapporto più intimo col marito. Probabilmente si tratta di una persona molto attaccata ai valori tradizionali.

Punteggio compreso tra 23 e 14

La vostra mamma ha saputo conciliare con armonia il proprio ruolo di moglie e di madre, senza trascurare né i figli né il marito. Nella famiglia ha trovato piena realizzazione alle proprie aspettative, dedicandosi con intelligenza alle varie incombenze, senza trascurare tuttavia le proprie esigenze. La sua presenza assidua non è mai stata soffocante né oppressiva, ma un costante e irrinunciabile punto di riferimento.

Punteggio inferiore a 13

Vostra madre è il tipo di donna moderna e intraprendente che ha saputo realizzarsi non solo nella famiglia, ma anche in una sua attività, al di fuori di essa. Il suo rapporto con vostro padre è stato positivo e intenso, e non ha subito un calo di tensione dopo la nascita dei figli, ma si è anzi rafforzato. Pur non avendo dedicato ai figli la totalità del suo tempo, è stata ed è una madre affettuosa e intelligente, che ha saputo star loro vicina nei momenti di bisogno e insegnando loro una certa indipendenza e autonomia.

Test 25

Vostro padre è autoritario?

Come avete vissuto o come vivete in famiglia? La risposta dipende in gran parte dall'atteggiamento di vostro padre, che almeno negli ambienti tradizionali, è il "regista" della vita in famiglia anche in caso di assenza. Questo test cercherà di dare una risposta a tale domanda, studiando il comportamento paterno e i principi che lo ispirano o l'hanno ispirato. Certamente voi stessi sapreste dare una definizione del tipo di educazione che vi è stata impartita. Ma con questo test vorremmo andare oltre le apparenze per rivelarvi qualche cosa di nuovo sul suo conto.
Ecco pertanto una serie di domande alle quali potrete rispondere voi stessi, contrassegnando la risposta più vicina al punto di vista o al comportamento di vostro padre. Solo se sarete in difficoltà chiedetegli direttamente un parere.

	sì	no
1. Da piccoli avete giocato molto con vostro padre?	☐	☐
2. Quando prendevate un brutto voto a scuola lo dicevate a casa senza troppa paura, sapendo di poter contare su di un aiuto familiare per migliorare?	☐	☐
3. Capitava spesso che vostro padre dedicasse delle ore del suo tempo a piccole gite istruttive per i figli o a visitare con voi qualche museo?	☐	☐
4. Vostro padre è dell'idea che i figli, finché sono piccoli, devono essere seguiti dalla madre?	☐	☐
5. Ricordate di essere stati presi in braccio frequentemente dal vostro papà, coccolati, abbracciati finché eravate piccoli?	☐	☐

		sì	no
6.	Alla sera, quando vostro padre tornava a casa dal lavoro, non voleva sentire una mosca volare, per assaporare il meritato riposo?	☐	☐
7.	Portavate spesso a casa vostra amici e compagni di scuola, in presenza di vostro padre?	☐	☐
8.	Vostro padre sostiene che solo se un ragazzo viene abituato sin da piccolo a obbedire e a rispettare le regole, da adulto sarà un bravo cittadino?	☐	☐
9.	Vostro padre vi ha lasciati liberi di decidere il corso di studi o la strada da seguire, senza esercitare su di voi alcuna pressione?	☐	☐
10.	Vostro padre vi ha mai detto che lo avete deluso, oppure fa confronti con qualche fratello o cugino che lui ritiene migliore?	☐	☐
11.	Ripeteva spesso la frase: "Quando sarai grande capirai che lo sto facendo per il tuo bene!"?	☐	☐
12.	Oggi avete un buon rapporto con vostro padre?	☐	☐

CALCOLA IL PUNTEGGIO E LEGGI IL RISULTATO

Attribuite 1 punto alle risposte uguali alle seguenti:

1.	no
2.	no
3.	no
4.	sì

5.	no
6.	sì
7.	no
8.	sì

9.	no
10.	sì
11.	sì
12.	no

Punteggio compreso tra 12 e 9
Vostro padre era ed è una persona autoritaria, rigida e poco espansiva. Il suo atteggiamento probabilmente è dovuto alle difficoltà incontrate nella vita e alla necessità di dover far fronte a problemi pratici assillanti; oppure a una mentalità sorpassata, fortemente reazionaria, inculcatagli dall'ambiente in cui è cresciuto. Il tempo che vi ha dedicato è stato speso a farvi capire la dura legge dell'esistenza, più che a darvi un appoggio. Ancor oggi vi riesce difficile accettarlo e amarlo per quello che è.

Punteggio compreso tra 8 e 4
Vostro padre ha cercato di dimostrarvi il suo affetto e la sua sollecitudine seguendovi molto da vicino anche se con una certa dose di durezza, ritenuta necessaria per "svezzarvi" e rendervi in grado di affrontare le difficoltà della vita. Anche se non sempre avete condiviso e apprezzato i suoi metodi, non potete rimproverargli nulla a proposito dell'interesse e dell'assiduità con cui ha seguito la vostra crescita. Il suo desiderio di migliorarvi e di ottenere il meglio da voi spesso gli ha preso un po' la mano.

Punteggio inferiore a 3
Il vostro è stato ed è quello che si dice "un papà d'oro": ha seguito il vostro sviluppo con amore e affetto, senza farvi mai mancare il suo appoggio e incitamento. Alle regole inflessibili ha preferito sostituire il suo esempio e ha ottenuto risultati che molti gli invidiano. Oggi gli siete molto riconoscenti del clima di serenità nel quale siete cresciuti.

TERZA PARTE

In società

Probabilmente pensate di conoscere molto bene le vostre qualità e attitudini, soprattutto se avete superato da un po' l'età della crescita. Ciascuno di voi, infatti, si sarà reso conto col passar del tempo se è portato al martello o ai libri, oppure alla vendita piuttosto che alla ricerca scientifica. Ma se i test attitudinali sono utili soprattutto per orientare i ragazzi e gli studenti a indirizzarsi verso questa o quella attività o verso un corso di studi, anche gli adulti possono trarre informazioni preziose e spesso inaspettate da queste prove. Tant'è vero che le grandi aziende si avvalgono proprio di test di questo tipo per selezionare il personale e mettere l'uomo giusto al posto giusto. Quali sono i requisiti necessari per svolgere bene una certa attività? In quali settori potete dare il meglio di voi stessi? Ecco una serie di test che vi aiuterà a rispondere a queste domande. Se siete giovani vi guiderà a scoprire quei talenti che devono ancora "rompere il guscio" per manifestarsi in pieno. Ma anche se da tempo non portate più i calzoni corti, questi test potranno farvi stupire ancora di voi stessi, mettere in luce abilità dimenticate, oppure confermare scelte azzeccate, capacità ben note.

Test 26

Avete senso civico?

Società, conoscenze, amicizie, famiglia: in che modo sapete convivere all'interno di questi ambiti diversi, che tuttavia si compenetrano e si integrano come le scatole cinesi?
Siete dediti agli altri, impegnati socialmente, partecipate alla vita familiare e sociale?
Rispondete sinceramente e nel modo più istintivo alle domande, contrassegnando la risposta più vicina al vostro abituale modo di agire o di pensare. Controllate poi i punteggi totalizzati e i relativi risultati.

1. Secondo voi la maggior parte della gente rispetta le leggi solo per paura della punizione?
A. Nella maggior parte dei casi sì. ☐
B. No. ☐

2. Senza gli immigrati si vivrebbe meglio nella vostra città?
A. Sì. ☐
B. Che stupidaggine! ☐

3. Pensate che le persone che mentono per interesse siano...
A. Molte. ☐
B. Poche. ☐

4. Quando vedete i carabinieri o un poliziotto cosa fate?
A. Girate al largo, non si sa mai! ☐
B. Vi sentite protetto. ☐

5. Avete mai assistito a una riunione del Consiglio Comunale della vostra città?
A. Qualche volta. ☐
B. Mai. ☐

6. Avete mai prestato servizio presso un seggio elettorale, come scrutatore o altro?

A. Sì. ☐

B. No. ☐

7. Cosa pensate di quelli che riescono a evitare il servizio militare con una scusa o una raccomandazione?

A. Sono dei gran furbi! ☐

B. Se tutti facessero così? ☐

8. Avete mai partecipato a una manifestazione in favore di qualche cosa o a una raccolta di firme?

A. Sì ☐

B. No. ☐

9. Cosa pensate del Servizio Civile?

A. Meglio che farsi la naia. ☐

B. Se uno ci crede, perché non farlo? ☐

10. Quasi in ogni città ci sono i raccoglitori per la raccolta differeziata: voi li utilizzate?

A. Quasi sempre. ☐

B. Non sempre avete tempo di separare vetro, plastica ecc. dal resto dell'immondizia, quindi buttate via tutto insieme. ☐

11. Pensate che per migliorare la società per prima cosa sia necessario:

A. Cambiare il Governo attuale. ☐

B. Cominciare col fare il proprio dovere fino in fondo. ☐

12. Nei luoghi pubblici è vietato fumare. Cosa ne pensate?

A. È giustissimo. ☐

B. È un'intransigenza inutile. ☐

13. Se acquistate un detersivo prestate attenzione al suo grado di biodegradabilità?

A. Con l'inquinamento che c'è al giorno d'oggi serve a ben poco. ☐

B. Cercate di farlo. ☐

14. State camminando sul marciapiede e non c'è nessuno in giro: lasciate che il vostro cane faccia i suoi bisogni?

A. Dove dovrebbe farli se no? ☐

B. Cercate di portarlo in luoghi dove non dia fastidio agli altri oppure li raccogliete con gli appositi sacchetti. ☐

15. Se alla sera guardate la televisione fino a tardi, avete l'abitudine di abbassare il volume?

A. Sì. ☐

B. No. ☐

CALCOLA IL PUNTEGGIO E LEGGI IL RISULTATO

Attribuitevi 1 punto per ogni risposta uguale alle seguenti.

1.	A	6.	A	11.	B
2.	B	7.	B	12.	A
3.	B	8.	A	13.	B
4.	B	9.	B	14.	B
5.	A	10.	A	15.	A

Punteggio compreso tra 15 e 10

Siete dotati di una grande coscienza civica. La vostra formazione e la vostra educazione sono state ispirate ai valori della libertà e della convivenza pacifica, valori che per voi non sono tali solo sulla carta ma soprattutto nella pratica quotidiana. Data la vostra abitudine a pensare sempre all'interesse comune, oltre che a quello individuale, non finite mai di stupirvi quando incontrate persone che buttano a terra cartacce, imbrattano i muri o mancano di rispetto agli altri. Spesso quindi intervenite in difesa dei diritti comuni, anche se con molto garbo.

Punteggio compreso tra 9 e 5

Il vostro senso civico è quello comune alla maggior parte della gente. Tuttavia, per pigrizia, qualche volta evitate di mettere in pratica delle regole che in fondo condividete, ma che sono piuttosto scomode. Se la motivazione del bene comune non è sufficiente a farvi rispettare quelle regole, pensate a voi stessi: questo rispetto torna prima di tutto a vostro vantaggio. Cosa succederebbe infatti se tutti si comportassero come voi?

Punteggio compreso tra 4 e 0

Decisamente non siete nati per vivere nella società, ma in una caverna. Solo lì infatti riuscireste a vivere in quella piena "libertà" che certe fastidiose regole vi negano. Probabilmente siete un individualista, e vivere in mezzo alla gente secondo voi comporta maggiori seccature che vantaggi. Essere un vostro vicino non dev'essere bello.

Test 27

Siete tolleranti?

Siete individualisti che mal sopportano le regole imposte dalla convivenza civile e l'eccessivo contatto con la gente? Oppure siete tolleranti verso le novità?
Rispondete sinceramente e nel modo più istintivo alle domande, contrassegnando la risposta più vicina al vostro abituale modo di agire o di pensare. Controllate poi i punteggi totalizzati e i relativi risultati.

1. *Se vi fanno uno scherzo un po' troppo pesante qual è la vostra reazione?*
A. Vi irritate, ma fate buon viso a cattivo gioco. ☐
B. Vi arrabbiate. ☐

2. *Secondo voi le persone che si mostrano troppo gentili hanno un secondo fine?*
A. Sì. ☐
B. No. ☐

3. *Vi danno fastidio le persone che alle cene fredde o alle feste si abbuffano?*
A. Non più di tanto. ☐
B. Sì, tant'è vero che non li invitate. ☐

4. *Se un vostro amico che avete appena presentato al gruppo di cui fate parte "tiene banco" tutta la sera, cosa pensate dentro di voi?*
A. Ma guarda che sfacciato! ☐
B. Ve ne rallegrate. ☐

5. *Un'amica un po' noiosa vi chiede sempre di accompagnarla dal medico o al supermarket. Cosa le dite all'ennesima richiesta?*
A. Che ogni tanto potrebbe anche arrangiarsi. ☐
B. Che avete un altro impegno. ☐

6. In casa di conoscenti incontrate una persona di una certa età che comincia ad arringare i presenti sui bei tempi andati, sfoderando un repertorio di ideali nostalgici che credevate ormai sepolti. Come reagite?

A. Intervenite dicendogli che i suoi discorsi offendono la vostra coscienza democratica e la Costituzione. ☐

B. Non lo ascoltate, e ve ne andate più presto del solito. ☐

7. Avete saputo per vie traverse che la vostra amicizia con un collega di sesso opposto suscita gelosie nella moglie (o nel marito). Come reagite?

A. Ve ne infischiate. ☐

B. Vi seccate della bassezza di simili pensieri. ☐

8. Se iniziate un gioco di società con amici preferite

A. Che partecipino tutti. ☐

B. Che partecipino solo quelli che sanno giocare. ☐

9. Cosa pensate delle persone stravaganti?

A. Che posano. ☐

B. Che escono dal grigiore generale. ☐

10. Cosa siete portati a pensare di una persona che ha perso il lavoro?

A. Coi tempi che corrono potrebbe capitare a chiunque. ☐

B. Probabilmente non svolgeva bene il proprio dovere. ☐

11. È difficile che frequentiate persone che la pensano diversamente da voi o abbiano cultura, condizione e abitudini di vita molto differenti dalle vostre?

A. Sì, è difficile. ☐

B. Tutt'altro: capita spesso. ☐

12. Sono tutte "balle" quelle che si dicono a proposito della necessità di recuperare i drogati?

A. Sì. ☐

B. No. ☐

13. Capita spesso che alziate la voce per difendere il vostro punto di vista?

A. No. ☐

B. Sì. ☐

14. Vi piacciono le novità?

A. Sì. ☐

B. No, raramente sono positive. ☐

15. In giro c'è un sacco di gente pasticciona che non sa fare bene il proprio lavoro. Siete d'accordo?

A. Sì. ☐

B. No. ☐

CALCOLA IL PUNTEGGIO E LEGGI IL RISULTATO

Attribuitevi 1 punto per ogni risposta uguale alle seguenti.

1.	A
2.	B
3.	A
4.	B
5.	B

6.	B
7.	A
8.	A
9.	B
10.	A

11.	B
12.	B
13.	A
14.	A
15.	B

Punteggio compreso tra 15 e 10

Siete dotati di una grande elasticità mentale e odiate gli atteggiamenti rigidi: per questo rispettate qualsiasi pensiero o comportamento diverso dal vostro, astenendovi da ogni giudizio, se esso non lede la vostra libertà. Se invece venite in qualche modo infastiditi, siete capaci di intervenire con grande tatto per far comprendere le vostre ragioni anche se la vostra pazienza rimane comunque superiore alla media. Con ogni probabilità questa apertura mentale vi deriva da una profonda cultura o da frequenti soggiorni all'estero. Purtroppo tuttavia chi non vi conosce bene può essere indotto a scambiare la vostra grande tolleranza per debolezza e ad approfittarne.

Punteggio compreso tra 9 e 5

Siete persone tolleranti e capaci di comprendere punti di vista diversi dal vostro. Amate confrontare le vostre idee con quelle altrui in stimolanti discussioni, nel corso delle quali cercate di non prevaricare gli altri e di non essere aggressivi. La vostra elasticità tuttavia diminuisce di fronte all'ignoranza e alla maleducazione: in quei casi non ci pensate due volte e dite apertamente il fatto suo a chi vi offende o vi disturba col suo comportamento.

Punteggio compreso fra 4 e 0
Siete decisamente intransigenti e avete idee molto precise, che sostenete a gran voce, anche quando in realtà non ce ne sarebbe bisogno. Difficilmente riuscite a discutere in tono pacato con qualcuno che non la pensa come voi, ma vi scaldate subito e cominciate a urlare. In ogni circostanza e in qualsiasi ambiente cercate sempre di far prevalere il vostro parere su quello degli altri, e se le cose non vengono fatte come desiderate siete capaci di andarvene sbattendo la porta. Difficilmente il vostro atteggiamento riscuote grandi simpatie.

Test 28

Siete un animale sociale o un solitario?

La vostra abitazione è un porto di mare, dove tutti vanno e vengono senza problemi, compresi amici e conoscenti?
Rispondete sinceramente e nel modo più istintivo alle domande, contrassegnando la risposta più vicina al vostro abituale modo di agire o di pensare. Controllate poi i punteggi totalizzati e i relativi risultati.

1. Avete la domenica libera: come preferite trascorrerla?
A. Andando allo stadio. ☐
B. Guardando la partita alla televisione. ☐

2. In casa vostra state meglio che in qualsiasi altro posto?
A. Sì, perché potete fare veramente quello che volete. ☐
B. Non necessariamente: ci si può trovare bene anche altrove. ☐

3. In ascensore con uno sconosciuto di solito rimanete zitto guardando fisso una parete?
A. Sì. ☐
B. No. ☐

4. Sapete se il portinaio di casa vostra o dell'ufficio ha famiglia?
A. Sì. ☐
B. No. ☐

5. Frequentate spesso i vostri parenti?
A. Li vedete solo durante le feste natalizie, in occasione di battesimi, matrimoni ecc. ☐
B. Sì. ☐

6. Se le vostre finanze ve lo consentissero vi piacerebbe avere un appartamento solo per voi?
A. Sì. ☐
B. No. ☐

7. Vi piace cenare fuori?
A. Solo nelle grandi occasioni. ☐
B. Sì, e lo fate spesso. ☐

8. Quale tra questi due libri vi piace di più:
A. L'*Odissea*. ☐
B. *I tre moschettieri*. ☐

9. Come professione fareste mai il negoziante?
A. Sì. ☐
B. No. ☐

10. Se aveste il videoregistratore e un impianto Tv di alta qualità andreste ancora al cinema?
A. Qualche volta, perché no? ☐
B. Con una tale comodità in casa, sarebbe inutile. ☐

11. Se il gruppo che frequentate decide una certa iniziativa che a voi non interessa cosa fate?
A. Prendete lo stesso parte all'iniziativa per stare con gli altri. ☐
B. Non è detto che ci si debba sempre muovere in gruppo: per quel giorno rinunciate alla loro compagnia. ☐

12. Se qualcuno vi osserva quando lavorate come reagite?
A. Non ci fate caso. ☐
B. Vi innervosite. ☐

13. Avete in casa giochi di società?
A. Sì. ☐
B. No. ☐

14. Vi capita spesso di riuscire a concentrare su di voi l'attenzione di tutti gli altri mentre parlate?
A. Sì. ☐
B. No. ☐

15. Un amico che è giù di corda viene da voi per…
A. Trovare una persona capace di ascoltarlo. ☐
B. Trovare qualcuno che lo distragga e lo faccia divertire. ☐

CALCOLA IL PUNTEGGIO E LEGGI IL RISULTATO

Attribuitevi 1 punto per ogni risposta uguale alle seguenti.

1.	A
2.	B
3.	B
4.	A
5.	B
6.	B
7.	B
8.	B

9.	A
10.	A
11.	A
12.	A
13.	A
14.	A
15.	B

Punteggio compreso tra 15 e 10
La risposta alla domanda del test è senz'altro affermativa: siete un animale sociale. Amate la compagnia e la presenza degli altri attorno a voi in qualsiasi circostanza, anche perché siete portati a farne il vostro pubblico. Carichi di umanità e di comunicativa, molto espansivi ed estroversi, siete infatti un vero e proprio punto di riferimento nel vostro entourage, senza il quale la conversazione langue e le iniziative scarseggiano. La vita di Robinson Crusoe non fa per voi.

Punteggio compreso tra 9 e 5
Il vostro atteggiamento sociale è estremamente equilibrato: amate la compagnia degli amici, soprattutto nel tempo libero, ma ogni tanto vi piace anche stare per i fatti vostri, soli o con i familiari. Quando siete insieme agli altri, amate partecipare ad attività comuni e sapete divertirvi senza diventare mai invadenti o egocentrici. Le regole di una felice convivenza non vi pesano, ma sapete mantenere da qualsiasi gruppo una certa indipendenza. Non amate infatti fossilizzarvi all'interno della stessa cerchia di persone, ma preferite frequentare gente diversa, pur avendo alcuni amici veramente sinceri.

Punteggio compreso tra 4 e 0
Siete decisamente persone poco socievoli e amanti della solitudine. Nel tempo libero preferite starvene per conto vostro in compagnia

dei vostri hobby, che saranno sicuramente numerosi. Non siete un gran chiacchierone e avete qualche difficoltà a conversare con gli estranei. Tuttavia coltivate un gruppo di amicizie veramente selezionate, in compagnia delle quali vi esprimete senza problemi. Anche in famiglia siete piuttosto chiusi, ma chi vi sta vicino vi conosce e vi ama anche per questo.

Test 29

Avete spirito di adattamento?

PROVA A

Avete tra le mani un bicchiere di fragilissimo cristallo. Com'è possibile lasciarlo cadere per un metro senza romperlo?

....

PROVA B

Quanto pesa la famosa "Tartaruga", locomotiva che fu ed è ancora il vanto delle Ferrovie Italiane? Non interessa la risposta esatta ma una risposta sensata, che si avvicini il più possibile a quella vera. Provate dunque a fare mente locale sulle dimensioni di una qualsiasi locomotiva, prima di rispondere contrassegnando il quadratino relativo all'ipotesi più verosimile.

A. 120 tonnellate. ☐
B. 30 quintali. ☐
C. 785 quintali. ☐
D. 1200 tonnellate. ☐

PROVA C

Avete smarrito la chiave di una vecchia e grossa serratura. Come potete affrontare la situazione?

Avete a disposizione 6 oggetti: scegliete quello che vi può aiutare contrassegnando il relativo quadratino.

A. Una pinza. ☐
B. Un martello. ☐
C. Un chewing-gum. ☐
D. Una chiave diversa. ☐
E. Un apri-bottiglia. ☐
F. Un bastoncino di legno. ☐

PROVA D

Un vecchio sarto decide di lasciare a ciascuno dei suoi 11 figli una parte di un prezioso amuleto: si tratta di un pezzo di stoffa circolare, che egli vuole tagliare in tante parti quanti sono i figli. Non gli interessa che le parti siano uguali, dato che conta la qualità nella fortuna. Prende quindi un pezzo di gesso e traccia sulla stoffa 4 linee rette che i figli seguiranno nel tagliare. In che modo il vecchio sarto è riuscito a dividere l'amuleto in ben 11 parti, non uguali, con sole 4 linee rette? Provate anche voi!

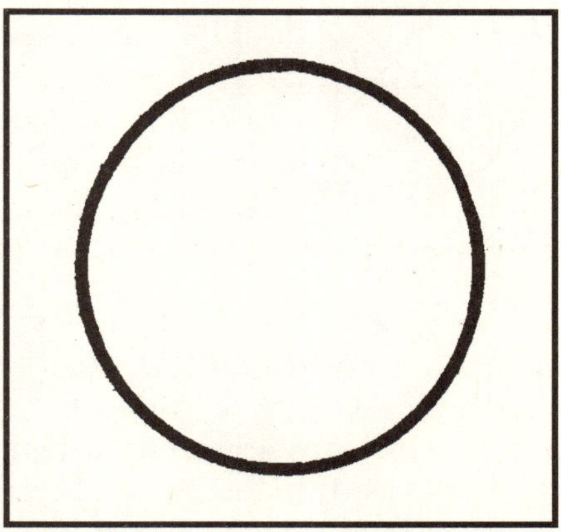

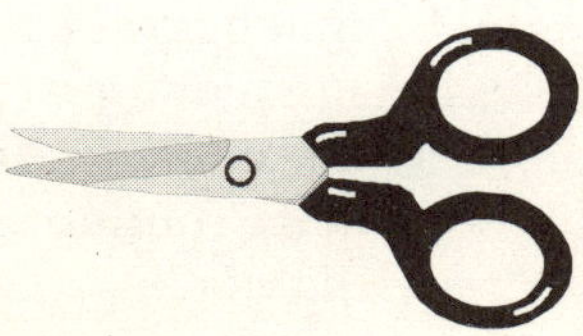

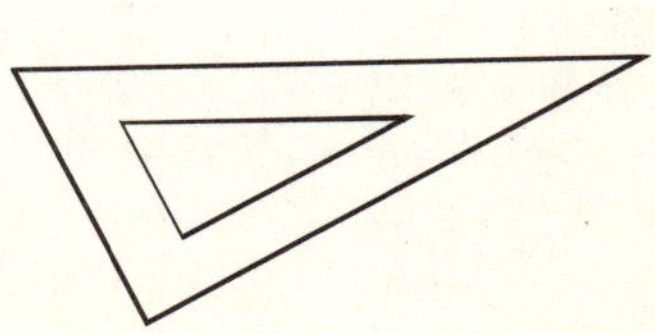

CALCOLA IL PUNTEGGIO E LEGGI IL RISULTATO

Attribuitevi 1 punto per ogni risposta esatta (*max 4 punti: moltiplicate per 3 il vostro punteggio*).

Prova A: facendolo cadere da un'altezza superiore, per esempio 2 metri, il bicchiere precipiterà per un metro senza rompersi, poi cadrà a terra in mille pezzi.

Prova B: la risposta giusta è la A.

Prova C: la risposta giusta è la C; con un chewing-gum è possibile prendere lo stampo della serratura, che è di quelle grosse, e portarlo dal fabbro per farsi fare copia della chiave.

Prova D

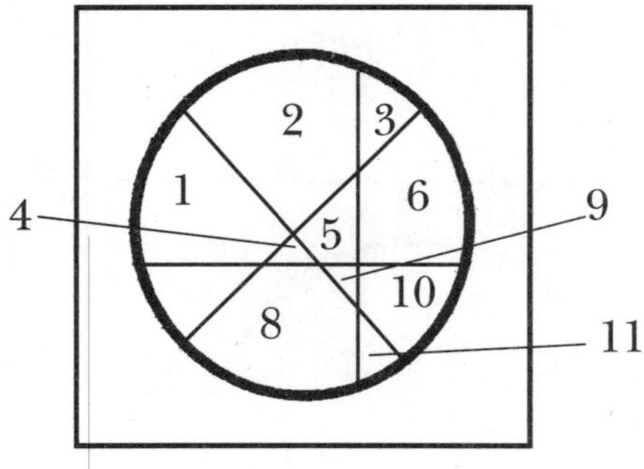

Punteggio compreso tra 12 e 9
La capacità di adattarsi con elasticità a ogni situazione, di adeguare il proprio comportamento alle più disparate necessità, costituisce una dote essenziale in ogni attività lavorativa. Una dote che a voi non fa certo difetto. Per questo, qualunque sia la vostra professione, i successi non vi mancano o non vi mancheranno, dal momento che questa versatilità fa di voi un cavallo vincente. Il punteggio che avete ottenuto in questo test sottolinea infatti la vostra non comune capacità di adattamento, che nel lavoro significa agilità mentale (tutto il contrario dell'atteggiamento di chi si adagia nella routine), nel rapporto con gli altri disponibilità e tolleranza, nella vita in generale capacità di trarre il meglio da ogni situazione.

Punteggio compreso tra 8 e 4

La vostra capacità di adattamento è nella media. Siete versatili e in grado di affrontare e risolvere problemi quotidiani adattando i vostri mezzi a ciò che la situazione richiede. Se i problemi invece sono di tipo insolito, non comune, può darsi che incontriate qualche difficoltà. Più che affidabili nella routine quotidiana, nelle questioni di carattere straordinario non siete altrettanto abili. Per questo preferite occuparvi più o meno delle stesse cose, piuttosto che cambiare continuamente l'ambito dei vostri interessi, dal momento che ciò vi richiede parecchi sforzi. Probabilmente siete tipi che non parteciperebbero mai a un corso di sopravvivenza nel deserto, o a un trekking nell'Annapurna.

Punteggio compreso tra 3 e 0

Perché adattarsi alle cose e alle persone? Vi chiederete voi. E in effetti non sentite alcun bisogno di farlo, o non siete abituati a far fronte a tale necessità, stando al vostro punteggio. Probabilmente quindi la vostra attività è di tipo ripetitivo e di routine, e non stimola quelle capacità di adattamento che sicuramente anche voi possedete, pur non avendole mai utilizzate. Oppure la vostra condizione sociale, il vostro prestigio o la vostra età impongono agli altri di adattarsi a voi e al vostro modo di pensare e di fare le cose.

Test 30

Siete lungimiranti?

PROVA A

Un contadino deve piantare nelle posizioni che vedete 64 piantine di pomodori. Data la sua lunga esperienza, conosce un itinerario che gli permette di passare una sola volta nel luogo dove pone ciascuna piantina senza mai tornare sui suoi passi e senza incrociare il percorso già tracciato. Sapreste individuare anche voi questo percorso ottimale, tenendo presente che è fatto solo di linee rette orizzontali e verticali (mai oblique) e che esso deve necessariamente iniziare e finire nei punti indicati?

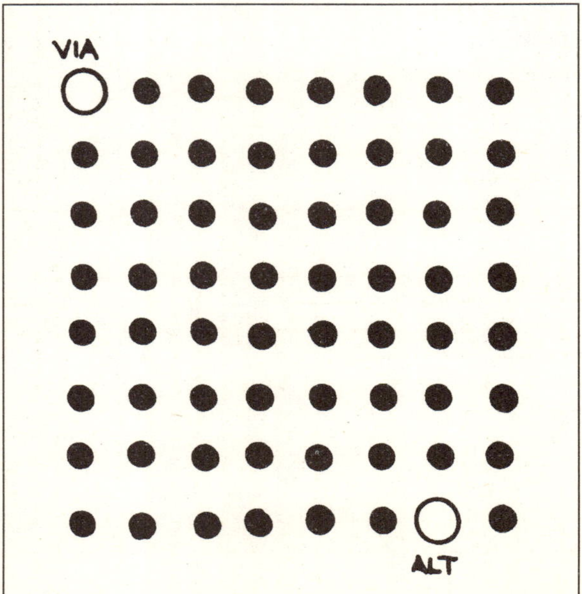

PROVA B

Cercate di uscire dai labirinti che seguono nel minor tempo possibile. Il limite massimo è di 3 minuti. Non potete iniziare il secondo labirinto o il terzo senza aver completato i precedenti. Utilizzate una matita per tracciare il vostro percorso.

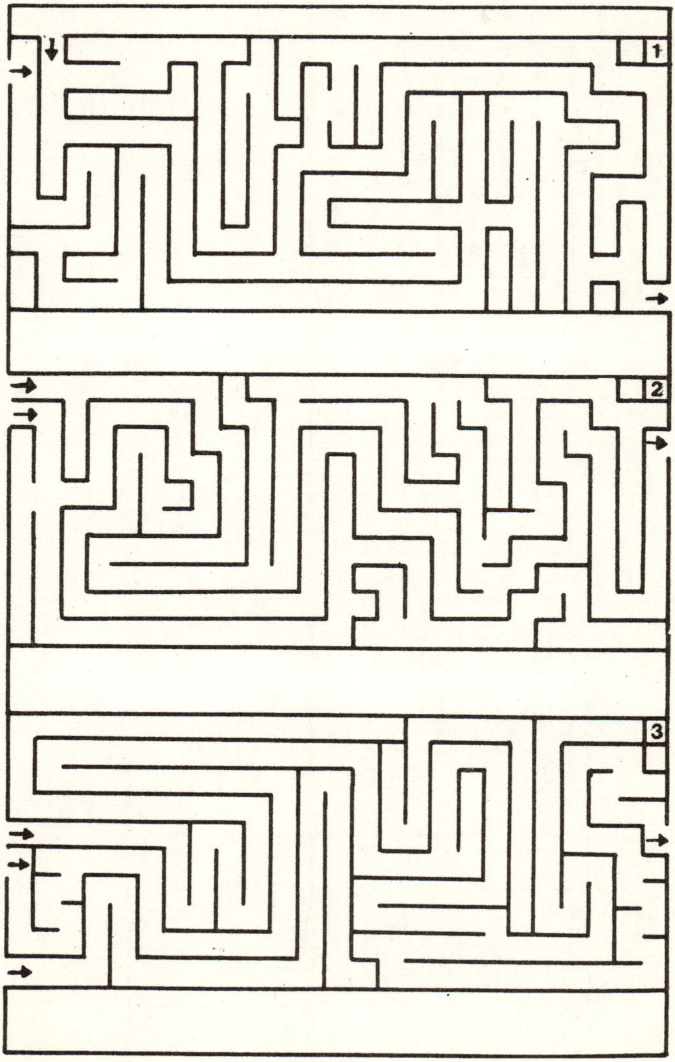

CALCOLA IL PUNTEGGIO E LEGGI IL RISULTATO

Attribuitevi 1 punto per ogni soluzione esatta, confrontando le vostre con le seguenti (*max 4 punti: moltiplicate il vostro punteggio per 3*).

Prova A

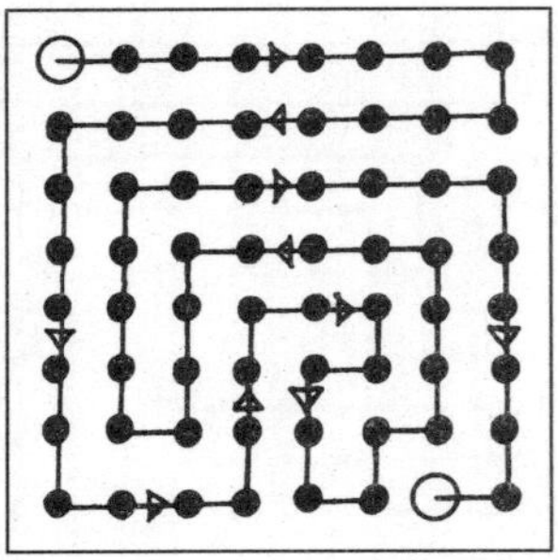

Prova B

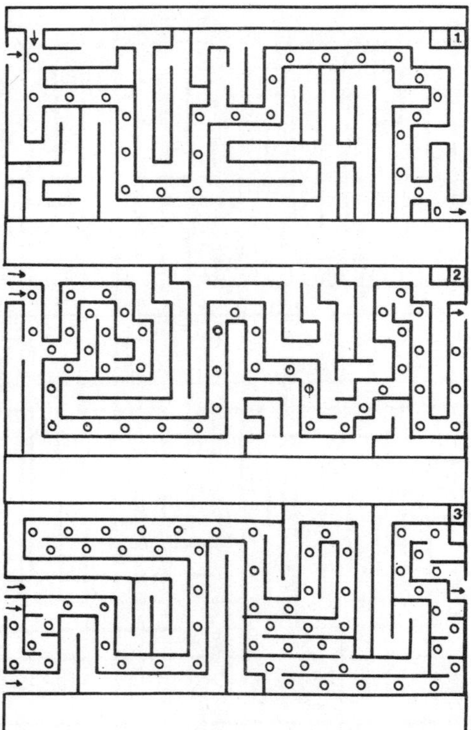

Punteggio compreso tra 12 e 9

La vostra capacità di prevedere le mosse successive e giocare d'anticipo è decisamente buona. Per questo avete una particolare abilità nel programmare e pianificare imprese a medio e lungo termine, con buone probabilità di successo. Questa vostra lungimiranza e la capacità di inquadrare in una prospettiva più ampia tutti i problemi fanno di voi un collaboratore prezioso in ogni attività, particolarmente in quelle del settore commerciale. Proiettati nel futuro, niente affatto conservatori, capaci di originali innovazioni, nel lavoro, come nelle relazioni e nel tempo libero, sapete gestire i vostri rapporti con intelligenza, superando ogni problema marginale o contingente per arrivare al nocciolo della questione. Qualità quasi uniche.

Punteggio compreso tra 8 e 4

La capacità di vedere "al di là del proprio naso" è una dote non comune. Voi ne disponete in media misura, cosa che vi può aiutare in molteplici circostanze: comprendere in anticipo quale sarà la mossa del proprio interlocutore, capire le esigenze del mercato prima che si siano delineate esplicitamente, scegliere con oculatezza un corso di studi o una specializzazione: sono tutte situazioni che possono trarre un grande giovamento da una buona dose di lungimiranza. Coltivate dunque questa vostra qualità, decisamente preziosa.

Punteggio compreso tra 3 e 0

Non avete la vista particolarmente lunga! Ciò significa che siete persone impulsive e immediate, incapaci di calcoli o lunghe riflessioni, ma piuttosto inclini a obbedire agli impulsi del momento e a prendere decisioni affrettate. Per questo spesso rischiate grosso o non realizzate in pieno la portata e le conseguenze di determinate vostre scelte. L'istinto e l'impulso, tuttavia, se guidati da un buon "naso" possono spesso sopperire i difetti di... "vista".

Test 31

Attitudine al ragionamento

SERIE DI NUMERI

Completate le serie seguenti scegliendo il numero tra quelli proposti.

1. 4 - 12 - 20 - 28 ...
A. 36 ☐
B. 34 ☐
C. 20 ☐
D. 38 ☐

2. 7 - 23 - 19 - 15 ...
A. 10 ☐
B. 12 ☐
C. 17 ☐
D. 11 ☐

3. 7 - 11 - 16 - 22 ...
A. 29 ☐
B. 28 ☐
C. 44 ☐
D. 22 ☐

4. 51 - 49 - 45 - 37 ...
A. 29 ☐
B. 21 ☐
C. 15 ☐
D. 33 ☐

5. 4 - 6 - 9 - 13 - 18 ...
A. 24 ☐
B. 23 ☐
C. 36 ☐
D. 18 ☐

6. 12 - 179 - 149 - 113 ...
A. 100 ☐
B. 90 ☐
C. 80 ☐
D. 83 ☐

7. 7 - 13 - 24 - 45 ...
A. 90 ☐
B. 94 ☐
C. 86 ☐
D. 54 ☐

8. 6 - 7 - 9 - 13 - 21 ...
A. 37 ☐
B. 29 ☐
C. 42 ☐
D. 36 ☐

9. 4 - 7 - 9 - 11 - 14 - 15 - 19 ...
A. 18 ☐
B. 24 ☐
C. 19 ☐
D. 20 ☐

10. 3 - 6 - 8 - 7 - 14 - 12 - 11 ...
A. 10 ☐
B. 14 ☐
C. 22 ☐
D. 11 ☐

PROBLEMI FRAZIONARI

Scegliete la risposta esatta tra le quattro proposte.

1. *Quale frazione è più grande?*
A. 9/16 ☐
B. 7/10 ☐
C. 5/8 ☐
D. 4/5 ☐

2. Quale frazione è più piccola?
A. 1/2 ☐
B. 3/8 ☐
C. 4/11 ☐
D. 7/15 ☐

3. Di che numero 12 rappresenta i 4/3?
A. 9 ☐
B. 8 ☐
C. 16 ☐
D. 15 ☐

4. Che parte di 18 è 15?
A. 6/5 ☐
B. 3/5 ☐
C. 5/6 ☐
D. 4/5 ☐

5. La popolazione di una città era di 54.000 abitanti all'ultimo censimento. Da allora è incrementata di 2/3. Qual è l'attuale popolazione?
A. 108.000 ☐
B. 36.000 ☐
C. 72.000 ☐
D. 90.000 ☐

6. Un'auto viaggia fino a quando il serbatoio contiene 1/8 della propria capacità. In seguito il serbatoio viene riempito con 14 litri. Qual è la capacità totale del serbatoio?
A. 14 litri ☐
B. 15 litri ☐
C. 16 litri ☐
D. 18 litri ☐

7. 50 è il 25% di:
A. 100 ☐
B. 25 ☐
C. 200 ☐
D. 250 ☐

8. Il 30% di 150 è:

A. 30 ☐
B. 33 ☐
C. 40 ☐
D. 45 ☐

9. Che percentuale di 36 è 90?

A. 250 ☐
B. 300 ☐
C. 25 ☐
D. 50 ☐

10. In una scuola in cui il 40% sono ragazzi, l'80% dei ragazzi è presente in un certo giorno. Se i ragazzi presenti in quel giorno sono 160, qual è il totale di iscritti alla scuola?

A. 200 ☐
B. 500 ☐
C. 400 ☐
D. 440 ☐

ALTRI PROBLEMI

Scegliete la risposta esatta tra le quattro proposte.

1. Se la pompa A può riempire una tanica in 3 minuti, mentre la pompa B in 6 minuti, quanto tempo impiegano le due pompe insieme a riempire la tanica?

A. 9 minuti. ☐
B. 1 minuto. ☐
C. 2 minuti. ☐
D. 90 secondi. ☐

2. Tre uomini impiegano insieme tre giorni per eseguire un lavoro. Se uno impiega da solo 10 giorni e il secondo 5 giorni, quanti giorni impiegherebbe il terzo da solo?

A. 10 ☐
B. 15 ☐
C. 6 ☐
D. 30 ☐

3. Se 1500 studenti su 5000 superano il test di ammissione, quanti studenti su 10 superano il test?

A. 5 ☐
B. 4 ☐
C. 8 ☐
D. 3 ☐

4. Un treno impiega 6 minuti per viaggiare tra due stazioni che si trovano a una distanza di 3 km. Qual è stata la velocità media del treno?

A. 30 km/h ☐
B. 60 km/h ☐
C. 40 km/h ☐
D. 25 km/h ☐

5. Due innamorati partono dalle estremità di una spiaggia lunga 3 km e corrono l'uno verso l'altra. L'uomo corre a una velocità di 20 km/h e la donna di 10 km/h. Quanto tempo impiegheranno prima di abbracciarsi?

A. 7 minuti. ☐
B. 10 minuto. ☐
C. 6 minuti. ☐
D. 90 minuti. ☐

VERIFICA LE RISPOSTE E LEGGI IL RISULTATO

Serie di numeri

1.	A	6.	C
2.	D	7.	C
3.	A	8.	A
4.	B	9.	C
5.	A	10.	C

Problemi frazionari

1.	C	6.	C
2.	C	7.	C
3.	A	8.	D
4.	C	9.	A
5.	D	10.	B

Altri problemi

1.	C	4.	A
2.	A	5.	C
3.	D		

Per valutare il risultato di questa prova occorre tenere presente come criterio l'assegnazione di 1 punto per ogni risposta esatta e 0 punti per ogni errore. È bravo chi con il calcolo delle risposte esatte arriva a un punteggio superiore a 20.

Test 32

Misura il tuo Q.I.

Con il test seguente, uno dei più classici per stabilire la capacità intellettiva di un individuo, si misura il Q.I. (Quoziente di Intelligenza). Attenzione, però, a non confondere l'età mentale con il Q.I.
Psicologi di fama mondiale hanno stabilito che, mediamente, il completo sviluppo mentale si raggiunge a 15 anni e mezzo, ossia a 186 mesi di età; pertanto il punteggio riportato non vale per persone più giovani.
Vi consigliamo di procurarvi dei "fogli volanti" per svolgere eventuali operazioni necessarie per la risoluzione delle domande.
Qui di seguito vi proponiamo alcune domande esemplificative, con le relative risposte, in modo che vi possiate rendere conto del tipo di quesiti formulati.

Esempi

A. Pastore sta a gregge come generale sta a:

1. Professore. ☐
2. Autista. ☐
3. Plotone. ☐
4. Abito. ☐

(3)

B. Quale numero completa questa serie? 4 - 8 - 12 - 16...

(20)

C. molluschi - i - sono - gatti.

La disposizione di queste parole può dar vita a una frase.
Se la frase è errata scrivi NO, se è corretta scrivi SÌ.

(La risposta è NO. La disposizione esatta delle parole forma la frase "I gatti sono molluschi", la quale è errata)

D. Tra queste parole, qual è fuori luogo?

1. Racchetta. ☐
2. Mazza. ☐
3. Pallina. ☐
4. Rete. ☐
5. Smash. ☐

(La risposta è la 2. Solo la parola "mazza" non è inerente al tennis)

E ora inziate il test. Il limite di tempo è fissato in 25 minuti. Siete pronti? È assolutamente vietato superare il tempo massimo e consultare la pagina delle risposte.

1. *Velivolo sta a vespa come sottomarino sta a:*

A. Mare. ☐
B. Balena. ☐
C. Subacqueo. ☐
D. Nave. ☐
E. Pesce. ☐

2. *Ovest sta a nord-est come sud sta a:*

A. Nord. ☐
B. Sud-ovest. ☐
C. Nord-ovest. ☐
D. Sud-est. ☐

3. Rossi percepisce un utile doppio rispetto a quello di ognuno dei suoi tre soci, che è uguale per tutti e tre. A quale percentuale sul totale degli utili corrisponde, in frazione, l'utile di Rossi?

....

4. In questo gruppo di parole, quale non c'entra?

A. Tristezza. ☐
B. Malinconia. ☐
C. Pena. ☐
D. Condoglianze. ☐

5. Ugo ha un sacchetto di patatine con 1/4 di patatine in più rispetto al sacchetto di Mario. Se il sacchetto di Mario ha 3 patatine in meno di quello di Ugo, quante ne contiene il sacchetto di Ugo?

....

6. Scrivi il numero che viene altrettanto lontano prima del 15 nella serie qui sotto, come "n" viene dopo "e" nell'alfabeto.

1 - 2 - 3 - 4 - 5 - 6 - 7 - 8 - 9 - 10 - 11 - 12 - 13 - 14 - 15 - 16 - 17 - 18 - 19

....

7. I reggiseni hanno sempre:

A. Sessualità. ☐
B. Spalline. ☐
C. Calore. ☐
D. Forma. ☐
E. Aderenza. ☐

8. Se tutti gli uomini hanno cappelli, allora uomini con teste grandi hanno:

A. Cappelli grandi. ☐
B. Meno cappelli. ☐
C. Cappelli. ☐
D. Pochi cappelli. ☐

9. Gianni e Paolo sono andati alle corse, dove Gianni ha perso 36 euro nelle prime due corse, perdendo 12 euro in più nella seconda corsa rispetto alla prima. Però nella seconda ha perso 8 euro meno di quante ne ha perse Paolo. Quanto ha perso Paolo nella seconda corsa?

....

10. Quanti km fa una tigre in 3 minuti se corre al 50% della velocità di un'auto che va a 80 km all'ora?

....

11. Nessun cane sa muggire, ma alcuni cani sanno miagolare. Se è così allora:

A. Alcuni cani sanno muggire. ☐
B. Tutti i cani non sanno muggire. ☐
C. Tutti i cani non sanno miagolare. ☐

12. Due donne possono sbucciare 4 kg di mele in 6 minuti; in quanti minuti una donna può sbucciarne 2 kg?

....

13. Se 3 è "b", 7 è "d", 9 è "e", 13 è "g", come scrivi "caravella" usando numeri invece di lettere?

....

14. Supponiamo che l'Inter sia in testa al campionato e il Torino sia al quinto posto, mentre il Milan si trova a metà strada tra loro. Se la Juve è davanti al Torino e la Sampdoria si trova subito dopo il Milan, quale squadra è al secondo posto?

....

15. Qual è la vostra risposta? CDF sta a EDC come RSU sta a:

....

16. Una serie è in ordine opposto all'altra, all'infuori di un certo numero. Qual è il numero?

A. 10 - 20 - 30 ☐
B. 10 - 30 - 20 ☐

....

17. Un'auto fa metà viaggio a 60 km/h e l'altra metà a 120 km/h. Se il viaggio è di 40 km, quanti minuti occorrono all'auto per completare il viaggio?

....

18. "Dittico" è più vicino come significato a:

A. Scelta. ☐
B. Arte. ☐
C. Avo. ☐
D. Dettato. ☐

19. "Trasandato" significa:

A. Trascurato. ☐
B. Incauto. ☐
C. Indolente. ☐
D. Disattento. ☐

20. Le mamme hanno sempre:

A. Impegni. ☐
B Gonne. ☐
C. Suocere. ☐
D. Bambini. ☐

21. Silvia ha 1000 euro. Se avesse 300 euro di meno, avrebbe la metà di quanto ha Anna. Quanto ha Anna più di Silvia?

A. 700 euro. ☐
B 400 euro. ☐
C. 200 euro. ☐
D. 1300 euro. ☐

22. Essi sta a loro come egli sta a:

A. Lei. ☐
B Lui. ☐
C. Suo di lei. ☐
D. Noi. ☐
E. Vostri. ☐

23. Quale di queste parole corrisponde più esattamente al significato "vanesio"?

A. Vano. ☐
B Minerale. ☐
C. Povero. ☐
D. Fatuo. ☐
E. Eretico. ☐

24. Un barista riceve in mance 2 euro in più della metà della sua paga, che è di 45 euro al giorno. Quanto ricava dalle mance?

....

....

25. "Adamitico" è l'opposto di:

A. Testardo. ☐
B Diverso da Eva. ☐
C. Comune. ☐
D. Vestito. ☐

26. In questo gruppo, quale oggetto non c'entra?

A. Lavatrice. ☐
B. Idrante. ☐
C. Frigorifero. ☐
D. Telefono. ☐

27. Veglia sta a sveglia come palla sta a:

A. Cronometro. ☐
B. Calcio. ☐
C. Falla. ☐
D. Spalla. ☐
E. Tempo. ☐

28. In questo gruppo quale parola non c'entra?

A. Architetto. ☐
B. Geometra. ☐
C. Carpentiere. ☐
D. Avvocato. ☐

29. Quale numero completa questa serie?

15 - 40 - 60 - 75 - 85...

....

30. Un "fante" è una o un:

A. Moneta. ☐
B. Animale. ☐
C. Soldato. ☐
D. Poeta. ☐

31. Quale numero completa questa serie?

21 - 31 - 42 - 52 - 63...

....

32. Quale parola è più vicina al significato di "essere"?

A. È. ☐
B. Sono. ☐
C. Vive. ☐
D. Esistere. ☐
E. Avere. ☐

33. ***Ginecologo sta a sociologo come donna sta a:***

A. Pianta. ☐
B. Informatica. ☐
C. Società. ☐
D. Sociologia. ☐

34. In questo gruppo, quale parola non c'entra?

A. Il. ☐
B. Lo. ☐
C. Uno. ☐
D. Tre. ☐
E. Un. ☐

35. Se una persona è "adirata", significa:

A. Ritardata. ☐
B. Pazza. ☐
C. Incollerita. ☐
D. Disorientata. ☐

36. Un atteggiamento "esecrabile" è:

A. Indisponibile. ☐
B. Indispensabile. ☐
C. Intelligibile. ☐
D. Buono. ☐
E. Deprecabile. ☐

37. Catena sta a boa come filo sta a:

A. Canna. ☐
B. Esca. ☐
C. Galleggiante. ☐
D. Amo. ☐

38. Quale numero completa questa serie?

6 - 11 - 15 - 18 - 20...

....

39. Tromba sta a musica come libro sta a:

A. Felicità. ☐
B. Lettura. ☐

C. Suono. ☐
D. Messaggio. ☐
E. Riposo. ☐

40. Scrivete la lettera tanto lontana dalla prima lettera dell'alfabeto come la seconda "i" lo è dalla prima "i" della parola "ieratico"

....

41. Quale numero completa questa serie?
9 - 7 - 5 - 3...

....

42. Quale lettera completa questa serie?
A - D - G - L...

....

43. la - mazza - si - gioca - col - golf - a
Queste parole, se ben disposte, formano una frase.
Se la frase è giusta indicate SÌ, se è sbagliata indicate NO.

....

44. L'urbanistica concerne:
A. Piante. ☐
B. Acqua. ☐
C. Sanitari. ☐
D. Viabilità. ☐

45. Se un bus procede con 3 minuti di ritardo e perde 3 secondi al minuto, quanti minuti gli serviranno per procedere con un'ora di ritardo?

....

46. Si mettono nella zuppa 10 fagioli ogni 20 ceci. Se i legumi sono in tutto 600, quanti sono i ceci?

....

47. Quale numero è sbagliato in questa serie?
4 - 8 - 16 -30 - 59 - 84 - 106...

....

VERIFICA LE RISPOSTE E CALCOLA IL PUNTEGGIO

1.	2
2.	3
3.	2/5
4.	4
5.	12
6.	8
7.	4
8.	3
9.	32.000
10.	2 km
11.	2
12.	6 minuti
13.	5 1 31 1 39 9 19 19 1
14.	Juventus
15.	TSR
16.	10
17.	30 minuti
18.	2
19.	1
20.	4
21.	2
22.	2
23.	4
24.	24,5

25.	4
26.	2
27.	4
28.	4
29.	90
30.	3
31.	73
32.	4
33.	3
34.	4
35.	3
36.	5
37.	3
38.	21
39.	2
40.	F
41.	1
42.	O
43.	SÌ
44.	4
45.	1140
46.	400
47.	59

In base alle risposte esatte date si calcola il punteggio: ogni risposta esatta vale 1 punto.

Punteggio: 47 = Ottimo — 39-20 = Normale
46-40 = Buono — 19-0 = Inferiore

Test 33

Siete superbi o modesti?

Probabilmente non tutti sono come San Francesco, ma che l'ostentazione delle proprie bravure sia diventata un pregio non ci convince. Che considerazione avete di voi stessi? Come pensate di essere? Troverete la soluzione attraverso le risposte che darete alle prossime domande.

1. Vi fanno un regalo di poco valore, come la prendete?
A. È un sintomo della crisi. ☐
B. Pensate che si sarebbe potuto fare di meglio. ☐
C. Vi va bene, purché sia fatto con il cuore. ☐

2. Che cosa pensate del vostro stipendio?
A. È giusto in base alle vostre responsabilità. ☐
B. È sempre troppo basso. ☐
C. Avreste bisogno di un aumento. ☐

3. Vi invitano a pranzo e poi vi propongono di dividere il conto. Quale aggettivo usereste?
A. Penoso. ☐
B. Modesto. ☐
C. Ingenuo. ☐

4. A casa di un amico vedete un oggetto che avete sempre desiderato. Che cosa pensate?
A. È fortunato ad averlo. ☐
B. Potrebbe vendervelo. ☐
C. Sulla vostra scrivania starebbe meglio. ☐

5. Avete invitato una donna/un uomo a una festa, manca poco tempo all'appuntamento e non vi ha ancora richiamato. Che cosa fate?
A. Niente, aspettate. ☐
B. Aspettate ancora un poco, poi la chiamate. ☐
C. La richiamate subito. ☐

6. Che cosa pensate di una persona che dice sempre il contrario di voi?
A. Fa così con tutti. ☐
B. Lo fa di proposito. ☐
C. Forse è opportuno ascoltarla. ☐

7. Immaginate una montagna: di cosa potrebbe essere il simbolo?
A. Il vertice del successo. ☐
B. Un risultato da raggiungere. ☐
C. La foresta che scompare. ☐

CALCOLA IL PUNTEGGIO E VALUTA IL RISULTATO

Attribuite a ogni risposta i punteggi previsti dal seguente schema.

	A	B	C
1.	3	2	1
2.	1	3	2
3.	3	2	1
4.	1	2	3
5.	3	1	2
6.	2	3	1
7.	3	2	1

Fino a 12 punti
Considerate la superbia come qualcosa di inaccettabile. Sapete sopportare in silenzio le prevaricazioni degli altri nei vostri confronti, pensando, senza spirito vendicativo, di poter in seguito esporre le vostre ragioni.

Da 13 a 17 punti
Non siete completamente pieni di voi stessi; concedete ma anche pretendete un rapporto di parità con chiunque.
Non per questo avete annullato i vostri moti di orgoglio.

Da 18 a 21 punti

Mai secondi a nessuno, mai mostrare riverenza, mai scusarsi. Questo atteggiamento, ultimamente piuttosto diffuso, serve anche per farsi strada nella vita. Ma vorremmo concludere con questa frase di Golda Meir sulla quale vi suggeriamo di riflettere: "Non essere umile, non sei così importante".

Test 34

Siete vittime o carnefici?

Se si dovesse dividere il genere umano in due categorie, chi subisce i torti e chi invece li fa, voi da che parte stareste? Voi come pensate di essere? Troverete la soluzione attraverso le risposte che darete alle prossime domande.

1. Vi tamponano l'auto, ma il danno è quasi inesistente. Che cosa fate?
A. Vi fate liquidare il danno senza passare dall'assicurazione. ☐
B. Segnalate il danno all'assicurazione. ☐
C. Lasciate perdere. ☐

2. In ufficio vi accusano di un errore non vostro. Come reagite?
A. Vi tenete la colpa. ☐
B. Dite chi ha sbagliato veramente. ☐
C. Fate capire di non essere stati voi. ☐

3. Siete considerati come testimoni di un crimine e venite invitati a deporre. Che cosa fate quel giorno?
A. Non volete avere noie e dite che c'è stato uno sbaglio. ☐
B. Rimanete nel vago. ☐
C. Dite tutto quello che sapete. ☐

4. Viene proposto a voi e a un vostro amico un affare, ma lui non c'è. Che cosa fate?
A. Glielo fate sapere. ☐
B. Glielo dite, ma pretendete una quota maggiore. ☐
C. Gestite l'affare da solo, escludendo l'amico. ☐

5. A uno sportello pubblico un impiegato vi nega un vostro diritto. Che cosa fate?
A. Lo denunciate alla stampa. ☐
B. Rinunciate. ☐
C. Denunciate il fatto alle autorità preposte. ☐

6. **Bloccate il ladro che vi ha appena sottratto il portafogli. Che cosa fate?**

A. Chiamate la polizia, poi vedrete il da farsi. ☐

B. Fate subito la denuncia. ☐

C. Lo lasciate andare. ☐

7. **Immaginate di avere subito un affronto. Quale sarà la vostra reazione?**

A. Voglia di vendicarvi. ☐

B. Rabbia. ☐

C. Sconforto. ☐

CALCOLA IL PUNTEGGIO E VALUTA IL RISULTATO

Attribuite a ogni risposta i punteggi previsti dal seguente schema.

	A	B	C
1.	2	3	1
2.	1	3	2
3.	3	2	3
4.	1	2	3
5.	3	1	2
6.	2	3	1
7.	3	2	1

Fino a 12 punti
In un mondo pieno di lupi voi siete una pecorella. Sapete sopportare in silenzio le prevaricazioni degli altri nei vostri confronti, evitando di rodervi il fegato.

Da 13 a 17 punti
Non siete completamente pieni di voi stessi, con chiunque concedete ma anche pretendete un rapporto di parità. Non siete tra quelli che pur di raggiungere il proprio scopo mettono i piedi in testa alla gente.

Da 18 a 21 punti
"Mors tua vita mea", questo è il vostro motto. Come un rullo compressore schiacciate ogni ostacolo e non vi curate delle conseguenze che può provocare questo comportamento.

Test 35

Cultura generale

CULTURA STORICA

1. La città di Roma fu fondata da:
A. Romolo. ☐
B. Enea. ☐
C. Numitore. ☐
D. Remo. ☐

2. I re di Roma furono:
A. 9 ☐
B. 5 ☐
C. 7 ☐
D. 8 ☐

3. "Temporeggiatore" fu detto:
A. Goffredo di Buglione. ☐
B. Attilio Regolo. ☐
C. Quinto Fabio Massimo. ☐
D. Giulio Cesare. ☐

4. Annibale apparteneva al popolo dei:
A. Visigoti. ☐
B. Etruschi. ☐
C. Cartaginesi. ☐
D. Sanniti. ☐

5. Le guerre puniche furono combattute dai Romani contro:
A. Gli Etruschi. ☐
B. I Volsci. ☐
C. Gli Unni. ☐
D. I Cartaginesi. ☐

6. Gesù Cristo nacque sotto il regno di:

A. Augusto. ☐
B. Tito. ☐
C. Vespasiano. ☐
D. Domiziano. ☐

7. Cesare varcò il fiume:

A. Reno. ☐
B. Rubicone. ☐
C. Rodano. ☐
D. Tamigi. ☐

8. Cleopatra fu proclamata regina d'Egitto da:

A. Cesare. ☐
B. Pompeo. ☐
C. Crasso. ☐
D. Ottaviano. ☐

9. La battaglia di Farsalo fu combattuta da:

A. Cleopatra e Ottaviano. ☐
B. Crasso e Pompeo. ☐
C. Cesare e Pompeo. ☐
D. Cesare e Crasso. ☐

10. Con l'avvento di Costantino, la capitale dell'Impero romano fu trasferita a:

A. Gerusalemme. ☐
B. Bisanzio. ☐
C. Antiochia. ☐
D. Atene. ☐

CALCOLA IL PUNTEGGIO

1.	A
2.	C
3.	C
4.	C
5.	D

6.	A
7.	B
8.	A
9.	C
10.	B

CULTURA GEOGRAFICA

1. Il nome esatto del grande fiume è:
A. Misisipi. ☐
B. Mississippi. ☐
C. Misissippi. ☐
D. Missisipi. ☐

2. Si alza quattro volte al giorno:
A. La marea. ☐
B. Il sole al polo. ☐
C. L'albero maestro. ☐
D. Il sole all'equatore. ☐

3. Il più alto vulcano d'Europa è:
A. Stromboli. ☐
B. Vesuvio. ☐
C. Etna. ☐
D. Gennargentu. ☐

4. Il capoluogo di regione della Sardegna è:
A. Amalfi. ☐
B. Messina. ☐
C. Cagliari. ☐
D. Oristano. ☐

5. Da quanti lati è circondata dal mare una penisola?
A. Due. ☐
B. Tre. ☐
C. Uno. ☐
D. Da tutti i lati. ☐

6. Il monte più alto del mondo è:
A. Il Kilimangiaro. ☐
B. Il Monte Bianco. ☐
C. L'Everest. ☐
D. Il K2. ☐

7. Il punto cardinale opposto all'ovest è:
A. Nord. ☐
B. Sud-est. ☐
C. Est. ☐
D. Sud-ovest. ☐

8. Terni si trova:
A. In Umbria. ☐
B. In Toscana. ☐
C. Nel Lazio. ☐
D. Nel Molise. ☐

9. Il Piave sfocia:
A. Nel mar Adriatico. ☐
B. Nel mar Ionio. ☐
C. Nel mar Tirreno. ☐
D. Nel mar Ligure. ☐

10. Il porto più importante d'Italia è:
A. Taranto. ☐
B. La Spezia. ☐
C. Napoli. ☐
D. Genova. ☐

CALCOLA IL PUNTEGGIO

1.	B
2.	A
3.	C
4.	C
5.	B

6.	C
7.	C
8.	A
9.	A
10.	D

ATTITUDINI VERBALI

A. Quale delle seguenti parole deve essere eliminata?

1.
A. Gatto ☐
B. Lontra ☐
C. Coniglio ☐
D. Gallina ☐

2.
A. Verde ☐
B. Rosso ☐
C. Nero ☐
D. Indaco ☐

3.
A. Avvocato ☐
B. Vescovo ☐
C. Notaio ☐
D. Procuratore ☐

4.
A. Romolo ☐
B. Anco Marzio ☐
C. Numa Pompilio ☐
D. Cicerone ☐

5.
A. Bentham ☐
B. Kant ☐
C. Hobbes ☐
D. Hume ☐

6.
A. Coppola ☐
B. Allen ☐
C. Fellini ☐
D. Spielberg ☐

7.
A. Odino ☐
B. Nettuno ☐
C. Mercurio ☐
D. Apollo ☐

8.
A. Ali ☐
B. Occhi ☐
C. Volare ☐
D. Occhiali

9.
A. Aco ☐
B. Cena ☐
C. Pulo ☐
D. Riofe ☐

10.
A. Retta ☐
B. Piano ☐
C. Riga ☐
D. Righello ☐

B. Indicare il significato delle seguenti parole.

1. *Sporadico*
A. Sterile ☐
B. Spugnoso ☐
C. Saltuario ☐
D. Delle spore ☐

2. Sintomatico
A. Sospetto ☐
B. Decisivo ☐
C. Indizio di qualcosa ☐
D. Malato ☐

3. Misogino
A. Scontroso ☐
B. Che odia gli uomini ☐
C. Che odia le donne ☐
D. Misterioso ☐

4. Edulcorare
A. Educare ☐
B. Addolcire ☐
C. Colorare ☐
D. Convincere ☐

5. Alveo
A. Cavità polmonare ☐
B. Letto del fiume ☐
C. Ventre ☐
D. Fortuna ☐

C. Sinonimi e opposti.

6. Sinonimo di arido
A. Ubertoso ☐
B. Secco ☐
C. Liscio ☐
D. Semplice ☐

7. Opposto di espletare
A. Sperimentare ☐
B. Sotterrare ☐
C. Cominciare ☐
D. Negare ☐

8. Sinonimo di primordiale
A. Primitivo ☐
B. Primo al mondo ☐
C. Vecchio ☐
D. Usato ☐

9. Opposto di scisma

A. Maggioranza ☐
B. Unione ☐
C. Uniformità ☐
D. Costruzione ☐

10. Sinonimo di discriminare

A. Differenziare ☐
B. Ripartire ☐
C. Dipendere ☐
D. Assegnare ☐

D. Analogie concettuali: indicate le parole che hanno un rapporto analogico.

1. Albero : scimmia = vegetale : ....

A. Uomo ☐
B. Animale ☐
C. Pino ☐
D. Pianta ☐

2. Liquido : metallo = vapore : ....

A. Fondere ☐
B. Acqua ☐
C. Fuoco ☐
D. Calore ☐

3. Cane : .... = mammifero : rettile

A. Animale ☐
B. Protozoo ☐
C. Vipera ☐
D. Balena ☐

4. Fuoco : .... = virus : malattia

A. Incendio ☐
B. Ospedale ☐
C. Bosco ☐
D. Medicina ☐

E. *Serie di parole: indicare le parole che completano le serie*

1. Merlo, *cuculo*, aquila, *canarino*…
A. Piuma ☐
B. Ali ☐
C. Falco ☐
D. Gabbia ☐

2. *Occhio*, chiodo, docile, lesto…
A. Veloce ☐
B. Letale ☐
C. Storie ☐
D. Casto ☐

3. Regola, *Gorizia*, ricamo, *castello*…
A. Zia ☐
B. Stalliere ☐
C. Padre ☐
D. Stellato ☐

CALCOLA IL PUNTEGGIO

Gruppo A

1.	B	6.	C
2.	C	7.	A
3.	B	8.	C
4.	D	9.	B
5	B	10.	B

Gruppo B

1.	C	4.	B
2.	C	5.	B
3.	C		

Gruppo C

1.	B
2.	C
3.	A

4.	B
5.	A

Gruppo D

1.	B
2.	B

3.	C
4.	A

Gruppo E

1.	C
2.	C

3.	D

IL VOCABOLARIO

1. Sinonimo di ineluttabile:
A. Indicibile ☐
B. Insopportabile ☐
C. Inevitabile ☐
D. Insolubile ☐

2. Il contrario di laconico è:
A. Prolisso ☐
B. Pietoso ☐
C. Svogliato ☐
D. Attento ☐

3. Sinonimo di tedioso è:
A. Cattivo ☐
B. Nervoso ☐
C. Seccante ☐
D. Corrotto ☐

4. Non è sinonimo di indifferente:
A. Diverso ☐
B. Imparziale ☐

C. Neutrale ☐
D. Disinteressato ☐

5. Non è sinonimo di bisognoso:
A. Indigente ☐
B. Bigotto ☐
C. Povero ☐
D. Miserabile ☐

6. Sinonimo di angheria è:
A. Vessazione ☐
B. Incarico ☐
C. Donazione ☐
D. Promiscuità ☐

7. Sinonimo di allegro è:
A. Sciocco ☐
B. Ignorante ☐
C. Ilare ☐
D. Musone ☐

8. Cappelli o... strumenti musicali
A. Tromboni ☐
B. Fez ☐
C. Tube ☐
D. Tese ☐

9. Non è sinonimo di indipendente:
A. Libero ☐
B. Autonomo ☐
C. Non subordinato ☐
D. Subordinato ☐

10. Indole vuol dire:
A. Temperamento ☐
B. Svogliatezza ☐
C. Carattere ☐
D. Apatia ☐

CALCOLA IL PUNTEGGIO

1.	C
2.	A
3.	C
4.	A
5.	B

6.	A
7.	C
8.	C
9.	D
10.	A+C

VALUTAZIONE COMPLESSIVA DEI RISULTATI

Per valutare il risultato di queste prove di cultura generale occorre tenere presente come criterio l'assegnazione di 1 punto per ogni risposta esatta e 0 punti per ogni errore.

Ottimo: chi con il calcolo delle risposte arriva al punteggio di 47.

Buono: chi con il calcolo delle risposte arriva a un punteggio compreso tra 35 e 46.

Test 36

Siete riflessivi o istintivi?

Vi aiutiamo a scoprire come arrivate a prendere le vostre decisioni importanti: attraverso l'analisi e il ragionamento, e quindi valutazioni e riflessioni ponderate, oppure con l'istinto, con il cuore; rispondete alle seguenti domande e troverete anche la risposta per voi.

1. *Un bicchiere colmo di vino sta cadendo dal tavolo. Come reagite?*
A. Cercate di afferrarlo. ☐
B. Vi tirate indietro. ☐
C. Non fate in tempo a muovere un dito. ☐

2. *Ricevete un invito per una festa dove conoscete solo il padrone di casa. Che cosa fate?*
A. Cercate di capire che tipo di gente troverete. ☐
B. Vi fate accompagnare da un amico/a. ☐
C. Ci andate, poi si vedrà. ☐

3. *Cos'è più vero secondo voi?*
A. La parola è d'argento, ma il silenzio è d'oro. ☐
B. Ogni lasciata è persa. ☐
C. Per pagare e morire c'è sempre tempo. ☐

4. *La vostra settimana bianca è saltata a causa di una valanga, ma ormai avete preso le ferie. Come rimediate?*
A. Partite per la prima località montana con posti liberi. ☐
B. Consultate le agenzie perdendo qualche giorno. ☐
C. Vi aggregate a dei vostri amici in partenza per Londra. ☐

5. *Sentite gridare "al ladro". Qual è la vostra reazione?*
A. Guardate se in giro c'è un poliziotto. ☐
B. Pensate che ci sia il solito scippo. ☐
C. Correte per tentare di fare qualcosa. ☐

6. Immaginate una palla e dite quale movimento sta compiendo.

A. Nessuno. ☐

B. Sta scivolando lungo una discesa. ☐

C. Sta rimbalzando. ☐

7. Vi offrono duecento milioni per un lavoro da accettare subito senza specificarvi quale. Come vi comportate?

A. Accettate, poi al limite vi tirerete indietro. ☐

B. Vi aspettate un trucco e rifiutate. ☐

C. Cominciate a sudare freddo. ☐

CALCOLA IL PUNTEGGIO E LEGGI IL RISULTATO

Attribuite a ogni risposta i punteggi previsti dal seguente schema.

	A	B	C
1.	2	2	1
2.	1	2	3
3.	1	3	2
4.	3	1	2
5.	1	2	3
6.	1	3	2
7.	3	1	2

Fino a 12 punti
Trovate tanti aspetti da valutare e ponderare e, se non riuscite a valutarli tutti, vi sentite a disagio. Purtroppo, il mondo corre più veloce di quanto riusciate a immaginare e talvolta vi svegliate quando il treno è già passato. Il vantaggio è quello di non fare mai il passo più lungo della gamba.

Da 13 a 17 punti
Siete incerti se seguire il cuore o la ragione e propendete a credere che la verità stia nel mezzo. Proprio per questo non è difficile prevedere come agirete: niente colpi di testa pur senza addormentarsi sulle cose. È senza dubbio un modo per sentirsi soddisfatti di se stessi.

Da 18 a 21 punti
Se di solito avete fortuna siete riusciti a ottenere molto dalla vita, ma se così non fosse il vostro spirito irruento vi ha spesso cacciato in qualche guaio. Sicuramente siete quelli che si divertono di più, ma attenzione a non passare il tempo a pentirvi perché bastava pensarci un attimo in più.

Test 37

Com'è il vostro rapporto con il denaro?

Vi aiutiamo a scoprire se siete spendaccioni o risparmiatori. Dipende dalle finanze, ma l'istinto a sperperare o a economizzare è innato. Scoprite attraverso le domande e le risposte che seguiranno se tendete ad avere le mani bucate o invece siete come Paperon de' Paperoni.

1. Nel supermercato sotto casa ci sono i prezzi molto convenienti, ma a quello a 7 km c'è il 3 x 2. Dove vi recate?
A. Sotto casa, la benzina costa. ☐
B. A quello più lontano, lo sconto è molto alto. ☐
C. Sotto casa, non guardate le offerte. ☐

2. Dovete cambiare lavoro. Che cosa cercate?
A. Di lavorare meno. ☐
B. Soddisfazione professionale. ☐
C. Uno stipendio migliore. ☐

3. Una vincita miliardaria alla lotteria cambierebbe la vostra vita. Perché?
A. Realizzereste tutti i vostri sogni. ☐
B. Potreste godervi gli interessi. ☐
C. Non avreste più problemi economici. ☐

4. Nella nostra società il denaro che cosa rappresenta?
A. Il potere. ☐
B. La possibilità di vivere. ☐
C. La schiavitù. ☐

5. A quale acquisto non potreste mai rinunciare?
A. Ai libri. ☐
B. Al quotidiano. ☐
C. All'acqua minerale. ☐

6. Vi obbligano a vedere uno di questi tre programmi. Quale scegliete?

A. Un'inchiesta giornalistica. ☐
B. Un telefilm americano. ☐
C. Un programma scientifico. ☐

7. Immaginate di trovare una bottiglia con dentro un foglio. Di che cosa si tratta?

A. Una richiesta d'aiuto. ☐
B. Un messaggio d'amore. ☐
C. Una mappa del tesoro. ☐

CALCOLA IL PUNTEGGIO E LEGGI IL RISULTATO

Attribuite a ogni risposta i punteggi previsti dal seguente schema.

	A	B	C
1.	2	3	1
2.	1	2	3
3.	1	3	2
4.	3	1	2
5.	1	2	3
6.	3	1	2
7.	2	1	3

Fino a 12 punti

Vi piace godere del frutto del vostro lavoro e non vi negate nulla, a volte vi concedete anche cose al di sopra delle vostre possibilità. Ve la godete, è certo, ma avete mai sentito parlare di fondi d'investimento, BOT o altre forme di risparmio? Tendete ad arrivare a fatica alla fine del mese.

Da 13 a 17 punti

Il vostro rapporto con il denaro è di amore-odio. Vorreste disprezzarlo, ma sapete di non poterne fare a meno, anche perché vi piace l'idea di poterne disporre. Ne conoscete il valore, la fatica di guadagnarlo e la facilità a spenderlo: per questo avete raggiunto un equilibrio dove raramente fate spese folli o taccagnerie improvvise.

Da 18 a 21 punti
Siete una brava formichina, il vostro capitale cresce costantemente. Ve lo coccolate, è la vostra sicurezza per il futuro. Spesso, però, la voglia di risparmiare si trasforma in mania, e il pensiero che ogni cosa costi diventa un'ossessione. Attenzione.

Test 38

Siete lavoratori operosi o sfaticati?

Non tutti desiderano imitare Stachanov, molti, infatti finiscono piuttosto per assomigliare a Paperino e sognano un'amaca tra le palme. Vi aiutiamo a scoprire come siete nel rapporto con il lavoro, ma anche in generale. Scoprite la vostra predisposizione attraverso le risposte che darete alle prossime domande.

1. *Dovete fare ogni giorno gli straordinari, che cosa ne pensate?*
A. Creano problemi alla vita privata. ☐
B. Sono un disagio. ☐
C. Fanno comodo per arrotondare lo stipendio. ☐

2. *Siete già impegnati ma con la mente vi consentite di viaggiare. Quale di queste cose preferireste fare?*
A. Una notte con una star dello spettacolo. ☐
B. Una notte con uno sconosciuto/a. ☐
C. Una notte con chi vi è sempre piaciuto/a. ☐

3. *Quali effetti ha il lavoro su di voi?*
A. Vi stanca. ☐
B. Vi realizza. ☐
C. Vi nobilita. ☐

4. *Quale tipo di lavoro preferite?*
A. Da imprenditore. ☐
B. Da libero professionista. ☐
C. Da stipendiato. ☐

5. *Che cosa scegliete tra:*
A. L'attuale stipendio, lavorando di meno. ☐
B. Uno stipendio maggiore dell'attuale, lavorando di più. ☐
C. Uno stipendio di poco inferiore per un lavoro part-time. ☐

6. Che cosa vi affatica maggiormente?

A. Lavorare manualmente. ☐

B. Lavorare mentalmente. ☐

C. Non lavorare. ☐

7. Vi chiedono di lavorare di più per favorire l'andamento della vostra azienda. Che cosa rispondete?

A. Solo se mi pagano. ☐

B. Se ne vale la pena, meglio sacrificarsi. ☐

C. Il dovere prima di tutto. ☐

CALCOLA IL PUNTEGGIO E LEGGI IL RISULTATO

Attribuite a ogni risposta i punteggi previsti dal seguente schema.

	A	B	C
1.	3	2	1
2.	1	3	2
3.	3	2	1
4.	1	2	3
5.	3	1	2
6.	2	3	1
7.	3	2	1

Fino a 12 punti

Il lavoro e lo sviluppo professionale sono alcuni fondamenti su cui si basa la vostra esistenza. Proprio per questo è necessario che siate impegnati in un lavoro che vi soddisfi pienamente, che dia un senso al fatto di alzarsi alla mattina. Di conseguenza vi stancate raramente e cercate di dare sempre il meglio.

Da 13 a 17 punti

Il lavoro vi piace, purché non diventi la parte predominante della vostra vita.
Innanzitutto non deve invadere la sfera privata e, quando chiudete la porta del vostro ufficio, i problemi non devono più seguirvi. Vivete il lavoro senza angoscia, ma anche senza particolare passione e attaccamento.

Da 18 a 21 punti

Per voi il lavoro è unicamente un mezzo per garantirsi la sicurezza economica e non avete mai pensato di poterlo considerare uno strumento per la realizzazione personale all'interno della società.
Amate molto poco dover svolgere una professione, qualunque essa sia. Anzi, potendo scegliere, vivreste di rendita…

Test 39

Siete corruttibili o integerrimi?

Si guarda a "Tangentopoli" con un certo disgusto nei confronti di chi ha "rubato". Ma voi siete veramente onesti e incorruttibili? Scoprite attraverso le domande e le risposte che seguiranno se tendete a comportarvi sempre in modo corretto e irreprensibile oppure no.

1. *Che cosa invidiate di più a un onorevole?*
A. I privilegi. ☐
B. Lo stipendio. ☐
C. L'autorità. ☐

2. *Un collega commette un errore che potrebbe danneggiarvi. Come vi comportate?*
A. Ne parlate con lui. ☐
B. Per questa prima volta non fate nulla. ☐
C. Lo comunicate ai superiori. ☐

3. *In un locale ci volete andare:*
A. Quando ne avete voglia. ☐
B. Quando siete invitati. ☐
C. Quando potete evitare di pagare. ☐

4. *Un motivo per cui vi piacerebbe amministrare uno stabile è:*
A. I regali che si ricevono. ☐
B. Trovare del denaro per sistemare le cose che interessano . ☐
C. Negare i favori ai condomini noiosi. ☐

5. *Quando vi sentite importanti?*
A. Quando elogiano il vostro lavoro. ☐
B. Quando vi riconoscono in luogo pubblico. ☐
C. Quando sale il vostro conto in banca. ☐

6. Per voi i parlamentari sono:

A. Tutti ladri. ☐

B. Espressione della democrazia. ☐

C. Normali esseri umani. ☐

7. Immaginate di trovare una borsa piena di denaro. Qual è il vostro primo pensiero?

A. Tenerla o restituirla. ☐

B. Restituirla e prendere il premio. ☐

C. Controllare che nessuno vi abbia visto. ☐

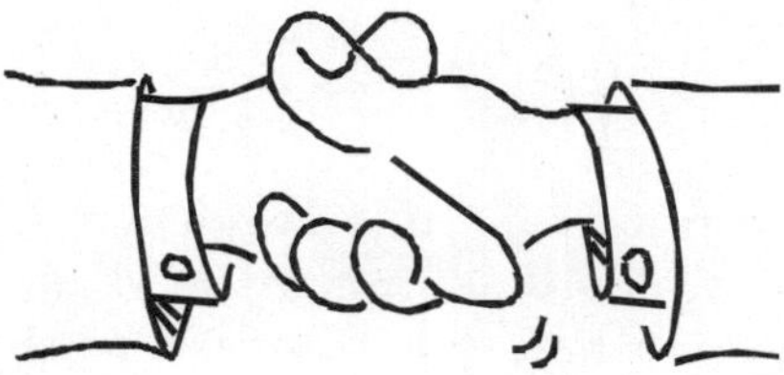

CALCOLA IL PUNTEGGIO E LEGGI IL RISULTATO

Attribuite a ogni risposta i punteggi previsti dal seguente schema.

	A	B	C
1.	2	3	1
2.	1	2	3
3.	1	3	2
4.	3	1	2
5.	1	2	3
6.	3	1	2
7.	2	1	3

Fino a 12 punti
Avete una buona dirittura morale e non c'è proposta, per quanto allettante, che vi possa far nascere tentazioni. Affaristi e intrallazzatori possono stare tranquillamente alla larga da voi, perché non solo non ricaverebbero nulla ma ci potrebbero anche rimettere.

Da 13 a 17 punti
Da perfetti uomini di mondo sapete che la mediazione è la chiave che apre tante porte, quindi perché fissarsi su rigide posizioni che impediscono le normali negoziazioni per un affare?
Il punto d'incontro non può essere oltre certi limiti imposti da una società regolata da leggi.

Da 18 a 21 punti
In totale sintonia con il modo di vivere della società degli affari, credete che non ci si debba soffermare su valutazioni di stampo moralistico. Proprio per questo le convenzioni imposte dal vivere civile non vi toccano e sapete accettare di tutto senza sentirvi peggiori degli altri.

Test 40

La capacità di negoziare

Sei un buon negoziatore?
Saper condurre una trattativa è un'arte difficile ma che si può anche imparare. L'importante è individuare i propri difetti e trasformarli in qualità negoziali.
Negoziare è un'arte, ma è anche una tecnica, sia pure molto difficile. Ci sono persone che istintivamente sanno sempre come trattare nel modo più proficuo, con la stessa facilità con cui respirano, passando senza batter ciglio da un interlocutore all'altro.
La loro abilità consiste inoltre nel riuscire sempre a trovare il compromesso ideale, quello che permette loro di raggiungere il risultato che si erano prefissati senza però danneggiare l'antagonista.
L'istinto innato a condurre perfettamente una trattativa (non solo d'affari, ma qualsiasi relazione interpersonale, con il coniuge, l'amico, i figli ecc.) è una dote molto rara. Chi non la possiede può comunque raggiungere risultati negoziali soddisfacenti identificando nel proprio stile di trattativa, nel proprio comportamento di patteggiatore, il cosiddetto "automatismo dominante".
Nella negoziazione possono presentarsi cinque diversi automatismi: la passività, l'aggressività, la presunzione, l'angoscia e il fatalismo.
La situazione di negoziazione libera sempre uno di questi automatismi che, se incontrollato, può riservare delle sorprese. Imparare a riconoscere il proprio automatismo, per poi tenerlo a bada, è quindi il primo passo per diventare un negoziatore più abile.
Per farlo occorre rispondere alle domande di questo test. Una volta stabilito se nella trattativa il vostro comportamento è improntato all'uno piuttosto che all'altro dei cinque difetti, bisogna passare alla fase successiva, e cioè alla trasformazione di questi automatismi in qualità negoziali.

PRIMA FASE

	sì	no
1. In una trattativa siete voi ad ascoltare l'altro?	☐	☐
2. Vi allineate facilmente alle ragioni dell'altro?	☐	☐
3. Aspettate che sia l'altro a esporre per primo il suo punto di vista?	☐	☐
4. Avete spesso l'impressione che il colloquio si protragga troppo, senza sapere come chiuderlo?	☐	☐
5. Siete di quelli che nella vita pensano che alla fine tutto finisca sempre per sistemarsi?	☐	☐
6. Preferite un compromesso, anche se non corrisponde perfettamente al vostro interesse, a un'accesa discussione che si risolva a vostro vantaggio?	☐	☐
7. Trovate difficile intavolare un dialogo?	☐	☐

SECONDA FASE

	sì	no
1. Avete la tendenza a interrompere il vostro interlocutore?	☐	☐
2. Avete un linguaggio pungente, una certa tendenza alle battute sarcastiche?	☐	☐
3. Avete spesso la sensazione di avvertire intenzioni nascoste e non tanto chiare dietro le parole del vostro interlocutore?	☐	☐
4. Il pensiero di perdere un vantaggio è per voi molto penoso?	☐	☐
5. Pensate di capire veramente i bisogni dell'altro?	☐	☐
6. Per voi l'altro è soprattutto un avversario?	☐	☐
7. Vi sentite escluso quando prevale il punto di vista del vostro interlocutore?	☐	☐

TERZA FASE

	sì	no
1. La negoziazione è per voi sempre e comunque un gioco?	☐	☐
2. Il vostro interlocutore vi dà il più delle volte l'impressione di essere meno informato o comunque inferiore a voi?	☐	☐
3. Ricorrete spesso a dei pretesti per il piacere di discutere?	☐	☐
4. Giudicate buona la massima "Il fine giustifica i mezzi"?	☐	☐
5. Vi capita spesso di non essere molto soddisfatti di voi, sebbene non lo diate a vedere?	☐	☐
6. Siete molto loquaci?	☐	☐
7. Vi piacciono le negoziazioni lunghe e complesse?	☐	☐

QUARTA FASE

	sì	no
1. Il pensiero di un insuccesso vi fa star male?	☐	☐
2. Perdete facilmente il filo logico delle vostre idee?	☐	☐
3. Il fatto di intavolare un dialogo con qualcuno è per voi difficile?	☐	☐
4. Avete difficoltà a esprimervi?	☐	☐
5. Vi è mai capitato di sentirvi male fisicamente durante una trattativa (senso di vertigine, emicrania, palpitazioni)?	☐	☐
6. Nel comportamento del vostro interlocutore avvertite talvolta una minaccia?	☐	☐
7. Vi hanno già detto che la vostra voce non era abbastanza alta? Che è difficile capirvi?	☐	☐

QUINTA FASE

	sì	no
1. ci siano sempre un vincitore e un vinto?	☐	☐
2. Preferite il silenzio ai lunghi discorsi?	☐	☐
3. Avete la tendenza a considerare l'interlocutore come una persona di poco conto che potreste dominare facilmente?	☐	☐
4. Siete piuttosto diffidenti?	☐	☐
5. Avete la tendenza a trincerarvi nella vostra torre d'avorio?	☐	☐
6. Vi è già capitato qualche volta di sentirvi definire disincantati?	☐	☐
7. Il contatto diretto con l'interlocutore vi risulta, nella maggior parte dei casi, piuttosto sgradevole?	☐	☐

VALUTAZIONE DEI RISULTATI

Dopo aver risposto a tutte le domande, senza eccezione, controllate non tanto il numero dei vostri SÌ, quanto il loro addensamento all'interno delle cinque fasi che contraddistinguono altrettanti atteggiamenti o stili di negoziazione.
Da 5 a 7 risposte affermative entro una singola fase indicano lo stile dominante (più precisamente l'automatismo dominante). Se nel test avete totalizzato anche 4 o 5 SÌ in un'altra fase di domande, significa che in voi esiste anche un secondo automatismo, che però non è dominante.
Le varie fasi indicano diversi aspetti della trattativa.

Prima fase: la passività nella trattativa
Certamente anche voi negoziate quando siete costretti dalle circostanze, ma ciò non vi interessa veramente. Tendete a fuggire una situazione non appena minaccia di diventare troppo complicata per voi, e non siete disposti a sforzarvi troppo per raggiungere i vostri

fini. Anche se, in fondo, gradireste raggiungere il successo, c'è sempre qualcosa che vi frena. Non sapete come procedere veramente, perché in voi non trovate una spinta adeguata. Siete delle persone sorridenti e gentili. Forse troppo. Ecco perché correte il rischio di farvi pestare i piedi. Vi rendete perfettamente conto di essere un po' troppo passivi e concilianti, ma probabilmente non vedete in modo chiaro come poter cambiare atteggiamento. Avete preso l'abitudine di lasciarvi trascinare dagli avvenimenti, invece di guidarli, e questo logicamente vi impedisce di raggiungere quello che vi proponete in campo sociale e professionale. Gli altri vi considerano una persona con cui è facile andare d'accordo, piacevole e gentile. Si confidano facilmente con voi, ma di fronte al vostro comportamento sono sempre un po' stupiti e quasi diffidenti. Vi mostrate troppo spesso introversi e quando vi capita di avere successo in una negoziazione lo dovete esclusivamente alla fortuna e all'atmosfera del momento, non certamente alle vostre capacità nelle trattative.

Seconda fase: l'aggressività nella trattativa

Avete molta grinta e quando affrontate una negoziazione siete tendenzialmente decisi a vincere. Molto estroversi, non ascoltate il vostro interlocutore, dato che siete troppo occupati a difendere il vostro punto di vista. Se qualcuno vi contesta, vi arrabbiate o tagliate i ponti. Vi rendete perfettamente conto che il vostro è un atteggiamento di grande debolezza, ma è più forte di voi. Un niente vi offende e sospettate facilmente che l'interlocutore abbia intenzioni inconfessabili che cercate in ogni modo di sventare. Considerate l'attacco come la migliore difesa, mentre il conseguimento di un minimo vantaggio ha per voi il significato di una vittoria. Parlate troppo, a voce troppo alta e troppo in fretta. Ascoltate l'altro solo per cogliere il momento favorevole per prendere la parola. Siete temuti, e forse anche per questo talvolta si tenta di mettervi in ridicolo, cosa che non sopportate affatto. Mentre negoziate siete molto dinamici, ma si tratta soprattutto di una reazione nervosa. Avete la tendenza a sottovalutare le sottigliezze psicologiche del vostro interlocutore e vi dedicate solo ai punti forti e alla lotta.

Terza fase: la presunzione come caratteristica dominante

Avete l'impressione di saperci fare, di essere molto dotati per la trattativa in genere. Negoziare vi piace moltissimo, ma i risultati ottenuti

sono raramente all'altezza delle vostre ambizioni. Affrontate la situazione con un intimo compiacimento che spesso irrita il vostro interlocutore, ma non ve ne rendete conto. E proprio questo è il vostro punto debole. Vi agitate troppo e avete la tendenza a circuire l'altro. Come uomo rischiate talvolta il paternalismo, come donna rischiate di strumentalizzare il partner con la seduzione. Avete una buona facilità di parola. Sapete anche utilizzare al meglio nella trattativa i silenzi pieni di sottintesi.
Tuttavia, essendo troppo occupati a osservarvi narcisisticamente giocare al vostro gioco, non riuscite a capire la psicologia dell'interlocutore. Se fallite una negoziazione fingete di non accorgervene nemmeno, ma provate un terribile rancore verso l'avversario che non ha ceduto al vostro fascino e alla vostra intelligenza.
Con il classico meccanismo psicologico di rimozione/proiezione siete subito portati a pensare che, se la cosa non è andata in porto, è stato solo perché avevate a che fare con un imbecille. Spostate allora il vostro interesse verso un altro interlocutore, fiduciosi che questa volta vi andrà bene. E d'altronde, spesso questo gioco vi riesce, anche se non tanto quanto vi piace credere. Infine, nel vostro intimo siete molto meno sicuri di voi stessi di quanto non sembri: avete spesso dei dubbi che cercate in qualche modo di dissimulare.
Il vostro atteggiamento negoziale è molto estroverso. Avete una capacità sicura nella trattativa, che però può raggiungere la perfezione solo a patto di superare l'automatismo psicologico della presunzione.

Quarta fase: la presenza dominante dell'angoscia nella negoziazione
Quando si tratta di entrare in contatto con un interlocutore, diventate molto introversi, anche se abitualmente non lo siete. Quando iniziate un dialogo le vostre idee tendono a confondersi, i vostri argomenti vengono meno, le vostre argomentazioni perdono di lucidità, vi sentite la testa vuota e niente vi angoscia più di questa sensazione. Non riuscite a esprimervi come vorreste e, di conseguenza, si fa fatica a capirvi.
Ascoltate con attenzione (è questo il vostro punto forte), ma non sapete intervenire al momento giusto (e questo è il vostro punto debole). Avete dunque fretta di concludere la negoziazione e questo atteggiamento di isolamento e di fuga traspare decisamente all'esterno. Vi può anche capitare di avvertire una reale sensazione di malessere fisico, vampate di calore, senso di vertigine, capogiri, nau-

see, impressione di venir meno. Vi può persino accadere di essere improvvisamente troppo violento, quasi brutale: è un modo di reagire all'angoscia del momento. Eppure il vostro modo di pensare è aperto e la vostra capacità di giudizio è sicura. Purtroppo, però, il vostro talento nella trattativa viene fortemente compromesso proprio a causa di questa angoscia sottile, del vuoto che sentite crescere in voi stessi e che vi rende tesi.

Quinta fase: uno stile negoziale improntato al fatalismo
Alla sola idea di iniziare una trattativa vi sorprendete a chiedervi: "A che scopo?" Introversi e ciclotimici (sottoposti, cioè, a un meccanismo psicologico che vi fa passare dall'euforia alla depressione e poi ancora all'euforia), ritenete noioso e pesante il negoziare. Si tratta, però, solo di un'autodifesa costruita appositamente per proteggere il vostro animo troppo sensibile: conoscendo la vostra fragilità emotiva, preferite non rischiare di ferirvi subendo una sconfitta. La diffidenza e l'esitazione di fronte alla trattativa derivano dalla paura dell'ignoto e della novità. Parlate a fior di labbra, preferendo assumere un atteggiamento ironico. La vostra mancanza di entusiasmo viene percepita dal vostro interlocutore come una sorta di disinvoltura un po' irritante. Dato che siete ciclotimici, talvolta vi capita di impegnarvi improvvisamente e con accanimento in una trattativa, uscendo dal vostro fatalismo. Così motivati, vi date da fare, salvo poi ripetervi tristemente, se la trattativa dovesse concludersi male: "È successo quello che in fondo avevo previsto".

Test 41

La capacità creativa

È creativo chi riesce a riunire e a integrare nel proprio pensiero immaginazioni e intuizioni per costruire qualcosa che prima non c'era; chi, indipendentemente dalle proprie doti originarie, sa sfruttare gli stimoli dell'ambiente, della sua cultura e della sua formazione per costruire qualcosa che va oltre questi stimoli e questa cultura; chi riesce a scoprire soluzioni nuove e impensate per i problemi evitando la fossilizzazione sui modi consueti, tradizionali e abitudinari.
Certamente la persona creativa, per realizzare concretamente questa capacità, ha bisogno di un clima favorevole, caratterizzato da persone che incoraggiano.
Vi consigliamo di affrontare questo test un po' come un gioco, e se otterrete un punteggio medio ricordate che si può essere molto intelligenti e poco creativi.
Provate, attraverso questo test, a rispondere alle domande che troverete qui di seguito, indicando con una lettera il grado di accordo e disaccordo: così **a = in accordo; b = in disaccordo; c = non so**.

	a	b	c
1. Sarebbe uno spreco di tempo porre delle domande se non ci fosse la speranza di ottenere delle risposte.	☐	☐	☐
2. Un metodo logico e graduale è il migliore per risolvere un problema.	☐	☐	☐
3. Passo molto tempo a meditare su cosa gli altri pensano di me.	☐	☐	☐
4. È più importante fare ciò che si crede giusto piuttosto che cercare di ottenere l'approvazione degli altri.	☐	☐	☐

	a	b	c
5. Le persone insicure e incerte sulle cose perdono il mio rispetto.	☐	☐	☐
6. Sono capace di insistere per molto tempo su un problema difficile.	☐	☐	☐
7. Talvolta mi entusiasmo eccessivamente per qualcosa.	☐	☐	☐
8. Spesso ho le idee migliori quando non faccio nulla in particolare.	☐	☐	☐
9. Mi piacciono gli hobby che comportano il collezionare cose.	☐	☐	☐
10. La fantasia mi ha fornito l'impulso per molti dei miei più importanti progetti.	☐	☐	☐
11. Se dovessi scegliere fra due occupazioni diverse dall'attuale, vorrei essere un medico piuttosto che un esploratore.	☐	☐	☐
12. Posseggo un alto livello di sensibilità estetica.	☐	☐	☐
13. I lampi d'intuizione sono delle guide non attendibili nella soluzione dei problemi.	☐	☐	☐
14. Mi interessa molto di più avere delle nuove idee che cercare di venderle.	☐	☐	☐
15. Tendo a evitare le situazioni in cui mi sento inferiore.	☐	☐	☐
16. Nel valutare le informazioni, la loro fonte per me è più importante del contenuto.	☐	☐	☐
17. Mi piacciono le persone che seguono la regola "il lavoro prima del piacere".	☐	☐	☐

	a	b	c
18. Il rispetto di sé è più importante di quello che si riceve dagli altri.	☐	☐	☐
19. Ritengo che le persone che cercano la perfezione non siano sagge.	☐	☐	☐
20. Mi piace un lavoro in cui si può influenzare gli altri.	☐	☐	☐
21. Le persone disposte a indulgere su idee "impossibili" non hanno senso pratico.	☐	☐	☐
22. Mi piace fantasticare su nuove idee, anche se non offrono alcun vantaggio pratico.	☐	☐	☐
23. Quando un certo approccio non funziona, oriento il mio pensiero in modo diverso.	☐	☐	☐
24. Non amo porre domande che dimostrino ignoranza.	☐	☐	☐
25. Spesso posso prevedere la soluzione dei miei problemi.	☐	☐	☐
26. Credo sia tempo sprecato analizzare i propri insuccessi.	☐	☐	☐
27. Spesso tendo a dimenticare i nomi delle persone, delle strade e delle piccole città.	☐	☐	☐
28. Ritengo che il duro lavoro sia il fattore basilare del successo.	☐	☐	☐
29. È importante per me essere considerato un buon membro di "squadra".	☐	☐	☐
30. So esattamente come tenere sotto controllo i miei impulsi.	☐	☐	☐

	a	b	c
31. Sono una persona assolutamente affidabile e responsabile	☐	☐	☐
32. Non mi piacciono né le cose incerte né quelle imprevedibili.	☐	☐	☐
33. Preferisco lavorare con gli altri in un impegno di gruppo, piuttosto che da solo.	☐	☐	☐
34. Posso facilmente rinunciare a un vantaggio immediato per raggiungere le mete che mi sono prefissato.	☐	☐	☐
35. Se fossi un professore universitario, preferirei insegnare materie pratiche piuttosto che teoriche.	☐	☐	☐
36. Sono attratto dal mistero della vita.	☐	☐	☐

CALCOLA IL PUNTEGGIO E LEGGI IL RISULTATO

Attribuite a ogni risposta i punteggi previsti dal seguente schema.

	A	B	C
1.	-1	1	0
2.	-1	1	0
3.	-1	1	0
4.	1	-1	0
5.	-1	1	0
6.	1	-1	0
7.	1	-1	0
8.	1	-1	0
9.	-1	1	0
10.	1	-1	0
11.	-1	1	0
12.	1	-1	0
13.	-1	1	0
14.	1	-1	0
15.	-1	1	0
16.	-1	1	0
17.	-1	1	0
18.	1	-1	0
19.	-1	1	0
20.	-1	1	0
21.	-1	1	0
22.	-1	1	0
23.	1	-1	0
24.	1	-1	0
25.	-1	1	0
26.	1	-1	0
27.	-1	1	0
28.	1	-1	0

29.	1	-1	0
30.	-1	1	0
31.	-1	1	0
32.	-1	1	0
33.	-1	1	0
34.	1	-1	0
35.	-1	1	0
36.	1	-1	0

Da 36 a 21 punti
Potete considerarvi creativi. Forse non avete ottenuto il successo, ma avete ancora la possibilità di farlo. Le vostre iniziative sono molte ed è opportuno che qualcuno vi aiuti a incanalarle.

Da 20 a 9 punti
Siete in grado di affrontare il mondo del lavoro con quella giusta dose di intraprendenza che non guasta mai e avete la potenzialità per essere un creativo.

Da -36 a 8 punti
Non possedete capacità creative. Siete persone serie e ponderate con magari delle belle idee, ma non le concretizzate perché, assorbite da altri problemi, le lasciate cadere.

Test 42

La capacità imprenditoriale

Rispondete alle domande di questo test: saranno indicative per capire se siete più portati a svolgere un lavoro autonomo o dipendente. Avete più potenzialità da imprenditore o da impiegato? Non sempre la professione che si è scelta e che si vorrebbe esercitare corrisponde alle proprie attitudini caratteriali.
Provate a scoprire che tipo di lavoratore siete e per quale occupazione avete la "stoffa".

1. "Meglio un uovo oggi che una gallina domani" è un proverbio adatto a:
A. Gli impazienti. ☐
B. Gente con i piedi per terra. ☐
C. I mediocri. ☐

2. Una petroliera che affonda nel Mediterraneo fa pensare a:
A. Questa estate dovrò cambiare spiaggia. ☐
B. Aumenterà il prezzo della benzina. ☐
C. Chissà per quanti miliardi era assicurata. ☐

3. A che cosa non rinuncereste mai?
A. Alle vacanze estive. ☐
B. All'automobile. ☐
C. Al caffè dopo il pranzo. ☐

4. Sapete esattamente che cosa c'è nel vostro portafogli oltre ai soldi?
A. Sì. ☐
B. Ho dimenticato fino a tre cose. ☐
C. Ho dimenticato oltre tre cose. ☐

5. "Volli sempre volli fortissimamente volli". Oggi chi lo direbbe?
A. Antonio Di Pietro. ☐
B. Solo mio nonno. ☐
C. Silvio Berlusconi. ☐

6. Per un lavoro che vi piace davvero sareste disposti anche a cambiare:

A. Città. ☐
B. Look. ☐
C. Partner. ☐

7. Quale animale scegliereste come stemma di famiglia?

A. Un pachiderma. ☐
B. Un rapace. ☐
C. Un felino. ☐

8. Al colore verde assocereste:

A. Miseria. ☐
B. Militare. ☐
C. Speranza. ☐

9. Arrivati in manicomio, chi credereste di essere?

A. Napoleone Bonaparte. ☐
B. Cristoforo Colombo. ☐
C. Giuseppe Garibaldi. ☐

10. La parola "straordinario" fa pensare:

A. Al film *Avatar* di James Cameron. ☐
B. Anche oggi si rimane in ufficio. ☐
C. Al tesoro degli Aztechi. ☐

CALCOLA IL PUNTEGGIO E LEGGI IL RISULTATO

Attribuite a ogni risposta i punteggi previsti dal seguente schema.

	A	B	C
1.	2	1	3
2.	1	2	3
3.	1	3	2
4.	1	2	3
5.	2	1	3
6.	2	1	3
7.	1	3	2
8.	3	1	2
9.	1	3	2
10.	2	1	3

Fino a 17 punti
Per chi ha totalizzato questo punteggio vale il motto "Si lavora per vivere non si vive per lavorare". Siete persone molto concrete e con i piedi per terra. Non vi interessano i grandi guadagni se questo può significare l'addio alle tante piccole comodità quotidiane a cui tenete tanto. Non avete quindi la mentalità dell'imprenditore; la prudenza è la vostra dote principale: ma attenzione, potrebbe diventare anche il vostro limite.

Da 18 a 24 punti
Chi si colloca su questi valori numerici è in grado di affrontare il mondo del lavoro con quella giusta dose di intraprendenza che non guasta mai. Avete le potenzialità per essere collaboratori scrupolosi e fidati; siete ambiziosi, ma non arrivisti. Mettete passione in qualsiasi attività svolgiate. Avete le carte in regola anche per lavorare in proprio: sapete valutare con razionalità le situazioni che si presentano di volta in volta senza compiere gesti impulsivi, sapendo calcolare al meglio i rischi. Possedete dunque buone capacità imprenditoriali.

Oltre 24 punti

Dentro il portafogli di un Paperino si nasconde l'anima di un Paperon de' Paperoni. "I soldi innanzitutto": questo è il vostro motto. Questa sfrenata passione per il dio denaro può portarvi a una brillantissima carriera ma, allo stesso tempo, può pregiudicare notevolmente i rapporti con gli altri. Potreste anche raggiungere i vostri obiettivi, ma la vostra spregiudicatezza, che in alcuni casi sfiora il cinismo, vi porta a escludere automaticamente i sentimenti e gli affetti.

Test 43

Quale settore professionale scegliere?

Gli interessi sono inclinazioni, aspirazioni, bisogni che guidano le nostre azioni concrete senza però lasciarlo vedere.
Questo test vi permetterà di analizzare i vostri autentici interessi professionali, al di fuori delle possibilità concrete di poterli realizzare.
Queste ultime riguardano l'ambiente in cui vivete e le possibilità di lavoro che esso vi offre.
Non dobbiamo confondere le attitudini con gli interessi professionali. Le attitudini, infatti, riguardano la capacità di svolgere un certo compito, capacità che possono essere già reali, o anche solamente potenziali. L'interesse, invece, non riguarda la capacità, ma i desideri. È evidente che il maggior risultato professionale si otterrà quando i desideri coincideranno con le capacità.
Vi presentiamo un questionario studiato per l'orientamento professionale: esso aiuta infatti a rilevare quale settore può essere più congeniale. Molte persone non sono pienamente soddisfatte della professione che svolgono e ne vorrebbero una più gratificante.
Questo test potrà fornire un ulteriore spunto di riflessione su attitudini, conoscenze e interessi professionali. Il settore a cui corrisponde il maggior numero di risposte corrette sarà quello a voi più confacente.

	sì	no
1. Vi piacerebbe impegnarvi per migliorare le condizioni di vita dei paesi in via di sviluppo?	☐	☐
2. Vi capita di leggere spesso l'etichetta stampata sulla confezione di un prodotto di largo consumo?	☐	☐
3. Mentre siete a pranzo a casa di un amico vi capita di trovare una mosca nel piatto; per non metterlo in imbarazzo, sareste capace di togliere la mosca dal piatto e continuare a mangiare?	☐	☐

	sì	no
4. Vi piacerebbe organizzare la vendita di biglietti per un concerto nella vostra città?	☐	☐
5. Non vi stancate mai di guardare gli spot pubblicitari?	☐	☐
6. Vi interessa conoscere i vari sistemi di elaborazione dati tramite un calcolatore?	☐	☐
7. Conoscete almeno tre titoli di film di Pier Paolo Pasolini?	☐	☐
8. Vi riesce bene e facilmente di disegnare?	☐	☐
9. Vi piacerebbe organizzare e gestire un'asta di quadri antichi?	☐	☐
10. Accettereste l'offerta di mettervi in società con un amico per aprire un ufficio commerciale per la vendita di gioielli e articoli preziosi?	☐	☐
11. Siete soddisfatti di come il telegiornale presenta i vari servizi?	☐	☐
12. Imparereste a utilizzare il computer per fare degli inventari contabili?	☐	☐
13. Ritenete che la proporzione tra verde e cemento nella vostra città sia ottimale?	☐	☐
14. Woody Allen è un grande regista?	☐	☐
15. Vi piacerebbe fare della consulenza contabile-amministrativa in un grande supermercato?	☐	☐
16. Sapete cos'è l'HW?	☐	☐
17. Se vi pagassero una vacanza di venti giorni alle isole Maldive la cambiereste con un corso di sopravvivenza sulle Ande?	☐	☐

	sì	no
18. Avete mai provato a cambiare uno slogan pubblicitario per un prodotto che a vostro parere non era convincente?	☐	☐
19. Vi interesserebbe controllare delle note spese commerciali?	☐	☐
20. In uno spettacolo teatrale la scenografia ha per voi un'importanza preponderante rispetto a tutto ciò che concerne la rappresentazione?	☐	☐
21. Avete mai avuto il desiderio di visitare un grande stabilimento cartotecnico per conoscerne i vari processi industriali?	☐	☐
22. A teatro preferite seguire un balletto dalla platea (sì) o dal palco (no)?	☐	☐
23. Solitamente fate il conteggio mensile di quanto guadagnate e spendete?	☐	☐
24. Un lavoro creativo potrebbe appassionarvi a tal punto da farvi rinunciare a un altro lavoro meglio retribuito?	☐	☐
25. Matematica, statistica e informatica sono problematiche che vi interessano molto?	☐	☐
26. Accettereste l'incarico di concludere la vendita di contratti commerciali con imprenditori operanti nel settore delle armi?	☐	☐
27. Siete favorevoli all'abolizione del traffico automobilistico nei centri storici?	☐	☐
28. La definizione "indagine a campione" è utilizzata in campo pubblicitario (no) o investigativo (sì)?	☐	☐
29. Vi piacerebbe occuparvi dell'addestramento di personale per l'attività di vendita?	☐	☐

sì no

30. Partecipereste a qualche gara automobilistica impegnativa e rischiosa? ☐ ☐

31. Vi piacerebbe curare la contabilità di un'azienda industriale? ☐ ☐

32. Vorreste imparare a memoria i prezzi di trenta articoli per poterli sapere subito quando servono? ☐ ☐

33. Nella pubblicità di un prodotto nuovo dareste più importanza all'aspetto esteriore (no) o al contenuto (sì)? ☐ ☐

34. Mentre visitate una fiera di informatica siete più attratti dalla gente (sì) o dai prodotti (no)? ☐ ☐

35. In pubblicità si usa dire che uno spot è realizzato con un "testimonial" quando le qualità del prodotto vengono presentate da un personaggio famoso. Ritenete che lo spot potrebbe essere altrettanto efficace se fatto in un altro modo? ☐ ☐

36. Osservando un prato cosparso di lattine di bibite, vi è mai venuta la tentazione di raccoglierle in un sacco per buttarle? ☐ ☐

37. Abitualmente leggete più di un giornale al giorno per approfondire le notizie? ☐ ☐

38. Trovate interessante l'idea di partecipare alla discesa di un torrente su una canoa? ☐ ☐

39. Siete mai stati a vedere un film in un cinema d'essai? ☐ ☐

40. Accettereste di fare l'amministratore di un condominio? ☐ ☐

41. Bugno è una celebrità nel campo del calcio? ☐ ☐

42. Vi piacerebbe aiutare personalmente i tossicodipendenti? ☐ ☐

	sì	no
43. Quando si parla tra amici riuscite ad avere una tale capacità di comunicare da essere il più ascoltato?	☐	☐
44. Solitamente guardando un'opera d'arte cercate di individuare la personalità del suo autore?	☐	☐
45. Acquisendo dati e informazioni da premesse basate su concetti astratti sareste in grado di applicarli a elementi concreti?	☐	☐
46. Visitando delle antiche rovine vi interessereste in modo particolare al tessuto urbano?	☐	☐
47. In pubblicità viene utilizzata frequentemente la parola inglese "target", che in italiano equivale a "bersaglio", per indicare una determinata area di consumatori. È vero?	☐	☐
48. Accettereste di entrare in un gruppo di persone che si occupa di ammalati di cancro?	☐	☐
49. Vi piacerebbe rieducare coloro che sono rimasti paralizzati in un incidente stradale?	☐	☐
50. Vi piacerebbe realizzare un documentario televisivo in una zona geografica scomoda e disagiata?	☐	☐
51. Accettereste di collaborare con "Telefono Azzurro" per aiutare i bambini?	☐	☐
52. Ritenete che la battaglia antinucleare se sostenuta soltanto dagli ambientalisti italiani e non a livello europeo possa avere un senso?	☐	☐
53. In una donna conta più la bellezza (no) o la classe (sì)?	☐	☐
54. Pensate che la pubblicità su un prodotto influenzi in modo essenziale il suo successo?	☐	☐

	sì	no
55. Vi capita a volte di soffrire di claustrofobia?	☐	☐
56. Vi piacerebbe saper fare dei calcoli matematici tali da progettare un nuovo sistema informativo?	☐	☐
57. Visitare sistematicamente una biblioteca o libreria è per voi piacevole?	☐	☐
58. Vi piacerebbe studiare la classificazione di particelle chimiche?	☐	☐
59. Vi piacerebbe recitare poesie alla radio?	☐	☐
60. Vi piacerebbe conoscere o imparare nozioni di ingegneria genetica?	☐	☐

VALUTAZIONE DEI RISULTATI

Le domande del test fanno riferimento a dieci diversi settori professionali:

- commerciale;
- medico-sociale;
- amministrativo;
- editoriale;
- spettacolo;
- sportivo;
- informatico;
- urbanistico-ecologico;
- moda;
- pubblicitario.

A ciascun settore corrispondono sei domande con le relative risposte.
Qui di seguito troverete le corrispondenze tra domande, risposte e settore professionale.

Per capire qual è il settore professionale più adatto a voi guardate dove si concentra il maggior numero di risposte esatte.

Settore commerciale

4.	sì	☐
9.	sì	☐
10.	sì	☐
1.	sì	☐
28.	sì	☐
29.	sì	☐

Settore editoriale

2.	sì	☐
11.	no	☐
21.	sì	☐
37.	sì	☐
43.	sì	☐
57.	sì	☐

Settore medico-sociale

42.	sì	☐
48.	sì	☐
49.	sì	☐
51.	sì	☐
58.	sì	☐
60.	sì	☐

Settore spettacolo

39.	sì	☐
59.	sì	☐
14.	sì	☐
50.	sì	☐
22.	a	☐
7.	sì	☐

Settore amministrativo

12.	sì	☐
15.	sì	☐
19.	sì	☐
23.	sì	☐
31.	sì	☐
40.	sì	☐

Settore sportivo

30.	sì	☐
17.	no	☐
41.	no (ciclismo)	☐
55.	sì	☐
3.	sì	☐
38.	sì	☐

Settore informatico

6.	sì	☐
25.	sì	☐
16.	sì	☐
45.	sì	☐
56.	sì	☐
34.	b	☐

Settore moda

8.	sì	☐
20.	no	☐
44.	sì	☐
53.	a	☐
33.	b	☐
24.	sì	☐

Settore urbanistico-ecologico

13.	sì	☐
36.	sì	☐
52.	sì	☐
1.	no	☐
46.	sì	☐
27.	sì	☐

Settore pubblicitario

5.	sì	☐
28.	a	☐
54.	sì	☐
35.	sì	☐
18.	sì	☐
47.	sì	☐

Note

Note

mit

Erläuterungen

zur Erfüllung
der ewigen Gesetze

von Gabriele,
der Prophetin und Botschafterin Gottes

Mit allen Brüdern und Schwestern
in der großen Lehrkirche des Geistes Gottes
besprochen und mit Aufgaben erarbeitet,
um den Stein des Weisen,
das Göttliche,
in jedem Menschen
zum Leuchten zu bringen

Band 1

Christus, der Schlüssel
zum Tor des Lebens
Universelles Leben

Der beim Verkauf dieses Buches
erzielte Überschuß dient zur Weitergabe
von Büchern und Cassetten
mit Offenbarungen des Christus-Gottesgeistes
an Menschen, die nicht in der Lage sind,
den entsprechenden Preis zu entrichten.

1. Auflage 1992

Haugerring 7
W-8700 Würzburg

Druck: B & W Buch- und Werbedruck,
Marktheidenfeld-Altfeld

ISBN 3-89371-265-8

Inhalt

Vorwort 7

Einführung 13

Lehrsätze aus:
»Die großen kosmischen Lehren des Jesus von Nazareth an Seine Apostel und Jünger, die es fassen konnten.
Das Leben der wahren gotterfüllten Menschen«
mit Erläuterungen zur Erfüllung der ewigen Gesetze von Gabriele in der großen Lehrkirche des Geistes Gottes, besprochen und mit Aufgaben erarbeitet, um das Göttliche in jedem Menschen zum Leuchten zu bringen 17

Anhang 241

Vorwort

Gott ist absolut. Er ist das Absolute Gesetz der Unendlichkeit. Da wir aus Ihm sind, sind auch wir in unserem Innersten Absolutes Gesetz. Gott ist – und wir sind göttlich. Er ist unser Ursprung und unser Ziel.

In der mächtigen Zeitenwende, in der wir leben, gießt der Geist Gottes die ganze Fülle Seiner Wahrheit in diese Welt. Alle Religionen erhielten einst Teile der ewigen Wahrheit. Jedem war geboten, den Teil der Wahrheit, der ihm gegeben war, zu leben, damit ihm weitere Wahrheit gegeben werden konnte. Jetzt hat der Geist der Wahrheit, Christus, wahrgemacht, was Er als Jesus von Nazareth ankündigte: »Wenn aber der Geist der Wahrheit kommt, so wird Er euch in die ganze Wahrheit führen.«

Wer kann die ganze Wahrheit offenbaren? Der, der die Wahrheit ist: Christus.

Der Geist der Wahrheit ist da. Er ist gekommen im Prophetischen Wort durch Seine

Lehrprophetin, unsere Schwester Gabriele. Die ganze Wahrheit aber ist das Absolute Gesetz Gottes. Im Jahre 1991 offenbarte Christus durch Seine Prophetin das Absolute Gesetz. Es steht geschrieben in dem Buch mit dem Titel: »Die großen kosmischen Lehren des Jesus von Nazareth an Seine Apostel und Jünger, die es fassen konnten. Das Leben der wahren gotterfüllten Menschen.«

Die Lehren des Absoluten Gesetzes erinnern uns daran, wer wir in Wahrheit sind. Sie geben uns eine Ahnung unseres wahren Seins, das lautet: In jedem von uns ist in der Tiefe der Seele das absolute, selbständige und selbstlose Wesen. Das Absolute Gesetz ist der Ursprung unseres wahren Seins und unser Ziel als Mensch.

Wer es fassen kann, der fasse es.

In der Inneren Geist=Christus-Kirche zu Würzburg, der großen Lehrkirche des Christus-Gottesgeistes, werden die Lehren des Absoluten Gesetzes von unserer Schwester Gabriele, der Lehrprophetin Gottes, ausgelegt. Sie ist auch Botschafterin Gottes, weil sie aus ihrem erschlossenen geistigen Bewußtsein, das in Gott lebt, schöpft. Aus den Lehrsätzen und den dazu gegebenen Erläuterungen entstand dieses Buch. Es gibt Anleitungen, wie wir als Menschen die Lehrsätze in unserem Alltag anwenden können. Dieses Buch nimmt jeden an die Hand, der sich vom Geist der Wahrheit führen lassen möchte.

Am 31. Dezember 1991 offenbarte Christus durch die Prophetin Gottes, unsere Schwester Gabriele, u.a. folgendes:

»Sehet: Ihr lebt in einer herrlichen Zeit. Es ist die höchste kosmische Zeit; denn der Geist des Lebens, Gott in Mir und Ich in Ihm, gießt das Höchste aus: das Absolute Gesetz.

Noch spreche Ich durch Menschenmund. Doch wisset und erfasset in dieser Stunde: Die Seele Meines Instrumentes, eurer Schwester, lebt in der unmittelbaren Quelle. Sie schöpft aus der Quelle, empfängt aus der Quelle – und so empfanget ihr Mein unmittelbares Wort.

O sehet: Es ist eine Zeit für die Menschen, die nie wieder kommen wird. Denn wenn das Absolute Gesetz in allen Details gelehrt wird, dann ist das Ende vor der Türe, das Ende der materialistischen Zeit ...

Die Lehren aus dem Absoluten Gesetz zeigen den Menschen das innere Erbe auf, das ewige Sein der Seele, das allumfassende Bewußtsein, Gott – euer geistiges Erbe. Der Innere Weg führt euch schrittweise zum Inneren Leben, und das Absolute Gesetz, gegeben und gelehrt aus der unmittelbaren Quelle, Gott, zeigt euch euer wahres Sein auf, euer geistiges Erbe, auf daß ihr ganz allmählich wißt und erkennt, daß ihr wahrlich Kinder des Allerhöchsten seid ...

O sehet: Das Füllhorn wird ausgegossen – der Innere Weg und das Absolute Gesetz. Erkennet darin, daß das Absolute Gesetz, gegeben in allen Details, schon das Ende der materialistischen Zeit symbolisiert. Denn absolut ist nun mal absolut. Darüber hinaus gibt es nichts mehr ...

Wohl dem, der in die innere Quelle, in das ewige Sein, hineinreift ... Er wird nicht mehr aus dem Intellekt das geben, was er sich an Wissen, an geistigem Wissen, angeeignet hat – er ist das Sein und spricht die Sprache des

Seins, so, wie es euch jetzt schon gegeben ist in den Auslegungen aus dem Absoluten Gesetz. Denn der Mensch, durch den Ich spreche, legt aus aus der Quelle der Liebe. Er spricht das Gesetz, auch dann, wenn Ich nicht unmittelbar aus dem Strom durch den Menschen zu euch rede.

Und so sollt ihr werden: schöpferisch, das Sein. Es ist möglich. Ihr habt ein Vorbild und ein Beispiel. Tuet es. Folget Mir nach, und erfüllet, und ihr werdet auch ein Beispiel für viele sein – das Beispiel, gleich Vorbild, denn nur wahre Vorbilder können noch auf dieser Erde bestehen.«

Unsere Schwester Gabriele ist selbst den Weg der Läuterung von Seele und Mensch gegangen. Sie kennt das Wohl und Wehe des Menschseins, seine Schwierigkeiten und Probleme; daher kann sie uns auch in allem verstehen und uns aus ihrem erschlossenen geistigen Bewußtsein Rat und Hilfe geben. Sie, deren Seele bewußt im ewigen Sein zu Hause ist, faßt in unsere menschlichen Worte das Leben der Himmel, so weit es möglich ist.

Möge dieses Buch noch vielen Suchenden den Weg in ihr Inneres weisen – in das Reich des Inneren, das unsere wahre Heimat ist.

Christusfreunde der
Bundgemeinde Neues Jerusalem
im Universellen Leben
Würzburg, Oktober 1992

Einführung

Der Wille Gottes, unseres ewigen Vaters, geschieht - auch in Seiner Inneren Geist= Christus-Kirche, der großen Lehrkirche. In Seinem Namen kommen wir zusammen, um Seine Kraft mehr und mehr zu empfangen, auf daß wir wieder zu dem werden, was wir tief in unserer Seele sind: kosmische Wesen, Kinder der unendlichen Liebe.

Wir leben in einer mächtigen Umbruchszeit. Der Geist Gottes gießt Sein Füllhorn aus. Wir empfangen den Inneren Weg von der Stufe der Ordnung bis zur Stufe des göttlichen Ernstes. Wir empfangen darüber hinaus das Absolute Gesetz und dürfen so in unser geistiges Erbe eintauchen. Wir dürfen hineinspüren in das Leben tief in unserer Seele, das unsere Heimat ist, und so erfahren, wer wir in Wahrheit sind.

Ein Schatz aus den Himmeln ist uns gegeben. Sind wir bereit, den Schatz zu empfangen, dann werden wir ihn auch heben; denn der Schatz ist Gott, und Gott, das Leben, ist in uns.

Wollen wir Gott näherkommen, dann müssen wir die göttlichen Gesetze wieder erlernen und anwenden; sonst können wir uns nicht mit dem großen Geist, Gott, dem Ewigen, Absoluten, einen.

Wir beten zu Gott, unserem Vater. Wir hören von Gott, unserem Vater, von Christus, unserem Erlöser, und von den Geistwesen der Himmel. Für so manchen ist Gott nur ein Wort, etwas Abstraktes – er fühlt sich noch fern von Ihm. Warum fühlen sich viele von uns noch fern von Gott? Weil wir uns noch nicht bewußt gemacht haben, was Gott, der All-Eine, uns geschenkt hat. Er schenkte uns die Unsterblichkeit, weil Er unsterblich ist. Er schenkte uns jede kosmische Strahlung, weil wir Seine Erben sind. Er schenkte Sich uns ganz.

Wer ist Gott?

Gott ist Geist, Kraft, strömendes Leben. Gott ist das Licht, das uns durchdringt. Gott gab sich selbst die geistige Form: der ewige Vater. Er ist ein Geistwesen, wie auch wir im reinen Sein Geistwesen sind. Er jedoch ist in Seiner Strahlung unübertroffen. Gott ist also fließende Energie. Der ewige Vater hingegen ist ein Wesen, so, wie auch wir im göttlichen Sein göttliche Wesen sind.

Erst dann, wenn wir wieder von jeder kosmischen Strahlung gänzlich durchstrahlt sind, leben wir als Tropfen im Ozean Gott und sind wieder eins mit Gott, unserem Vater, und Seine Ebenbilder.

Gabriele

ICH BIN das Alpha und Omega, der Anfang und das Ende des materiellen Universums und der Seelenreiche.

Ihr sollt in Mir und mit Mir in das ewige Leben hineinreifen, wo Ich im Vater Bin, so wie auch ihr mit Mir im Vater seid. Dort gibt es weder Anfang noch Ende, weil Gott ist und wir in Gott sind. Denn Ich, der Christus Gottes, erhebe alles zum Licht der Wahrheit.

Ich Bin das Leben, Christus, der Sohn Gottes. Wer Mich, den Geist des Lebens, Christus, in sich erstehen läßt, der hat sein geistiges Erbe, das sein ewiges Leben ist, wiedergefunden. Dann kehrt das Wesen heim zu Gott, dem ewigen Vater, da es aus Ihm ist.

Alle werden in Mir auferstehen. Alle, die glauben, verloren zu sein, werde Ich finden. Und die Schwachen werden in

Mir erstarken; denn Ich Bin die Herrlichkeit im Vater.

Er, der große All-Eine, hat Mir die Aufgabe übertragen, alles, was verloren schien, zurückzuführen in das ewige Sein.

Erläuterungen:

ICH BIN das Alpha und Omega, der Anfang und das Ende des materiellen Universums und der Seelenreiche.

Ihr sollt in Mir und mit Mir in das ewige Leben hineinreifen, wo Ich im Vater Bin, so wie auch ihr mit Mir im Vater seid. Dort gibt es weder Anfang noch Ende, weil Gott ist und wir in Gott sind. Denn Ich, der Christus Gottes, erhebe alles zum Licht der Wahrheit.

Hierzu sprach unsere Schwester Gabriele
in der Inneren Geist=Christus-Kirche,
der großen Lehrkirche
des Christus-Gottesgeistes:

Alpha und Omega.
»Ich Bin das Alpha.«

Das Alpha in Gott heißt: der Anfang der Schöpfung, des formgewordenen reinen Seins. Gott, die Urkraft, atmete aus – und es wurde. Ganz allmählich formten sich aus dem unerschöpflichen Quell der Urkraft geistige Sonnen und Planeten, Geistwesen, Tiere, Pflanzen und Mineralien. Diese sich ewig erweiternde göttliche Himmelsmechanik ist das ewige, unvergängliche Sein – unsere Heimat.

Gott, die Kraft, das Licht, kennt keinen Anfang. Gott, das Licht und die Kraft, war und ist ewiglich, weil Gott i s t .

»Ich Bin das Alpha und das Omega, der Anfang und das Ende des materiellen Universums und der Seelenreiche.«

Das Alpha ist auch der Anfang für die Fallebenen. Durch den Fall entstanden die Seelenreiche und die Materie. Durch den Fallgedanken fielen Teile von geistigen Gestirnen; sie lösten sich aus dem reinen Sein und formierten sich außerhalb. Mit ihnen fielen Fallwesen, und mit diesen auch die Naturreiche, denn das Leben in Gott ist ein Ganzes. Zum Leben gehören die Gestirne, die Wesen, die Tiere, die Pflanzen und die Mineralien. Das ist Einheit in Gott. Und Gott gab den Fallwesen die Einheit mit auf ihre Wanderschaft bis hin zur Materie.

Gott, unser ewiger Vater, hat den Fall zugelassen, denn jedes Kind hat den freien Willen. Er war und ist mit Seinen abtrünnigen Kindern. Weiterhin strömte und strömt ihnen Sein Licht, Seine Kraft, zu.

Alles, was ist, ist Leben aus Gott, weil Gott das Leben ist. So ist Gott auch in der Verdichtung, in der Materie; denn auch in der Materie ist Er das innewohnende Leben.

Da Gott in allem ist, ist Gott auch im Anfang, im Alpha, und ebenso im Ende der Verdichtung, im Omega.

Durch Christus, Seinen erstgeschauten Sohn, den Mitregenten der Himmel, der eins ist mit Ihm, wird alles umgewandelt und wieder zurückgeführt in das ewige Licht.

Gott, das strömende Licht, kennt weder Anfang noch Ende; denn E r i s t. Aus Sich, dem strömenden Licht, ist Er als Wesen hervorgegangen – aus Sich, dem strömenden Licht, hat Er auch uns, die reinen Geistwesen, Seine Kinder, geschaffen. Wir sind Seine Ebenbilder, formgewordenes Licht.

Gott ist der Vater-Mutter-Gott. In dem Vater-Mutter-Prinzip liegt der große Herzmagnet nach Kindern. Infolgedessen schuf Er das formgewordene ewige Sein, die Himmel, mit Seinen Kindern, mit den geistigen Familien, die wiederum in der großen Familie Gottes leben.

Das Dualprinzip ist, wie der Vater-Mutter-Gott, das Gebende und Empfangende. Der Vater-Mutter-Gott ist der Ur-Vater. Die Duale nennen sich Dualvater oder Dualmutter – es sind die Prinzipien aus Gott: das Positiv, das Gebende, das männliche Prinzip, und das Negativ, das Empfangende, das weibliche Prinzip.

Gott hat also in die Wesen das Gebende und Empfangende eingehaucht, so, wie Er selbst gebend und empfangend ist.

Gott atmet aus und ein. Unaufhörlich dehnt sich die Unendlichkeit aus. Es gibt keinen Stillstand. Immer weiter schafft Gott geistige Gestirne. Aus der Verbindung der Dualprinzipien, aus dem Geben und Empfangen, gehen die geistigen Kinder hervor, so daß sich das himmlische Sein, unsere Heimat, mehr und mehr ausdehnt und bevölkert.

Lieber Bruder, liebe Schwester, wir alle, jeder einzelne von uns, trägt in sich die Seele. Reinigt sich die Seele, so wird sie wieder zum lichten Wesen der Himmel, zum Geistwesen.

Auf dem Weg zu Gott kehren wir zurück in den Urstrom, kehren zurück zu unseren geistigen Familien, zu den geistigen Sippen, von wo wir ausgegangen sind. Dort ist unser wahres Leben. Dort gehören wir hin, und dort werden wir auch wieder sein – durch Christus, unseren Erlöser.

Christus hat sich aufgemacht, um uns zurückzuführen. Er ging den Weg über diese Erde nach Golgatha. Er gab jeder Seele und jedem Menschen aus Seinem Lichtpotential, das uns heimführt. Deshalb kann die Seele nur über Christus zum Vater gelangen, durch keine andere Kraft – einerlei, wie sie sich nennt. Christus ist die erlösende Kraft, und über Christus geht der Weg zurück in das ewige Sein.

Christus spricht: *»Ihr sollt in Mir und mit Mir in das ewige Leben hineinreifen, wo Ich im Vater Bin.«*

»In Mir« bedeutet für uns: zu Christus zu finden, um in Christus aufzuerstehen und dann in Ihm zu leben.

Wir beschreiten den Inneren Weg von der Stufe der Ordnung bis zur Stufe des göttlichen Ernstes, um das Erlöserlicht in uns zum Leuchten zu bringen. Haben wir die vier Stufen Ordnung, Wille, Weisheit und Ernst weitgehend erschlossen, dann sind wir in Christus auferstanden. Christus führt uns dann weiter zum ewigen Vater.

Wir müssen also in das Innere Licht finden, zu Christus. Denn Christus ist unser Weg und unser Ziel. Er ist das Innere Licht, das Innere Leben. Zu Ihm zu finden heißt, uns selbst, das wahre Selbst, in uns zu finden.

11 In den Worten *»Ihr sollt in Mir und mit Mir in das ewige Leben hineinreifen«* spricht Christus einen jeden von uns an, um uns zu sagen: »Komme zuerst zu Mir. Finde dich in Mir; dann kannst du mit Mir in das Bewußtsein des ewigen Seins als das ewige Sein zurückkehren.«

Liebe Schwester, lieber Bruder, in einem Wort kann die ganze Unendlichkeit liegen. Wie viele Worte, also Geschenke der Unendlichkeit, empfangen wir von unserem Bruder und Erlöser, Christus, damit wir zu dem Leben zurückfinden, das in uns ist und uns eint.

Ein kleiner Absatz aus dem Absoluten Gesetz könnte uns alle Himmel erschließen. Tauchen wir in die Worte der Absolutheit hinein, um die Sprache des Inneren wieder zu erlernen, die Sprache unseres wahren Seins!

Die Sprache des reinen Geistwesens ist die Sprache des Lichts, die in Bildern ausgesandt und empfangen wird. Blicken wir in die Aussagen des ewigen Gesetzes hinein, so erlernen wir ganz allmählich die Sprache des Bildes – denn auch unsere menschliche Sprache ist eine Sprache der Bilder.

Lernen wir die Sprache der Himmel! Dann verstehen wir uns untereinander besser, weil wir erkennen, wer wir wirklich sind. Dadurch gewinnen wir mehr und mehr Achtung vor unserem Leben und vor unserem wahren Wesen, das die Unendlichkeit in der Ewigkeit ist.

Die Sprache der Himmel ist die Sprache der Liebe. Die Sprache der Liebe zu erlernen heißt, unseren Nächsten zu verstehen, ihn nicht mehr abzuwerten und uns täglich bewußt zu machen, daß auch in ihm der positive Teil, Gott, ist, das unbelastbare Ewige. Gott ist in unserem Nächsten – und das, was in ihm ist, ist auch in uns.

Erkennen wir uns als der Sohn, die Tochter Gottes, Erben der Kräfte der Unendlichkeit, so werden wir auch unseren Nächsten im Inneren aufnehmen, denn wir erfassen, daß er ein Teil von uns ist – weil Gott unteilbar und in jedem von uns das Ganze ist. Durch Annehmen und Verstehen schaffen wir die Kommunikation zu unserem Nächsten und schaffen gleichzeitig die Verbindung zu Gott. Dadurch lernen wir die Sprache des Geistes, die Sprache der selbstlosen Liebe – das Gesetz Inneren Lebens.

Nehmen wir aus der Aussage des Herrn »Ihr sollt in Mir und mit Mir in das ewige Leben hineinreifen« ein Wort heraus: »hineinreifen«. Was liegt in diesem einen Wort? Spüren wir in dieses Wort hinein. Lassen wir dieses eine Wort in uns bildhaft erstehen.

Des öfteren sprach sinngemäß der Geist Gottes zu uns: »Im Gefäß des Wortes liegt der Sinn, der allein lebendig macht. In e i n Wort lege Ich die unendlich vielen Facetten des Lebens hinein, das Ich Bin. So ist in einem Wort die Fülle, das Gesetz der Himmel.«

Weil dies so ist, ist das Wort Gottes ein Schatz, der von uns gehoben werden möchte. Mit den Fühlern unseres Inneren können wir in das Wort hineinspüren, so daß in uns das als Bild oder als Empfindung emporsteigt, was die Tagesenergie heute für uns zu erfahren, zu erkennen und umzuwandeln mitbringt.

Dies kann schwerlich gelingen, wenn wir allein mit dem Intellekt, mit dem menschlichen Verstand, zu Werke gehen. Nur wenn wir mit unserem Herzen, mit unserem inneren Bewußtsein, den Sinn des Wortes erfassen, wird uns einiges bewußt werden, das uns bereichert und uns auf dem Weg zu Gott, zu unserem ursprünglichen Wesen, voranbringt.

Was also sagt uns das Wort »hineinreifen«?

Es ist der Reifeprozeß vom Samen bis zur Ernte. Beziehen wir dies auf uns Menschen.

Der Same ist der Wunsch, Gott näherzukommen. Wie kommen wir Gott näher? Wir müssen diesen Samen immer wieder begießen und das daraus hervorsprießende Pflänzlein hegen und pflegen – bis es schließlich eine stattliche Pflanze wird, ein stattlicher Baum, das Innere Leben des gotterfüllten Menschen. So vollzieht sich unser Reifen auf dem Inneren Weg. Bringt der Baum Früchte, dann zeigt er sich in seiner Fülle; er bringt das Gesetz seiner Art hervor, das Gesetz des Baumes.

Wir müssen also durch die Arbeit an uns selbst in das ewige Gesetz hineinreifen, um die Früchte der Liebe, unser Erbe, offenbar werden zu lassen.

Jeder Mensch – wie auch jede Seele – bestimmt seinen geistigen Werdegang selbst. Aufgrund seines freien Willens entscheidet er, wann er seine Belastungen, die menschlichen Verhaltensweisen, ablegt, damit sich mehr und mehr das positive Leben, sein geistiges

Erbe, wieder entfalten kann. Sein geistiges Bewußtsein muß also allmählich reifen, weil der Mensch belastet ist.

Die Natur hingegen trägt die Reife schon in sich. Sie bringt ihr Bewußtsein aus sich für uns hervor. Sie muß nicht erst reifen – die Pflanze läßt im Äußeren das nur sichtbar werden, was schon in ihr liegt: die Reife.

Durch die Kraft des Sohnes und die Kraft des Vaters, die Urkraft, werden die irdischen Formen der Schöpfungskräfte und Schöpfungskinder – die Erde mit ihren Steinen, Pflanzen und Tieren – die Umwandlung erfahren.

Lieber Bruder, liebe Schwester, wenn in uns eine Bewegung zu verspüren ist – denken wir daran: Nichts begegnet uns zufällig, denn es gibt keinen Zufall. Was uns – auch in den Worten, die wir lesen – bewußt wird, will uns etwas sagen. Was wir erspüren und in Bildern sehen, das spricht zu uns; es macht uns auf etwas aufmerksam, das für uns heute bedeutsam, eventuell wegweisend oder ein mahnender Fingerzeig ist. Beachten wir diesen Hinweis aus der Tagesenergie, indem wir es auch umsetzen, so schreiten wir auf dem Weg des Werdens und Reifens schrittweise voran.

»Dort gibt es weder Anfang noch Ende, weil Gott ist und wir in Gott sind.«

Für viele ist Gott noch etwas Abstraktes, etwas weit Entferntes. Lernen wir nun, Gott in uns zu spüren, im Wort »Gott«!

Was sagen uns die beiden Worte: »Gott ist«?

Lesen wir die Worte ruhig und bewußt. Sofern es möglich ist, sprechen wir sie laut aus und lassen den Ton in uns nachschwingen: »Gott ist.« Was steigt in uns auf?

Das »ist« ist das Sein ewiglich. Gott ist das strömende ewige Gesetz; Er hat keinen Anfang und kein Ende – Er ist ewig seiend.

Erfassen wir den Unterschied: Gott ist das strömende, allgegenwärtige Gesetz. Der Vater, die Form, ist aus Seinem Gesetz hervorgegangen. Er ist ein Geistwesen. In Seiner Lichtfülle und Strahlkraft ist Er unendlich und unfaßbar. Er ist erhaben.

Wo ist Gott?

Er ist in jedem Wort, das wir sprechen. Er ist in jedem Gedanken, in jeder Empfindung, jeder Regung. In allem, was wir tun, ist auch Gott; denn Gott ist das Sein, der Strom des Lebens, der alles durchströmt und alles erhält. Gott ist immer gegenwärtig. Gott ist in jedem Partikel unserer Seele, in jeder Zelle unseres Körpers. Gott ist in jedem Baustein der Materie. In jeder Bewegung ist Gott, weil Gott das Leben ist.

Lieber Bruder, liebe Schwester, nehmen wir uns als Aufgabe die Bewußtwerdung: Gott ist.

Wohin wir gehen – Gott ist. Was auf uns zukommt – Gott ist.

Gott ist am Arbeitsplatz. Gott ist in unserer Arbeit. Gott ist in unseren Gesprächen. Gott ist immer dabei.

Er liebt uns. Trauen wir Gott, und wir schaffen Vertrauen zu Ihm. Rufen wir Ihn in jeder Situation an. Eine ehrliche Bitte um Hilfe – und Gott macht sich bemerkbar.

In jedem Problem, in jeder Schwierigkeit, in allem Widrigen ist Gott, die positive Kraft. In jeder Sünde ist Gott das Reine. Wollen wir um Vergebung bitten, so bitten wir Gott, daß Er uns beisteht – und Er steht uns bei.

Gott ruft uns rechtzeitig, wenn wir sündigen; denn Er ist in unseren Gefühlen, Empfindungen, Gedanken, in unseren Worten. Er ist immer der stille Lauscher.

Er läßt uns den freien Willen. Doch kommt das Kind zu Gott, dem ewigen inneren Lauscher, dann wird Gott in uns und in dem, worum wir bitten, lebendig und hilft uns, unsere Probleme zu lösen. Er hilft uns, Gespräche zu führen. Er hilft uns auf Schritt und Tritt, weil Gott die Liebe ist, die gebende Kraft.

Gott ist das Vater-Mutter-Prinzip, die Schöpferkraft, auch in den Naturreichen. Gehen wir durch die Natur – wir gehen mit Gott und gehen durch Gott hindurch, durch Seinen mächtigen Strom, durch die Natur, die wiederum Er ist.

Gott ist. Machen wir uns dies immer wieder bewußt, so beginnt es lebendig zu werden in uns und auch in unserem täglichen Leben. Diese Aufgabe und Übung – »Gott ist« – kann uns helfen. Gehen wir z.B. an Menschen vorbei, wollen wir sie abwerten, dann werden wir sehr rasch merken, wie plötzlich ein innerer Schub kommt, der sagt: »Halt! In deinem Nächsten Bin Ich. Verbinde dich mit deinem Nächsten, und du lernst, Mich, das Leben in allem, zu verstehen – denn Gott ist.«

Liebe Schwester, lieber Bruder, erinnern wir uns immer wieder an diese Aufgabe, wachsen wir in dieses Bewußtsein hinein – »Gott ist« –, dann lernen wir auch, uns selbst zu verstehen. Wir werden dann auch Verständnis für unsere Mitmenschen erlangen und Achtung vor den Naturreichen.

Durch die Worte »Gott ist« wird in uns das klare Empfinden für das Gute, Göttliche geweckt und verstärkt. Ebenso erkennen wir auf der anderen Seite rascher und in feineren Nuancen das Ungöttliche, das niedere Menschliche. Wir lernen, das Ichbezogene vom Selbstlosen klarer zu unterscheiden. Unser Gewissen reagiert nach und nach feiner, so daß wir sicherer werden in unseren Entscheidungen.

Die selbstlose Liebe ist das wahre Leben, das göttlich ist. Wir sind auf Erden, um göttlich zu werden, um also zur selbstlosen Liebe zu werden. Bitter ist all das, was menschlich ist. Wir merken es nicht immer; oftmals spüren wir es erst sehr spät. Erinnern wir uns in den Situationen des Tages »Gott ist«, dann werden wir sensitiv, feinfühliger für unser Menschliches, und wir erfahren rechtzeitig, daß wir umkehren sollten.

»Denn Ich, der Christus Gottes, erhebe alles zum Licht der Wahrheit.«

Schauen wir in das eine Wort »Wahrheit« hinein. »Wahrheit« – was sagt uns dieses Wort?

Es gibt nur eine Wahrheit – und die ist Gott, und Gott ist absolut. Es gibt nichts zu deuteln, nichts zu rütteln, es gibt kein Wenn und Aber – Gott ist!

Die Wahrheit ist ihrer selbst sicher. Sie diskutiert nicht, sie rechtet nicht. Sie stellt klar; doch sie verteidigt sich nicht. Sie muß sich nicht beweisen – sie ist. Sie ist unabhängig, unberührt von Meinungen, Vorstellungen, Theorien und Ansichten. Die Wahrheit ist und bleibt – unumstößlich.

Wir können nach der Wahrheit nicht greifen, um sie zu verändern. Wer sie für sich verändert, der verändert sich selbst – aber niemals die Wahrheit.

Die Wahrheit ist absolut, immer gebend und helfend. Wir können uns auf Gott, die Wahrheit, verlassen. Er ist immer da. Er ist immer gegenwärtig.

In allen Bereichen unseres Lebens, wo wir auch gehen und stehen – Gott ist!

Machen wir uns das bewuß: Gott ist da, um uns zu helfen.

Der Geist der Wahrheit möchte uns helfen und dienen. Er möchte, daß es uns gutgeht. Er möchte, daß wir gesund werden und gesund bleiben. Er möchte, daß wir glücklich sind; denn Er ist das Glück. Er möchte, daß wir friedvoll und freudig sind; denn Er ist der Friede und die Freude.

Machen wir uns dies im täglichen Leben mehr und mehr bewußt: Was wir tun, wohin wir gehen – überall ist Gott dabei. Gott ist. Er liebt uns. Er hilft uns. Er dient uns. Er möchte für uns das Beste, denn Er ist unser Vater.

Wo die Wahrheit ist, ist alles offen und offenbar. Die Wahrheit hat keine Geheimnisse, weil alles wahr ist. Nur der hat Geheimnisse, der die Unwahrheit verbergen muß. Lernen wir, wahrhaftig zu werden in allem, was wir denken, reden und tun, dann finden wir zur Wahrheit.

Das Wort »Wahrheit« trägt in sich das ganze ewige Gesetz. Die Wahrheit ist unser geistiges Erbe; denn wir sind formgewordenes göttliches Gesetz und somit die Wahrheit.

Liebe Schwester, lieber Bruder, werden wir wahrhaftig – wahrhaftig in unserem Fühlen, Denken, Reden und Tun! Nehmen wir dies mit in unser irdisches Leben:

Werde wahrhaftig in allem, was du denkst, sprichst und tust – dann findest du dich selbst und findest dich im wahren Selbst als das ewige Selbst in Gott.

Sind wir von der Wahrheit durchdrungen, sind wir also durch und durch wahrhaftig, dann sind wir auch selbstlos, unpersönlich und sicher. Dann haben wir auch die Kraft und daraus den Mut – je nach Situation und Bewußtseinsstand des Nächsten –, unpersönlich alles auszusprechen und anzusprechen. Die Wahrheit ist die Selbstlosigkeit; sie ist unpersönlich und formuliert auch alles unpersönlich.

In der Wahrheit liegt die Ehrlichkeit, die Aufrichtigkeit, aus der wiederum die Geschwisterlichkeit, die echte Brüderlichkeit, hervorgeht.

Die Wahrheit ist immer die Verbindung. Sie schließt keinen Menschen aus, weil Wahrheit gleich Einheit ist.

Alles ist in Gott geeint. Sind wir nicht wahrhaftig, dann stehen wir außerhalb des Gesetzes, außerhalb der Wahrheit, und trennen uns von unseren Nächsten.

Wahrheit ist auch Klarheit, und die Klarheit – gleich Wahrheit – ist immer die Einfachheit.

Das Gesetz Gottes ist die Einfachheit, und alles Einfache ist genial. Deshalb ist es das Größte.

Das Gesetz, Gott, ist das Ganze in allem. Machen wir uns bewußt: Im Staubkörnchen ist die ganze Unendlichkeit. Der entfaltete Bewußtseinsgrad, die entwickelte Facette aus dem ewigen Gesetz, kommt in der Form zum Ausdruck.

Denken wir noch einmal über unser geistiges Erbe und auch über den freien Willen nach:

Unser geistiges Erbe beinhaltet den freien Willen. Lehnen wir uns gegen Gott auf durch Mißachtung der ewigen Gesetze, dann liegt das im freien Willen. Gott wird uns nicht hindern. Durch die Auflehnung treten wir aus dem ewigen Gesetz heraus und schaffen uns unsere eigenen Gesetze. So, wie wir sie uns schaffen, so leben wir, so denken wir, so leiden wir. Das reine Sein, das Gesetz, vermag uns nicht mehr zu führen. Wir stoßen uns selbst ab und geraten in die Gottferne.

Gott greift nicht ein, und Er wird auch in dieses materielle Leben nicht eingreifen, denn Er gab uns den freien Willen. Durch die Kraft der Gestirne wird sich vieles ändern – ja, es wird sich alles umwandeln durch das Gesetz, das wir Menschen selbst geschaffen haben: Was du säst, wirst du ernten.

Gott ist die Freiheit. Und wir sind Seine Kinder – nicht Vasallen oder Hörige. Das göttliche Gesetz, der freie Wille, macht uns zu Kindern Gottes und zu Erben des ewigen Reiches.

Lieber Bruder, liebe Schwester, machen wir uns bewußt:

Durch den freien Willen werden wir auch frei zu Gott zurückkehren. Wir werden von Gott zu nichts gezwungen. Gott, unser liebender Vater, gibt uns unpersönlich immer wieder die Kraft, an Ihn zu glauben, Ihm zu vertrauen, Ihn zu verspüren, Ihn wahrzunehmen, um so Seinem ewigen Gesetz, unserem geistigen Erbe, näherzukommen – bis wir die Gesetze Gottes ganz erfüllen und so als vollkommene Tropfen in den Ozean Gott, in das ewige Sein, zurückkehren. Frei. So, wie wir aus dem ewigen Sein gegangen sind, so werden wir auch wieder zurückkehren – frei. Dann können wir uns im ewigen Sein frei bewegen, weil wir frei und ohne Zwang wieder zu Erben des Geistes Gottes geworden sind und zu Kindern der unendlichen, ewigen Freiheit.

Noch einige Ausführungen zur Freiheit:

Der Mensch hat sich selbst zu dem gemacht, was er heute ist. Das Werkzeug, mit dem er sich zurechtgezimmert hat, sind seine Empfindungen, Gedanken, seine Worte und sein Tun. Jeder Mensch entscheidet jeden Augenblick über sich selbst.

Unsere Gedanken, Worte und Handlungen, unsere gesamte Einstellung zu unseren Mitmenschen und zu unserem Leben sind durch unsere Belastung gleichsam derbe Meißel. Erfüllen wir mehr und mehr das Gesetz Gottes, dann gleichen unsere Empfindungen, Gedanken, Worte und Handlungen dem feineren Meißel.

Das heißt also: Unsere menschlichen Gedanken sind derb; entsprechend formen sie uns. Wenden wir uns dem ewigen Gesetz zu, dann werden wir immer feiner. Dann nehmen wir die feineren Meißel und meißeln unser wahres Sein heraus.

Wir selbst entscheiden, welche Meißel wir verwenden: die derben oder die feinen Meißel.

In jeder Stunde, in jeder Minute, in jedem Augenblick des Tages entscheiden wir uns: entweder für unser Menschliches und damit für das Satanische; dann werden wir dem Fallgesetz anheimfallen – oder wir entscheiden uns für Gott; dann wachsen wir mehr und mehr in das Gesetz der Himmel hinein, in unser geistiges Erbe.

Liebe Schwester, lieber Bruder, »Gott ist«. Nehmen wir diesen Gedanken auf, so werden wir unseren menschlichen Gedanken nicht mehr freien Lauf lassen. Verbinden wir uns immer wieder mit Gott und erfüllen nach und nach, was Gottes Wille ist, dann werden wir die feinen Meißel nehmen. Wir werden feiner, weil wir edler werden. Unsere Seele wird schöner, weil sie reiner wird.

Die Worte »Gott ist« wollen mit dem höchsten Bewußtsein, Gott, in Kommunikation treten. So machen wir eventuell die Erfahrung, daß sich unser Befinden anhebt, wenn wir das Bewußtsein »Gott ist« in unserem Inneren geweckt haben. Wir können uns besser ausrichten und auch besser und konzentrierter arbeiten.

Bejahen wir immer wieder »Gott ist«, dann ist in unserem Bewußtsein: Wir wollen Gott näherkommen. Er *ist* ja in allem, in jedem Gedanken, in jedem Wort, in jeder Regung und Bewegung – in jedem Augenblick ist Gott. Vergegenwärtigen wir uns nun: »Gott ist«, machen wir uns dies also immer wieder bewußt, dann rufen wir automatisch in unserem Inneren folgenden Satz ab: »... und ich bin göttlich.«

Aus den beiden Worten »Gott ist« ergibt sich also folgerichtig: »... und ich bin göttlich.« Diese Aussage – »Gott ist, und ich bin göttlich« – ist Bewußtsein, ein mächtiger Kraftquell göttlicher Energie. Er rührt in unserer Seele das Ungöttliche an. Dieses kommt verstärkt ins Schwingen. Die über dem Göttlichen, dem Reinen des Inneren, liegenden Belastungen – unser menschliches Fehlverhalten, unsere Sünden, unsere Ichbezogenheit – geraten in Bewegung und machen sich bemerkbar.

So zeigt uns das Göttliche, das wir bewußt anstreben, im Inneren – und durch die Impulse aus der Tagesenergie auch im Äußeren – auf, wo noch das Ungöttliche ist. Es kommen z.B. abwertende Gedanken.

Wir sollten nun nicht das in Erscheinung tretende Menschliche beiseiteschieben, indem wir sagen: »Nein, nein, das will ich nun nicht mehr. Ich habe mich entschieden: Gott ist, und ich bin göttlich.« Statt dessen nehmen wir die Chance wahr, erfassen das Negative, unser menschliches Ich, unser niederes Selbst, betrachten es – Wo kommt es her? – und bereinigen es mit Christus. Tun wir dies und nehmen uns vor, es nicht mehr zu tun, dann beginnt das Licht, in unserer Seele zu wirken; es beginnt, das zu löschen, was wir bereinigt oder dessen Bereinigung wir in Angriff genommen haben.

Es ist eine Gesetzmäßigkeit auf dem Inneren Weg: Geben wir uns das Absolute Gesetz vor – »Gott ist« –, dann zeigt das Absolute unser Ungöttliches auf. Bereinigen wir es, dann spüren wir, daß mehr Licht und mehr Kraft in unser Bewußtsein kommt. Weiteres Menschliche kann nun erfaßt und abgebaut werden, Probleme können sich lösen – zugleich werden wir leichter, freier, beschwingter und kommen unserem himmlischen Vater einen Schritt näher.

Wenden wir uns also dem Absoluten Gesetz zu, so berührt uns auch das Gesetz von Saat und Ernte. Dieses Gesetz, »Saat und Ernte«, ist das Kausalgesetz. Tauchen wir durch das Ansprechen des Allgesetzes in das Kausalgesetz ein, dann zeigt es uns auf, wo wir noch ungöttlich sind. Im Absoluten Gesetz haben wir jedoch einen Halt. Wie ein junges Bäumchen an den Pfahl angebunden wird, so binden wir uns gleichsam an »Gott ist« an.

Allerdings sollten wir uns bewußt machen: Nehmen wir das göttliche Gesetz an, dann verpflichten wir uns, das, was an Menschlichem hochkommt, zu bereinigen, so daß wir zu dem werden, was wir uns anhören, was wir lesen und was wir bejahen.

Die Hinwendung an die Worte »Gott ist« vermag manches zu bewirken. So ist es möglich, daß wir eine Arbeit, die wir sonst ungern machen, freudig und auch konzentriert auszuführen imstande sind, weil wir uns der Worte entsannen: »Gott ist«. Was war geschehen? In dem Augenblick, als uns in den Sinn kam: »Gott ist« und wir unsere Empfindungen hineinlegten, bewegte sich unsere Seele und nahm verstärkt Kommunikation mit Gott auf. Dadurch strömte unserer Seele mehr Kraft zu; die Kraft floß in den Körper; unsere Körperschwingung hob sich an. Infolgedessen fiel es uns nicht mehr schwer, uns zu konzentrieren, und die Arbeit ging uns leichter von der Hand.

Wir sehen: Berührt uns dieses innige »Gott ist«, so kommt uns das Göttliche näher. Im selben Augenblick strömt uns vermehrte Kraft zu. Daran erkennen wir: Gott ist gegenwärtig. Gott, unser ewiger Vater, steht uns immer bei, dann, wenn wir uns Ihm zuwenden. In jeder Situation, mit allen Dingen, die uns täglich begegnen, können wir zu Ihm kommen, denn Er liebt uns.

Vergegenwärtigen wir uns diese beiden Worte – Gott ist – immer wieder während des Tages, so verspüren wir die Gegenwart Gottes in uns und in allem, was wir tun. In diesen beiden Worten liegt das All, denn Gott ist das All, ist das Ganze; »Gott ist« ist also das Ganze in uns.

Stellen wir uns Gott als das Licht und die Kraft in unserem Inneren, als Licht in unseren Gedanken, in unseren Worten und in unseren Handlungen vor. Gott ist – Gott ist Licht und Kraft. Und sprechen wir: »Christus« oder »Christus in mir«, so ist es das gleiche, als wenn wir sagen: »Gott ist«. Denn Christus im Vater ist Gott in den vier Wesenheiten Gottes. In diesen vier Grundkräften Gottes ist Er im Vater allgegenwärtig.

»Gott ist«, bewußt in uns empfunden, weitet das Bewußtsein. Wir erfassen mehr. Wir sehen mehr. Es erschließen sich Dinge in der weiteren Entwicklung des Geistigen, Dimensionen, die uns als Mensch unbekannt und, vom menschlichen Ich her gesehen, unfaßbar sind.

Wenden wir uns bewußt Gott zu, sind wir dankbar, weil wir Seine Gegenwart, Seine Hilfe in unserem Leben erfahren, so mag es sein, daß wir sagen: »Gott hat in mir ein Problem gelöst.« Doch wie vollzieht sich dies? Er greift nicht direkt in unser Leben ein, denn wir haben den freien Willen. Wir könnten sagen: Gott hat das Problem in uns erweckt; Er hat uns auf unsere Fehler aufmerksam gemacht, auf das, was wir bereinigen sollen, um das Problem zu lösen oder um dazu beizutragen, daß das Problem gelöst wird.

Mit anderen Worten gesagt: Gott hat uns in dem Problem, in unserer Schwierigkeit auf unser Fehlverhalten hingewiesen, so daß wir erkennen, was für uns zur Bereinigung ansteht, damit sich das Problem löst. Oder daß wir erkennen, was unser Anteil ist, wenn mehrere an diesem Problem beteiligt sind.

Gott macht uns also auf unsere Fehler aufmerksam. Er selbst löst nicht unser Problem. Würde Er unser Problem lösen, so würden wir uns nicht erkennen und würden immer wieder dieselben Fehler begehen.

Aus dem Vertrauen in Gott erwächst die Dankbarkeit. Dankbarkeit wiederum erweisen wir Ihm, indem wir Tag für Tag das verwirklichen, was uns die Tagesenergie bringt. Einzig durch die Verwirklichung finden wir zu Gott, unserem Vater.

Wir werden viele Situationen erleben, ob in der Familie, ob im Beruf oder anderswo. Doch Gott ist – Er ist immer bei uns. Dieses Bewußtsein, »Gott ist«, sollte in uns Wurzeln schlagen. Dann haben wir den besten Helfer an unserer Seite.

Ich Bin das Leben, Christus, der Sohn Gottes. Wer Mich, den Geist des Lebens, Christus, in sich erstehen läßt, der hat sein geistiges Erbe, das sein ewiges Leben ist, wiedergefunden. Dann kehrt das Wesen heim zu Gott, dem ewigen Vater, da es aus Ihm ist.

Gabriele:

Lieber Bruder, liebe Schwester, ein Abschnitt aus dem Absoluten Gesetz. Spüren wir hinein! In diesem Abschnitt ist der ganze Himmel.

»Ich Bin das Leben.«

Dürfen nicht auch wir das sagen, wenn wir uns als das reine Wesen in Gott bejahen? Denn das himmlische Erbe ist unser Leben, ist das komprimierte Sein – sind wir selbst.

»Ich Bin das Leben«, sagt Gott, »in allem, was ist.« Und wir sind die Erben des geistigen Reiches. Wir besitzen alles, was ist. Es ist der Aufbau unseres geistigen Leibes.

»Wer Mich, den Geist des Lebens, Christus, in sich erstehen läßt, der hat sein geistiges Erbe, das sein ewiges Leben ist, wiedergefunden.«

Das geistige Erbe besteht aus den sieben Grundkräften Gottes. Die sieben Grundkräfte sind das ewige Gesetz – das All. Das Gesetz strömt durch alle Reiche, strömt durch alle Wesen, strömt durch die Naturreiche, durch die Gestirne – durch alles, was ist.

Das himmlische Erbe ist die leuchtende Kraft in uns. Deshalb bedarf es keiner Sonne, die das reine Wesen anstrahlt; das reine Wesen ist selbst die Sonne, weil das göttliche Erbe, die Unendlichkeit, im Geistwesen leuchtet.

Wir Menschen müssen zuerst das Wissen um die Gesetze Gottes erfahren. Verwirklichen wir das geistige Wissen, dann erlangen wir Weisheit. Wir brauchen dann nicht mehr zu fragen, wie wohl dies oder jenes ist. Wir brauchen nicht mehr nach den Zusammenhängen zwischen Himmel und Erde zu suchen. Die Weisheit in Gott weiß um alle Dinge, weil das Wesen in Gott weise ist.

Das Wissen allein hat keine Weisheit; nur das verwirklichte Wissen bringt Weisheit. Und die Weisheit fragt nicht – sie weiß um die göttlichen Gesetze, um die Zusammenhänge des göttlichen Seins.

Das Absolute Gesetz, nur gehört oder gelesen, bringt uns nicht die Weisheit. Die Verwirklichung dessen, was Tag für Tag auf uns zukommt, führt uns zur göttlichen Weisheit, zur Erkenntnis um alle geistigen Dinge. Einzig durch Verwirklichung kehren wir ein in das Innere, nicht durch bloßes Wissen. Einzig durch die Verwirklichung finden wir wieder in die Absolutheit; denn Gott, unser Vater, ist absolut, und wir sind in Gott absolute, vollkommene Wesen.

Alle werden in Mir auferstehen. Alle, die glauben, verloren zu sein, werde Ich finden. Und die Schwachen werden in Mir erstarken; denn Ich Bin die Herrlichkeit im Vater.

Gabriele:

Dieser Absatz sollte uns aufmuntern. Er spendet Trost. Er schenkt uns Zuversicht – denn Gott ist. Und wir werden in Christus auferstehen, weil Christus in uns das Auferstehungslicht ist. Tagtäglich reicht Er uns das, was wir an diesem Tage umsetzen, also verwirklichen sollen, damit das Licht, das Christuslicht, in uns wachsen kann, auf daß wir in Christus auferstehen können.

»Alle, die glauben, verloren zu sein, werde Ich finden.«

Nichts kann verlorengehen. Kein Wesen, kein Stäubchen kann verlorengehen; denn im Stäubchen, im Staubkorn, ist Gott. Würde ein Körnchen verlorengehen, so wäre die Unendlichkeit nicht vollkommen. Es geht keine

Energie verloren – und Gott ist positive, ewige, leuchtende Energie. Er leuchtet im Staubkörnchen, im Sandkorn – und diese kleine, für uns oftmals unscheinbare Form, trägt doch in sich wieder die Gottheit. Würde also dieses kleine Ding verlorengehen, so würde ein Teil der Schöpfung nicht mehr existieren. Das ist unmöglich, denn: Gott ist.

Ist schon das Kleinste geborgen und getragen von Gottes Fürsorge – um wieviel mehr geht Christus jedem Wesen nach, jedem Menschen! Denn das Geistwesen im Menschen besitzt alle Kräfte des Alls.

Das Kleinste ist im Großen, und das Große ist im Kleinsten. Und deshalb kann nichts verlorengehen, weil Gott ist. Er ist im Kleinsten wie im Großen.

In Gott gibt es kein Vergehen, nichts wird zum Nichts. Sprechen wir davon, daß die Welt vergeht, so heißt das: Alles Ichbezogene wird zerbrechen, damit das Selbstlose, die uns innewohnende göttliche Kraft, frei werden kann. Sprechen wir davon, daß der Mensch, das Menschliche, die Ichhülle, vergehen, sterben muß, so bedeutet das: Die Hülle muß sich wandeln, damit das Reine, Feine, Edle des ewigen geistigen Wesens zutage treten kann – und sie wandelt sich, weil Gott, das Innere Leben, unvergänglich ist.

»Und die Schwachen werden in Mir erstarken ...«

Zum Göttlichen hin wandeln, um im Göttlichen zu erstarken, werden wir uns nur, wenn wir dies auch anstreben. Ob es uns damit ernst ist, können wir an unserer Gedankenwelt ablesen. Kreisen wir noch viel um uns selbst, so nähren wir unser menschliches Ich. Und nähren wir unser menschliches Ich – wie wollen wir zu Gott finden?

Gott nährt nicht unser menschliches Ich. Wir selbst nähren, verstärken und vergrößern es, indem wir die Gotteskräfte, die uns jeden Tag erneut gegeben sind, mißbrauchen. Wir wandeln sie – durch unser ichbezogenes Empfinden, Denken, Reden und Handeln – um in negative Energie oder nehmen Kräfte von unserem Nächsten, indem wir unseren Nächsten von uns abhängig machen, so daß er das tut, was wir wollen. Dann fließt uns seine Energie zu, die wir dann für uns gebrauchen und letzten Endes mißbrauchen.

In jedem Augenblick haben wir die Chance, im Negativen, dem Schwachen, das Positive, das Göttliche, das Starke, zu erkennen, zu erfassen, uns für dieses zu entscheiden und darauf aufzubauen. Das abgelegte Negative erfährt dann in Christus nach und nach die Umwandlung; die Schwäche wird zur Stärke.

Wir haben immer die Möglichkeit, zu verwirklichen, an der Umwandlung unseres Menschlichen, Schwachen, zu arbeiten – es kommt nur darauf an, es auch zu tun! Das Tun ist von Bedeutung.

Christus spricht: *»Und die Schwachen werden in Mir erstarken; denn Ich Bin die Herrlichkeit im Vater.«* Was geschieht, wenn wir uns nun auf diese Aussage berufen und sagen: »Nun, dann bleiben wir eben schwach. Doch in der Schwäche ist die Stärke. Irgendwann wird die Stärke zum Vorschein kommen.« Auch wenn wir passiv bleiben, wenn wir weiterhin die Tage verstreichen lassen – die Stärke wird zum Vorschein kommen, aber dann durch Leid, durch Krankheit, durch Not: durch Abtragung. Irgendwann, und sei es nach mehreren Einverleibungen oder in den Seelenreichen, kommen wir dahinter, daß wir den Weg der Reue, der Bitte um Vergebung, der Vergebung gehen müssen und dann das, was wir an Menschlichem erkannt haben, nicht mehr tun dürfen.

Wir kommen nicht umhin, unsere Schwächen anzusehen, damit die Stärke in der Schwäche erwacht. Schauen wir die Schwächen an und bereinigen wir das Menschliche, das Schwache, dann strahlt uns die Stärke zu, das Licht des Herrn.

Allein vom Warten, daß die Stärke kommt, erlangen wir nicht die Stärke. Wir müssen uns erkennen! Denn erkennen wir unsere Fehler und Sünden nicht, dann werden wir sie immer wieder tun. Wir müssen sie erkennen, den Weg der Bereinigung gehen und die Fehler nicht mehr tun. Dann erwacht die Stärke, letzten Endes der Christus-Gottesgeist in uns – und wir finden mit Ihm in die Herrlichkeit des Vaters, wo Er, Christus, ist.

Und das ist auf dem Weg zu Gott nicht schwer! Schwer wird es nur, wenn wir Gott, unserem Vater, und Christus, unserem Erlöser, keinen Glauben schenken; wenn wir Gott nicht vertrauen. Schwer wird es nur, wenn wir unseren Nächsten nicht an- und aufnehmen möchten; denn nur über unseren Nächsten finden wir zu Gott, weil unser Nächster zur großen Einheit Gottes gehört. Auch Tiere, Pflanzen, Mineralien und die Gestirne sind in der großen Einheit Gottes. Wir können nicht ein Fünkchen des Lebens übergehen und sagen: »Ich gehe allein zu Gott.« Über den Menschen oder über das Tier oder über die Pflanze, die wir ablehnen, müssen wir zu Gott finden!

Rein werden heißt, unser ewiges Erbe zu erschließen, das die Kräfte aller Seinsformen im gesamten All beinhaltet. Nichts dürfen wir also aus unserem Herzen ausschließen, sonst werden wir unser himmlisches Erbe nicht erschließen.

Alles, was wir empfinden, denken, reden und tun, ist von Bedeutung. Denn: Jeder Gedanke, jede Empfindung, jedes Gefühl ist eine Gesetzmäßigkeit, entweder im göttlichen Gesetz oder im Kausalgesetz.

Das Kausalgesetz, das Gesetz von Ursache und Wirkung, ist der Oberbegriff. Im Gesetz von Ursache und Wirkung sind wir mit unseren Belastungen aufgezeichnet. Jeder einzelne von uns ist ein persönliches Gesetz im Kausalgesetz. Unser persönliches Gesetz ist das menschliche Ich in all seinen Variationen.

Dieses menschliche Ich muß abgebaut, das heißt umgewandelt werden, damit wir in das unpersönliche Gesetz, Gott, finden.

Machen wir uns noch einmal bewußt: Jedes Gefühl, jede Empfindung, jeder Gedanke, jedes Wort und jede Handlung ist eine Gesetzmäßigkeit. Fragen wir uns: Ist das, was wir fühlen, empfinden, denken, sprechen und tun, göttlich oder ungöttlich? Das Göttliche erhebt uns und macht uns frei, glücklich und gesund. Das Ungöttliche ist gegen die Freiheit, gegen das Glück, gegen die Gesundheit. Daher bringt es uns Krankheit, Leid, Siechtum, Friedlosigkeit.

So entscheiden wir uns in jedem Augenblick – ob es uns bewußt ist oder nicht –, entweder unsere Belastungen, unser persönliches Gesetz, zu vergrößern oder göttlich zu werden. Auch in unserem Unterbewußten findet ständig ein Austausch, eine Kommunikation, mit entsprechenden Kräften statt. Für diese Unterkommunikationen sind wir ebenfalls verantwortlich.

Der Sinn und Zweck unseres Erdenlebens ist, daß wir aus dem Menschlichen zum Göttlichen, aus der Ichbezogenheit zur Gottverbundenheit, ins Innere Leben, gelangen. Die Richtschnur für ein gesetzmäßiges Leben ist jeder Seele und jedem Menschen bekannt; sie ist formuliert in den Zehn Geboten und in der Bergpredigt.

Erfüllen wir schrittweise die Zehn Gebote und die Bergpredigt, dann finden wir vom Oberbewußtsein ins Unterbewußtsein. Was uns nicht bewußt war, wird uns plötzlich bewußt, so daß wir bewußt bereinigen können. Wir müssen also Schicht für Schicht abarbeiten. Erfüllen wir dies ernsthaft mit Christus, dann können wir uns vieles ersparen.

Allein die Tat ist von Bedeutung, die Verwirklichung der Gebote Gottes. Verwirklichen wir Tag für Tag, dann setzt immer wieder die Gnade und Hilfe Gottes ein.

Wir dürfen uns der Gnade und Hilfe Gottes bewußt sein; doch wir müssen uns aufmachen, die Sehnsucht zu entfalten, Gott, unserem Vater, und somit unserem göttlichen Erbe, näherzukommen. Dies gilt für alle Menschen und für alle Seelen.

Er, der große All-Eine, hat Mir die Aufgabe übertragen, alles, was verloren schien, zurückzuführen in das ewige Sein.

Gabriele:

Worte des Trostes von unserem Erlöser, Christus.

Die Erlösung ist allen gegeben, um frei zu werden und sich in Gott zu finden. Deshalb müssen auch alle Religionen, alle Institutionen vergehen. In Gott gibt es weder Religionen noch Institutionen. Die Innere Religion ist der Christus Gottes, ist das Leben des Menschen in Christus. Erschließen wir über Glauben, Vertrauen und Verwirklichung das Gesetz Gottes, unser himmlisches Erbe, dann haben wir den Erlöserfunken in uns zum Leuchten gebracht. Dazu bedarf es keiner äußeren Religion und keiner Institution. Haben wir das Königreich des Inneren in uns erschlossen, dann sind wir geeint mit Gott, unserem Vater, und somit geeint mit allen Kräften der Unendlichkeit, weil wir wieder göttlich geworden sind.

Als Jesus von Nazareth sprach Ich zu denen, die Mich verstehen konnten, ohne Gleichnisse vom Gesetz des Lebens. Für die, die Mich nicht verstehen konnten, waren die heiligen Worte Geheimnisse; deshalb sprach Ich immer wieder in Bildern. Doch jetzt ist die Zeit gekommen, da Ich, Christus, allen das Gesetz des Lebens offenbare, auf daß sie Mich finden; denn Ich Bin unterwegs, um Mein Reich auf der Erde aufzurichten.

Wer Ohren hat, der höre!

Ein neues Menschentum entsteht. Ich, Christus, bringe den Meinen, die Mir wahrlich nachfolgen, die innere Reform, die geistige Erneuerung, für das Innere Leben. Die Sinneswelt vergeht – die geistige Welt steigt empor und mit ihr all jene, die auf Mich, Christus, ausgerichtet sind. Sie sind die Edlen, die Feinen, die das Innere Leben bringen, das neue Menschentum in Mir, dem Christus.

Viele Weltbezogene werden auf den Acker des Todes schauen und am Ende mit leeren Händen in das Reich des Todes eingehen, in welchem sie als geistig Tote leben. Es sind jene, die ihr irdisches Dasein nicht gemeistert haben, die in der Erdenschule das Wachstum des Inneren versäumt haben.

Der neue Mensch pflegt die Gemeinschaft, denn er hat den Gemeinschaftssinn entwickelt, das Gemeinwohl: Einer für alle, und alle für Einen.

Der neue Mensch in Mir, dem Christus, kennt keine Gewalttätigkeit, kennt keinen Besitzanspruch und kein Machtdenken.

Er ist der Lichtbringer, der das Licht ausstrahlt und alle mit dem Licht der Wahrheit entzündet, die wahrlich nach der Wahrheit streben.

Das neue Menschentum und die neue Erde sind um einige Schwingungsgrade höher. Diese kann der Weltbefangene, der Habgierige, der nach Macht und Ansehen Strebende nicht mehr erreichen. Er fällt in seine eigenen Fluten, in sein Selbstgeschaffenes.

Das neue Menschentum sind die Menschen mit geistigem Adel, mit inneren Werten, denn Ich, Christus, Bin in ihnen auferstanden.

Der neue Mensch im Zeitalter des Geistes wird das Erdreich besitzen.

Das ewige Sein strömt durch alle Reiche und auf die Erde. Wer zur Wahrheit erwacht ist, der ist zum Sein erwacht, zur schöpferischen Kraft und zum schöpferischen Leben, das die Erde durchflutet, das die Menschen durchdringt, die ihre Seelen adeln. Diese Menschen bringen die schöpferischen Gedanken für die neue Erde.

Erläuterungen:

Als Jesus von Nazareth sprach Ich zu denen, die Mich verstehen konnten, ohne Gleichnisse vom Gesetz des Lebens. Für die, die Mich nicht verstehen konnten, waren die heiligen Worte Geheimnisse; deshalb sprach Ich immer wieder in Bildern. Doch jetzt ist die Zeit gekommen, da Ich, Christus, allen das Gesetz des Lebens offenbare, auf daß sie Mich finden; denn Ich Bin unterwegs, um Mein Reich auf der Erde aufzurichten.

Wer Ohren hat, der höre!

Hierzu sprach unsere Schwester Gabriele
in der Inneren Geist=Christus-Kirche,
der großen Lehrkirche
des Christus-Gottesgeistes:

Liebe Schwester, lieber Bruder, wir müssen lernen, in die Worte hineinzuhören und hineinzuempfinden, um deren tiefen Sinn zu erfassen; sonst werden sich die Worte uns nicht entschlüsseln. Alles Gesprochene bleibt uns dann ein Geheimnis.

Wir verstehen das Gesetz Gottes nur, wenn wir uns selbst verstehen lernen. Wer sich selbst nicht kennt, der versteht sich nicht, und wer sich selbst nicht versteht, der kennt sich nicht. Wer sich nicht kennt, der kann auch nicht in die Worte des Geistes Gottes hineinblicken – für ihn bleiben sie Geheimnisse.

Deshalb der Innere Weg. Wer den Inneren Weg konsequent geht, der reinigt seine Seele. Durch die Reinigung der Seele erweitert sich das Bewußtsein; es fließt mehr Licht und mehr Kraft in die Seele und in den Menschen ein. Der Mensch sieht klarer, weiter, tiefer; er erfaßt und erspürt mehr. Warum? Weil er mehr Energie hat. Je weniger Gottesenergie wir haben, um so weniger verstehen wir, weil wir uns auch selbst nicht verstehen, da wir uns selbst nicht ansehen.

Der Herr sagte: *»Doch jetzt ist die Zeit gekommen, da Ich, Christus, allen das Gesetz des Lebens offenbare.«* Warum? Weil wir in einer mächtigen Umbruchszeit leben, in einer Zeit, wie es sie noch nie gegeben hat. Alle alten Strukturen werden vergehen. In keinem Land, auf keinem Kontinent hält mehr das Alte; es wird gleichsam hinweggefegt. Das bedeutet: Christus kommt.

»Ich Bin unterwegs, um Mein Reich auf der Erde aufzurichten.«

Ja, liebe Schwester, lieber Bruder, Sein Reich sollte auch unser Reich sein, denn wir sind Erben dieses Reiches, da das Reich des Guten, Reinen in uns ist, unser geistiges Erbe. Bei diesem Wissen sollten wir es nicht belassen. Machen wir uns auf! Unser geistiges Erbe müssen wir wieder erschließen, um in das innere Reich zu finden, um Bewohner des Gottesreiches zu sein im Himmel oder auf der Erde im Friedensreich Jesu Christi.

Wir kommen also nicht umhin, das innere Reich zu erschließen – das Absolute Gesetz.

Der Herr sagt: *»Wer Ohren hat, der höre!«* Lernen wir, in die Worte hineinzuhören, und wir brauchen nicht mehr jene Bildersprache, die sich aus Vorstellungen, aus den Reflexionen unseres menschlichen Ichs, zusammensetzt. Dann schauen wir im Wort das Gottesbild und letzten Endes uns selbst als göttliche Wesen.

Die Sprache drückt sich in Bildern aus. Sind es die menschlichen Bilder, dann brauchen wir die Gleichnisse, die Bilder des Kausalgesetzes. Finden wir zum Gottesbild, dann erfassen wir bildhaft die Gesetze Gottes und blicken tiefer. Lösen wir also, was gebunden ist, dann lösen sich auch die »Geheimnisse« Gottes auf.

Gott hat keine Geheimnisse. Mit unseren Sünden, die wir nicht offenbar werden lassen wollen, verschließen wir uns den Zugang zum Inneren Leben. Dadurch blicken wir nicht mehr tiefer und deklarieren das Ganze als Geheimnis Gottes. Lösen wir die Fesseln des menschlichen Ichs, lösen wir uns von unserem geheimen Denken – von dem, was wir noch verbergen möchten –, dann werden wir auch die sogenannten Geheimnisse Gottes lüften.

In Gott gibt es also keine Geheimnisse. Wir selbst sind uns das Geheimnis. Wir selbst haben das ewige Gesetz, unser geistiges Erbe, verschleiert durch unser falsches Denken, durch unsere Sünden. Also müssen wir es wieder entschleiern; denn wir sind Erben der ewigen Wahrheit, Wesen des Lichtes. Wir wissen: Durch das Beschreiten des Inneren Weges finden wir in das Absolute Gesetz, zu unserem geistigen Erbe – nicht hingegen dann, wenn wir nur vom Inneren Weg reden. Dann bleibt es nur beim Reden. Wir müssen jedoch tun!

Reden wir nicht – tun wir! Dann beschreiten wir den Inneren Weg ernsthaft. Nur wenn wir ihn ernsthaft, das heißt konsequent, gehen, finden wir heraus aus dem Sündenpfuhl.

Bedenken wir, wie viele schöne Worte schon um Christus gemacht worden sind und was schon alles über das Kausalgesetz geschrieben worden ist! Es nützt alles nichts, wenn wir nur hören und lesen; es nützt nichts, wenn wir nur darüber reden. Wir müssen es erfüllen – also tun.

Ein neues Menschentum entsteht. Ich, Christus, bringe den Meinen, die Mir wahrlich nachfolgen, die innere Reform, die geistige Erneuerung, für das Innere Leben. Die Sinneswelt vergeht – die geistige Welt steigt empor und mit ihr all jene, die auf Mich, Christus, ausgerichtet sind. Sie sind die Edlen, die Feinen, die das Innere Leben bringen, das neue Menschentum in Mir, dem Christus.

Gabriele:

Die innere Reform, die geistige Erneuerung, heißt also für uns: Wir müssen neu werden. Das bedeutet für uns wiederum das Umdenken – weg vom Menschlichen, hin zum Geistigen.

Christus sagte, es sind die Edlen, die Feinen, die das Innere Leben bringen. Wie werden wir edel? Wie werden wir fein? – Wir müssen uns schleifen lassen.

Ein Bild: Der Diamant, so heißt es, entsteht nur unter Druck. Als Folge des Schleifens und des Polierens glänzt er. Zu diesem Diamanten müssen wir gleichsam wieder werden. Wie? Die Tage bringen das, was wir anschauen sollen. Schauen wir es nicht an, dann bringen sie Leid. Schauen wir es an und bereinigen wir, dann werden die Tage immer lichter. Sie bringen mehr Freude. Warum? Weil der Diamant geschliffen und poliert wird.

Machen wir uns immer wieder bewußt:

Was wollen wir werden? Edle Menschen, feinstes Porzellan, geschliffenes Glas, ein geschliffener Diamant?

Beobachten wir uns im Tagesgeschehen: Wie reagieren wir? Wie denken wir? Ist es edel? Ist es fein? Kann in diesem Gedanken, den ich denke, oder in diesem Wort, das ich spreche, Gott, das Licht, mich durchstrahlen? Bin ich in diesen Worten und Gedanken durchlässig für höhere Kräfte, also fein und edel? Fragen wir uns dies tagtäglich!

Stellen wir uns hin und wieder gleichsam vor einen Spiegel, mit der Frage: Ist mein Inneres feinstes Porzellan, geschliffenes Glas oder ein geschliffener Diamant? Sind also meine Empfindungen, Gefühle, Gedanken, Worte und Handlungen edel? Wenn ja, dann adle ich meine Seele, und der Adel meiner Seele bringt auch das Edle im Menschen zum Vorschein.

Durch den Adel der Seele kommt auch das Feine im Menschen zum Ausdruck. Wir gewinnen Achtung vor unserem Leben und Achtung vor unserem Nächsten. Wir werden durchlässig für höhere Kräfte, weil wir geschliffen sind. Selbstlose Gedanken und Werke sind Ausdruck des Adels der Seele, des Edlen und Feinen im und am Menschen.

Lieber Bruder, liebe Schwester, betrachten wir uns also selbst; legen wir an uns den hohen Maßstab an, der unserem innersten Wesen, dem Ebenbild Gottes, entspricht. Adeln wir unsere Seele, sind wir schon feinstes Porzellan, geschliffenes Glas, ein geschliffener Diamant, dann bemerken wir das in unserem Denken, Reden und Tun. Wenn nicht – warum nicht?

Nehmen wir uns in unser tägliches Leben auch die Aufgabe mit: Gott ist – und ich bin göttlich.

In diesen Worten aus dem göttlichen Gesetz liegt die Bewußtwerdung unseres wahren Wesens. Sie helfen uns, unser Menschliches vom Gesetz des Lebens aus zu erkennen. Gewinnen wir Achtung vor unserem wahren Leben, dann werden wir auch das von uns erkannte Menschliche bereinigen und nicht mehr tun. So adeln wir die Seele. So verfeinern wir unser Wesen. So werden wir edel, weil wir rein werden.

Viele Weltbezogene werden auf den Acker des Todes schauen und am Ende mit leeren Händen in das Reich des Todes eingehen, in welchem sie als geistig Tote leben. Es sind jene, die ihr irdisches Dasein nicht gemeistert haben, die in der Erdenschule das Wachstum des Inneren versäumt haben.

Gabriele:

Ist unser Verhalten nur auf das Zeitliche bezogen, ist für uns nur das Materielle der Maßstab, dann bleiben wir in unserer Gesamtstruktur derb, weil unser ganzes Sinnen und Trachten nur weltbezogen und auf unser grobes, borstiges Ich ausgerichtet ist.

Durch dieses weltbezogene, kämpferische Streben, das Machtstreben, gelangt unsere Seele des Nachts, wenn wir schlafen, nicht in höhere Gefilde, ja, nicht einmal in die nächstliegenden Reinigungsebenen. Sie bleibt erdbewußt und somit auch erdnah. Das bedeutet, daß die Seele kaum um die jenseitigen Welten weiß, da sie sich nur mit der Materie beschäftigt, so, wie sich auch der Mensch einzig mit dem Diesseits identifiziert.

Stirbt der menschliche Körper, scheidet er also hin – wohin geht dann die unwissende Seele? Sie bleibt auf der Erde. Sie hat keine Heimat. Denn so, wie der Baum fällt, so bleibt er liegen. Das ist dann der geistige Tod. Die Seele hat als Mensch die Erdenschule nicht gemeistert; der Mensch war weltbezogen, und die Seele bleibt weltbezogen. Sie kennt ihren Weg in die jenseitigen Welten nicht – und kennt schon gar nicht die ewige Heimat.

Der Herr offenbarte: *»Es sind jene, die ihr Dasein nicht gemeistert haben, die in der Erdenschule das Wachstum des Inneren versäumt haben.«* Wissen wir um die Gesetze Gottes und verwirklichen wir nicht, was wir erkannt haben, reinigen wir uns also nicht, dann läßt sich das Versäumte in diesem Leben nur noch schwer aufholen; denn wir wissen: Der riesige Speicher, der sogenannte Kausalcomputer – die materiellen Gestirne und die Planeten der Astralebenen, welche die Gesetzesverstöße der Menschheit, ihre Sündenlast, ihre Saat, speichern –, ist weitgehend gefüllt. Saat und Ernte folgen nun immer unmittelbarer aufeinander; die Ursachen kommen schneller zum Tragen; die Wirkungen treffen den Menschen immer rascher. Das Weltgebäude, in der Anmaßung gottfernen Denkens und Lebens errichtet, bricht in sich zusammen.

Wer bewußt gegen das Göttliche verstößt, der sollte nicht mehr zögern, jetzt umzukehren. Wir sollten die Hand Christi ergreifen, um nicht von der Woge Welt überrollt und von unserem selbstverursachten Schicksal ereilt zu werden.

Bewußt gegen Gottes Gesetze verstößt derjenige, der sie kennt und nicht danach handelt. Wir Christen haben die Zehn Gebote und die Bergpredigt; diese Gesetzmäßigkeiten halten uns an, das zu erfüllen, was der Herr uns geboten hat. Wir können also nicht sagen, davon hätten wir nichts gewußt. Die Zehn Gebote sind in unserer Seele verzeichnet, weil sie uns von Gott durch Mose gegeben sind, ebenso die Bergpredigt von Jesus, dem Christus Gottes.

Machen wir uns also auf, liebe Schwester, lieber Bruder, um aus dem menschlichen Denken herauszufinden, damit wir nicht mit leeren Händen dastehen, wenn die Stunde für den physischen Leib geschlagen hat.

Der neue Mensch pflegt die Gemeinschaft, denn er hat den Gemeinschaftssinn entwickelt, das Gemeinwohl: Einer für alle, und alle für Einen.

Gabriele:

Der neue Mensch im Lichte Christi pflegt die Gemeinschaft. Was ist die Gemeinschaft im ewigen Sein? Einer für alle, und alle für Einen.

Die Gemeinschaft ist die große Familie Gottes, wo alle Geistwesen im Gesetzesverbund leben und wirken. Entfalten wir diesen Gemeinschaftssinn untereinander, dann kreisen wir auch nicht mehr um unser menschliches Ich, um die Gebilde unseres kleinen Denkens, um unsere selbstgeschaffenen menschlichen Gesetzmäßigkeiten.

Alles ist Gesetz. Im Gesetz Gottes ist alles wohlgeordnet – es ist gesetzt; es ist absolut, und es ist in Ordnung so, wie es gesetzt ist. Das himmlische Gesetz beinhaltet die sieben Grundkräfte Gottes – die göttliche Ordnung, den göttlichen Willen, die göttliche Weisheit, den göttlichen Ernst, die göttliche Geduld, Liebe und Barmherzigkeit. So ist es gesetzt; so ist es vorgegeben – so ist es ewig.

Was nicht dem Absoluten Gesetz, dem Göttlichen, angehört, das fällt unter das Gesetz von Ursache und Wirkung. Es ist das Niedere, Menschliche, das Vergängliche, Gegensätzliche. Auch unsere menschlichen Gedanken sind also Kausalgesetzmäßigkeiten.

Beschäftigen wir uns nur mit unserem Niederen, mit unserem menschlichen Ich, dann können wir den Nächsten nicht erspüren; wir können ihn in unserem Inneren nicht erfassen; wir haben ihn nicht angenommen, geschweige denn aufgenommen. Ihn aufzunehmen heißt, ihn in uns lebendig werden zu lassen.

Das bedeutet zugleich: Erspüren wir unseren Nächsten in unserem Inneren nicht, klingen und schwingen also die positiven Seiten unseres Nächsten nicht in uns, dann sind wir noch mit unserem Menschlichen beschäftigt.

Ist unser Nächster, der ein Teil unseres göttlichen Erbes ist, in unserem Innersten nicht lebendig, dann haben wir keinen Gemeinschaftssinn, weil wir nur mit uns selbst die Gemeinschaft pflegen und die Sinnesempfindungen für unseren Nächsten nicht entfaltet haben. Es mangelt uns an der positiven göttlichen Kommunikation, die den Gemeinschaftssinn ausmacht.

Fehlt einem Menschen der Gemeinschaftssinn, dann gibt es für ihn auch kein Gemeinwohl, da er nur an s e i n Wohl denkt. Das Gemeinwohl ist das Wohl für alle.

Wer also den Gemeinschaftssinn entwikkelt, der strebt dem Gemeinwohl zu. So, wie im Himmel, so auch auf Erden. Im Himmel heißt es: Alle sind in dem Einen, Gott, und allen gehört alles, weil sie Erben der Unendlichkeit sind. Streben wir dem Gemeinschaftssinn, dem Gemeinwohl – allen gehört alles –, nicht zu, dann werden wir auch Christus nicht nachfolgen können. Er führt uns in das Gesetz der Liebe, zu unserem geistigen Erbe, welches das Gemeinschaftsleben und somit das Gemeinwohl beinhaltet.

Das Reich Gottes wird auf die Erde kommen, und so, wie es oben, also im ewigen Sein, ist – ähnlich wird es dann im Reich

Gottes auf dieser Erde sein. Deshalb gibt uns Christus das Gesetz des Lebens; denn dieses Gesetz wird unter denen gültig sein, die Christus nachfolgen.

Im ewigen Sein gehört jedem Wesen alles, weil das große Ganze als Essenz in jedem ist. Das große Ganze – der Makrokosmos – bildet – als Mikrokosmos – unseren geistigen Leib, denn wir sind formgewordenes göttliches Gesetz.

Daraus ergibt sich: Lehnen wir auch nur einen Menschen ab, dann pflegen wir nicht den Gemeinschaftssinn und leben auch nicht im Denken des Gemeinwohls und somit auch nicht im Gesetz des Lebens. Mißachten wir den geringsten Baustein der Natur, so mißachten wir Gott; denn Gott, das Ganze, ist ebenfalls in dieser Lebensform.

Als wir Mensch wurden, haben wir eine große Aufgabe übernommen: göttlich zu werden. Das bedeutet nichts anderes, als wieder alles zu erschließen, was an göttlichen Anlagen, göttlichen Aspekten, göttlichen Kräften in uns liegt. Unser gesamtes göttliches Erbe zu erlangen, das ist die Aufgabe eines jeden Menschen, einer jeden Seele.

Wir haben das göttliche Erbe tief in uns – es muß jedoch in uns wieder zur vollen Blüte erwachen. Unser göttliches Erbe ist dann voll lebendig, wenn die Essenz jedes kleinsten Bausteines des Universums in uns wieder aktiv ist.

Ist uns das bewußt, so werden wir nicht mehr gedankenlos, gleichgültig oder geringschätzig an den kleinen und großen Lebensformen der Natur vorübergehen, die Gott, unser Vater, aus Seiner Strahlung zuließ, um uns Menschen an die Schönheit und Fülle der himmlischen Heimat zu erinnern. Wir werden den Nächsten achten wie auch uns selbst, denn jeder von uns ist das Kind des ewigen Vaters, das wieder zu Seinem Ebenbild werden sollte.

Lieber Bruder, liebe Schwester, werden wir uns der Gemeinschaft, der Einheit mit allem Sein mehr und mehr bewußt! Dabei helfen uns folgende Fragen:

Wen oder was werten wir noch ab?

An wem oder an was gehen wir achtlos vorüber?

Treten wir immer noch achtlos auf Steine, auf Gräser und Blumen?

Unendlich weise und groß ist Gott. Wir setzen unseren Fuß auf Gräser, auf Blumen, auf Steine, ja, sogar auf Tiere – Er in diesen ist also im übertragenen Sinne der Teppich, auf dem wir gehen dürfen. Auf diese Weise dient Gott uns. Unter unseren Füßen ist das ganze Schöpfungsgeschehen, Gott!

Die unendliche Größe, Gott, möchte uns sagen: »Erkenne dich! Du bist Mein Ebenbild. Erlange deine wahre Größe; denn du bist auf Erden, um göttlich zu werden.«

Wer die innere Gemeinschaft mit allen Menschen und allem Sein nicht anstrebt, ist gegen Gott. Wer Gott in sein Leben nicht einbezieht, ist gegen Gott und gegen alles, was göttlich ist. Ein solcher Mensch liebt nur sich selbst, sein niederes Selbst.

Wo Eigenliebe und Ichbezogenheit sind, da kann der Friede, der aus der inneren Kommunikation erwächst, nicht sein. Die Selbstlosigkeit bringt den Sinn für das Gemeinschaftliche, das Gemeinwohl, hervor. Der Gemeinschaftssinn zeigt sich immer auch im Äußeren, in der Tat. Wer also die innere Kommunikation mit allem Sein pflegt, der wird sich auch in die große Familie Gottes begeben und das Gemeinwohl fördern. So, wie im Himmel, so soll es auch auf Erden werden.

Sind wir noch gefangen in unserer Ichwelt, dann blicken wir nur auf den Panzer unseres menschlichen Ichs. Die Enge, das Begrenztsein, zeigt sich darin, daß wir nur an uns denken: »Ich, ich. Mein, mir, für mich!« Nun heißt es: Heraus aus unserer Begrenzung, aus dem Mein und Mir, hin zum Nächsten, der ein Teil von uns ist.

Sind wir in der Begrenzung unseres Ichs gefangen, dann schauen wir Gottes Allmacht nicht, die uns umgibt. Wir hören nicht Seine Liebeempfindungen, die Er uns durch unzählige Münder zuraunt, durch den Strahl der Sonne, durch den Wind, durch die Blätter, durch die Blüten, durch jeden Stein, durch jedes Tier, durch die Strahlung der Gestirne. Wo wir gehen und stehen, ist Gott.

Gott ist tief in unseren Gefühlen, Empfindungen, Gedanken und Worten. Wenn uns dies alles bewußt wird, dann beginnen wir ganz allmählich zu erwachen in dem Bewußtsein: Wir sind Kinder Gottes, Erben der Unendlichkeit. Dann erst werden wir uns aufmachen, den Weg zu Ihm konsequent zu gehen – weil wir erwacht sind.

Wer im Weltlichen schläft, denkt nur an sich. Wer erwacht, denkt mehr und mehr an Ihn, Christus.

Je mehr wir selbstlos für unseren Nächsten sind, um so mehr Menschen werden wir bewußt begegnen, denen wir aus dem ewigen Sein Tropfen des Lebens geben können, auf daß auch sie in den großen Ozean, Gott, finden, der die Gemeinschaft aller Tropfen ist.

Den Gemeinschaftssinn zu entwickeln heißt, bewußt zu leben. Täglich müssen wir lernen, tief im Menschen das Heil zu erfassen und nicht nur auf die Hülle, den Menschen, zu blicken. Blicken wir nur auf das Äußere, dann sehen wir nur auf die Fehler des Menschen. Nehmen wir jedoch unsere Nächsten in uns auf, lassen wir den Gesamteindruck in uns wirksam werden, dann sehen wir auch das Positive.

Bejahen wir das Positive in und an unseren Mitmenschen, dann wird es uns immer leichter fallen, unsere Nächsten an- und aufzunehmen. Vergessen wir nicht: Jeder von uns ist ein Teil im wahren Sein des Nächsten. Jeder von uns trägt in sich die Essenz der Unendlichkeit, und jedes reine Wesen gehört zur Unendlichkeit. Mißachten oder verachten wir einen Menschen, so mißachten und verachten wir Gott.

Liebe Schwester, lieber Bruder, nehmen wir die Aussage »Gott ist in allem, auch in unserem Nächsten« als Bewußteinsstütze, als Hilfe mit in unsere kommenden Tage; denn der Weg zu Gott geht einzig über unseren Nächsten.

Es ist uns geboten, Gott in all unseren Gefühlen, Empfindungen, Gedanken Worten und Handlungen zu verherrlichen, indem wir mehr und mehr unsere Seele adeln, also reinigen. So ist die tiefe Verherrlichung Gottes die Verwirklichung Seiner heiligen Gesetze und deren Erfüllung, um dann wieder zu dem gesetzmäßigen Wesen zu werden, das wir in Gottes Angesicht sind.

Gelangen wir in die Einheit mit unserem Nächsten, dann leben wir das Leben ähnlich wie im Himmel: Einer weiß sich im anderen zu Hause; jeder fühlt sich in jedem. Das ist der Gemeinschaftsverbund Inneren Lebens, das ist die göttliche Kommunikation im All.

Das gleiche gilt für die Naturreiche der Heimat, für die Tiere, Pflanzen, Mineralien. Das gleiche gilt für die Gestirne des ewigen Seins. Es ist ein großes, allumfassendes Kommunikationsnetzwerk – das All. Alle Kommunikationen, jeder einzelne Impuls und Strahl in diesem reinen kosmischen Netzwerk ist im Geistwesen als Essenz enthalten. Jedes Geistwesen ist als Essenz im anderen enthalten, und alle und alles bilden die große Einheit in Gott.

Der neue Mensch in Mir, dem Christus, kennt keine Gewalttätigkeit, kennt keinen Besitzanspruch und kein Machtdenken.

Er ist der Lichtbringer, der das Licht ausstrahlt und alle mit dem Licht der Wahrheit entzündet, die wahrlich nach der Wahrheit streben.

Das neue Menschentum und die neue Erde sind um einige Schwingungsgrade höher. Diese kann der Weltbefangene, der Habgierige, der nach Macht und Ansehen Strebende nicht mehr erreichen. Er fällt in seine eigenen Fluten, in sein Selbstgeschaffenes.

Das neue Menschentum sind die Menschen mit geistigem Adel, mit inneren Werten, denn Ich, Christus, Bin in ihnen auferstanden.

Der neue Mensch im Zeitalter des Geistes wird das Erdreich besitzen.

Das ewige Sein strömt durch alle Reiche und auf die Erde. Wer zur Wahrheit erwacht ist, der ist zum Sein erwacht, zur schöpferischen Kraft und zum schöpferischen Leben, das die Erde durchflutet, das die Menschen durchdringt, die ihre Seelen adeln. Diese Menschen bringen die schöpferischen Gedanken für die neue Erde.

Erfasset, ihr Menschen dieser Zeit: Sobald der Mensch umkehrt und dem materialistischen Treiben entsagt, geht er einwärts in das Reich der Stille. Kaum hat er den einen Schritt getan, erkennt er, daß Gott, der Ewige, ihm diesen Weg schon längst vorbereitet hat.

Der Mensch, welcher der Wahrhaftigkeit zustrebt, überwindet sein niederes Ich nicht um seiner selbst willen, sondern, um wieder göttlich zu werden.

Erläuterungen:

Erfasset, ihr Menschen dieser Zeit: Sobald der Mensch umkehrt und dem materialistischen Treiben entsagt, geht er einwärts in das Reich der Stille.

Hierzu sprach unsere Schwester Gabriele
in der Inneren Geist=Christus-Kirche,
der großen Lehrkirche
des Christus-Gottesgeistes:

Wenn wir lesen: *»... dem materialistischen Treiben entsagt ...«*, dann denken wir an die hektische Welt, an das Getöse, das Jagen des veräußerlichten Lebens, das allein das Materielle sieht und kennt. Doch wer treibt die Materie an? Wer gehört dazu?

Der Mensch selbst ist die Ursache der Unruhe, der Hektik, des chaotischen Treibens. Es sind unsere menschlichen Gedanken, die uns selbst jagen, so daß wir wieder andere jagen. Dadurch sind wir Gehetzte.

Lassen wir uns treiben, dann sind wir Getriebene. Je mehr wir uns von unseren Gedanken und Wünschen treiben lassen, um so weniger kennen wir uns, weil dieses Getriebensein die Hektik in unser Leben bringt. Die Gedanken jagen durch unser Gehirn, und wir erfassen uns nicht mehr, weil wir unsere Gedanken nicht mehr fassen können.

Wir Menschen treiben das Rad des Materialismus an, weil wir selbst materialistisch sind, auf unseren Vorteil bedacht, weil wir selbst auf Wollen und Haben setzen und uns so mehr und mehr nach außen kehren, anstatt einwärts zu gehen in das Reich der Stille.

Im Reich der Stille ist es ruhig. Unsere Gedanken kommen in Harmonie. Wir werden friedvoll, und all die kleinen und größeren Wünsche, die wir als Menschen haben, werden wir uns in dem Bewußtsein erfüllen: Gott weiß, was für mich gut ist.

Es heißt also nicht, daß wir uns die Erfüllung aller Wünsche versagen sollen. Es gilt, uns von den drängenden Wünschen, die uns umnebeln, die unser Bewußtsein lahmlegen, zu befreien. Diese sollen wir anschauen und mit Christus bereinigen; denn Gott, unser Vater, möchte, daß es uns gut geht. Bauen wir auf Christus, indem wir mehr und mehr die Gesetze Gottes erfüllen und dem Bewußtsein zustreben, göttlich zu werden! Dann werden wir alles besitzen, was wir brauchen, denn Gott weiß, was für uns gut ist.

Denken und leben wir in diesem Bewußtsein und vertrauen auf Gott in allen Dingen, so wird sich das erfüllen, was einem Kind Gottes gebührt. Dadurch adeln wir auch unsere Seele. All das Drängende, Hektische ist nicht der Adel, ist nicht das Feine im Menschen. Durch dieses unwürdige Verhalten wird der Mensch immer gröber, immer derber. Er will nur noch haben und raffen; die Gier tut sich auf, und er giert nach allem, was er sieht und wessen er habhaft werden kann.

Das Reich Gottes in uns ist der innere Reichtum. Wer wahrlich das Kind der inneren Stille ist, empfängt, was er benötigt und darüber hinaus. Das Kind der inneren Stille muß nicht darben; es muß nicht hungern; es wird niemals im Sumpf leben – außer wir haben

Sumpfgedanken, Gedanken, die uns treiben, Gedanken des Sein- und Habenwollens, der Machtansprüche und dergleichen.

Wer in die Stille einkehrt, der empfängt. Wer im Äußeren lebt, der nimmt.

Das Nehmen hat immer die Gier in sich, das Raffen: Alles nur für mich!

Je mehr der Mensch nimmt, um so ärmer wird er werden – spätestens dann, wenn seine Seele in einer weiteren Inkarnation jene Stationen aufsucht, an denen seine einstige Lieblosigkeit und Hartherzigkeit ihre Spuren hinterlassen hat.

Das heißt nicht, daß wir in den Tag hineinleben sollen, daß wir einfach sitzen und meditieren sollen. Der geistige Mensch ist beweglich, ist dynamisch. Er wirkt von innen heraus. Er plant, stellt den Plan in Gottes Willen und läßt sich von Gott im Plan führen, Tag für Tag. Dann nimmt er nicht – er empfängt und kann geben. Er ist nicht getrieben – er ist dynamisch.

»Sobald der Mensch umkehrt und dem materialistischen Treiben entsagt, geht er einwärts in das Reich der Stille.«

Lieber Bruder, liebe Schwester, wir gehen also in unser Inneres. Was ist dieses unser Inneres? Es ist unsere Heimat, der einzige Hort, wo wir sicher und geborgen sind.

Unser Inneres ist Gott, ist das Gesetz der Liebe. Das Gesetz der Liebe können wir uns als eine mächtige, weiße Flamme vorstellen, die in unserem Inneren leuchtet. Es ist die Flamme der selbstlos gebenden, der unpersönlichen Liebe, die Flamme der Gerechtigkeit; es ist die Flamme der sieben Grundkräfte; es ist das Gesetz, Gott.

Gott, unser Vater, ist die einzige Sicherheit in Christus, unserem Erlöser. Er, der in unserem Innersten wohnt, lädt uns ein, in diesen Innenraum einzutreten, der unsere Sicherheit ist. Das Innere Licht, in das wir eintauchen, gibt uns Halt, gibt uns Geborgenheit, schenkt uns Frieden, Harmonie und Stille. Also ist das Innere, in das wir uns immer wieder hineinbegeben wollen oder hineinbegeben, für uns gleichsam eine Festung, eine Burg, in der wir sicher und geborgen sind.

Fragen wir uns: Wovon sprechen wir, wenn wir sagen »Wir gehen in unser Inneres«?

Schauen wir genau hin: Sind wir dann wirklich in unserem Inneren – oder sind wir in unseren menschlichen Empfindungen und Gedanken? Fühlen wir uns sicher? Fühlen wir uns in einer Festung, in einer Burg, geschützt von dem großen All-Einen, der unser Leben ist, der die Liebe ist, der unser Vater ist? Oder sind wir noch außerhalb?

Liebe Schwester, lieber Bruder, verfeinern wir mehr und mehr unsere Empfindungen und Gedanken, unsere Worte, Handlungen und unsere Sinne, lassen wir sie also göttlich werden, dann ziehen wir unsere Sinneswelt gleichsam nach innen und verweilen in dem Inneren Licht. Das Innere Licht umfängt uns, hüllt uns ein und stärkt uns. Jeder Gedanke, der im Inneren Licht, im Innersten also, gedacht wird, ist göttlich, ist friedvoll, ist harmonisch. Jede Empfindung und jedes Gefühl, das im Ozean Gott ruht, läßt den Menschen – die äußere Hülle – spüren, daß er ein Wesen in Gott ist.

Wer in diesem Bewußtsein lebt, daß sein innerstes Wesen im Zentrum der Liebe, im

Licht, lebt, der wird nicht anders können, als ja zu sagen – zu Dem, der das Schönste, das Heiligste, ja, das Absolute ist.

Das Schönste, das Heilige, das Absolute ist unser göttliches Erbe, sind wir im reinen Geistkleide. Das reine Wesen hält sich beständig im Licht Gottes auf. Das Licht Gottes, das durch alle reinen Reiche strömt und strahlt, ist Symphonie, ist der Ozean, in welchem sich alle reinen Wesen und reinen Formen bewegen.

So mancher fragt sich: Wie mag es dort aussehen, wo die Geistwesen zu Hause sind, wo auch ich als reines Wesen bin und wirke?

Gott, unser Vater, schenkte uns den Planeten Erde. Die Erde – wie der ewige Vater sie uns gegeben hat – ist ein wunderschöner Planet, ein Abglanz der Himmel. Auch hier gibt es wunderschöne, mächtige Gärten. Denken wir an die großen Gärten mit den Bäumen, den Rosen und den Sträuchern. Die Sonne bestrahlt die Gärten – wir sehen Licht und Schatten.

In der ewigen Heimat leuchtet jede Lebensform aus sich selbst heraus durch den strahlenden und pulsierenden Wesenskern, der alles in allem ist. Jede Rose, jedes Blatt leuchtet aus sich selbst heraus. In den großen Parkanlagen, gerade in den großen italienischen Gärten, sehen wir hin und wieder zierliche Brücken, die über kleine Bäche führen. Ähnlich ist es in der ewigen Heimat.

Der Abglanz der großen Parkanlagen dieser Erde vermittelt uns ein Ahnen von den Gärten unserer himmlischen Heimat. Im ewigen Sein gibt es keine Trennung, keine Hekken und Zäune. Die ganze Unendlichkeit des reinen Seins ist der Garten Gottes, in welchem sich die Bauwerke der Geistwesen befinden. Sie bestehen aus feinsten und erlesensten feinstofflichen Mineralien, die aus sich heraus selbsttätig leuchten. Die Geistwesen sind eins mit allem, was strömt und Form geworden ist.

Diese wenigen Worte möchten eine kleine Ahnung von dem vermitteln, was uns im ewigen Sein erwartet. Die Formen der Natur auf dieser Erde deuten das an, was auch in den reinen himmlischen Welten ist, nur heruntertransformiert in die Materie, erfahrbar in unserer Welt der Sinne. Lernen wir, uns hineinzuspüren in das, was wir sehen, lernen wir also zu schauen, dann nehmen wir mehr wahr, als die äußere Hülle uns zeigt. Schauen wir, statt zu sehen, so erfahren wir einen Hauch dessen, was auch in den materiellen Formen lebt: das Göttliche.

Manch einer denkt, in den anderen Dimensionen müßte alles leer, alles unbewohnt sein. Nein: Es ist ein reges Leben, ein Leben im Gesetz Gottes und mit dem Gesetz Gottes, ein göttliches Schaffen und Wirken im großen kosmischen Gesetz und mit dem kosmischen Gesetz; denn Gott, der Schöpfer, atmet ein und aus. Unermüdlich sind Seine Werke des göttlichen Schaffens. Die Geistwesen formen und gestalten entsprechend ihrer Mentalität, das heißt sie wirken gemäß der Grundkraft, zu deren Ebene sie gehören.

Jedes Geistwesen ist komprimiertes ewiges Gesetz, und somit ist die ganze Unendlichkeit als Essenz und Kraft in ihm. Das Geistwesen hat es nicht nötig zu sagen »Das ist mein«, denn jedes Geistwesen ist Erbe der Unendlichkeit. Weil es Erbe der Unendlichkeit ist, kann es auch den Fuß überallhin setzen. Es muß nicht da und dorthin gehen, um seinen Nächsten zu treffen. Alles kann sich in ihm selbst vollziehen durch das Prinzip der göttlichen Kommunikation. Das schließt die Entfernung »da und dort« aus.

Wir sind auf Erden, um göttlich zu werden, um wieder zurückzukehren in das ewige Sein, von wo wir kamen und zu dem wir wieder werden müssen. Für uns Menschen scheint es noch ein weiter Weg, wenn wir an das Dort denken. Wird uns jedoch bewußt, daß die ganze Unendlichkeit als Licht und Kraft durch uns hindurchströmt, ja, daß unser geistiger Leib das komprimierte Sein ist und daß in jeder Zelle unseres Leibes die Allkraft, Gott, wohnt, dann wissen wir: Gott ist da. Gott ist ganz nah. Und in uns ist das ewige Gesetz, unsere Heimat, unser Wesen, das göttlich ist.

Einerlei, wo wir gehen, wo wir stehen – Gott, der Ewige, ist bei uns. Betrachten wir im Äußeren Gegenstände – wer strahlt uns an? Gott. Er strahlt in unser Inneres hinein. Achten wir nur auf die äußere Erscheinungsform, so fassen wir Ihn nicht. Solange wir nur auf das Äußere schauen, sind wir Veräußerlichte und sehen auch nur das Äußere. Dann fällt es uns schwer, in dem Bewußtsein zu leben, Kinder Gottes zu sein, reine Wesen, göttliches Sein, göttliches Leben.

Viele fragen: »Können wir auf Erden, können wir als Mensch göttlich werden?« Die Antwort lautet: Es ist unsere Seele, die göttlich werden kann. Der Mensch braucht die Programme für diese Erde. Denken wir zurück: Was wir von Kindheit an gelernt haben, um als Mensch bestehen zu können, das sind diese Programme.

Lassen wir jedoch unsere Erdenprogramme, die wir als Mensch brauchen, vom Geist Gottes durchstrahlen, dann sind wir geführt, und wir werden mit unseren weitgehend reinen Sinnen und Gedanken tiefer schauen. Wir werden dann wahrnehmen und in der Tiefe erfassen, was im Äußeren nicht erkennbar ist.

Statt nur hinzusehen, müssen wir lernen, das, was wir sehen, in uns aufzunehmen und in unserem Inneren zur Wirkung kommen zu lassen. Dann spüren wir mehr und mehr, daß Gott uns nahe ist. Gott steht uns bei. Er gibt uns Kraft und führt uns auch über unsere irdischen Lebensprogramme des Denkens, des Sprechens und des Handelns.

Geben wir uns nicht mit dem Äußeren, der materiellen Hülle, zufrieden, sondern sind bestrebt, uns in die äußeren Formen der Materie, in das Leben der jeweiligen Form, hineinzuspüren, dann erschließen wir allmählich unser geistiges Bewußtsein und können das Leben der Formen aufnehmen, auf die wir blicken.

Wie geht das? Wir schauen zunächst die gesamte materielle Struktur der Lebensform an. Wir bejahen die göttliche Lebenskraft in der Form. Dadurch beginnen wir zu senden. Wir senden – gleichzeitig empfangen wir; denn wenn wir Menschen, Gegenstände oder Formen der Natur ansenden, dann strahlen diese sofort zurück, und wir empfangen. Durch die Erfüllung der ewigen Gesetze und durch diese Übung erschließen wir ganz allmählich unser göttliches Bewußtsein und nehmen von dort die Kommunikationen wahr durch das Prinzip Senden und Empfangen.

Lieber Bruder, liebe Schwester, bemühen wir uns, bewußt Schritte zu tun, und seien sie noch so klein. Erinnern wir uns während des Tages an eine Bewußtseinsstütze, an einen Merksatz, an eine Aufgabe, eine Übung und wenden wir sie an – wir werden merken: Schon ein kleiner Schritt wird von innen her belohnt. Wir dürfen es empfinden, wir dürfen es spüren.

Auch wenn noch Spuren von Menschlichem dabei sind – allein das Bemühen wird schon von der göttlichen Kraft belohnt. Die Antwort ist die Empfindung von Freiheit, von Leichtigkeit und von Freude. Das ist die Antwort Gottes. Das ist die Belohnung des Vaters an das Kind, das mehr und mehr die Schritte hin zu Ihm tut.

Auch mit den Tieren können wir in innere Kommunikation treten. Üben wir uns, die Kommunikation mit dem Innersten in unserem Tiergeschwister aufzunehmen, mit den Schöpfungskräften in ihnen.

Dadurch nehmen wir immer mehr Abstand von dem persönlichen, einengenden, egozentrischen menschlichen Ich und können uns, den noch bestehenden Ich-Menschen, betrachten. Auf diese Weise der Selbsterkenntnis und Bereinigung des Menschlichen finden wir immer mehr einwärts in das innere Reich Gottes, die Stille in uns.

Kaum hat er [der Mensch] den einen Schritt getan, erkennt er, daß Gott, der Ewige, ihm diesen Weg schon längst vorbereitet hat.

Gabriele:

In diesem Satz liegt unendlich viel Hoffnung. *»Kaum hat er den einen Schritt getan, erkennt er, daß Gott, der Ewige, ihm diesen Weg schon längst vorbereitet hat.«* Durch wen? Durch Christus.

Wir alle wissen: Christus ist der Weg, die Wahrheit und das Leben. Mit Seinem Golgatha-Opfer hat Er uns den Weg bereitet. Durch Christus ist der Weg schon vorgegeben – für jeden von uns. Wir werden ihn gehen, weil wir die Erlösung in uns tragen. Wann wir ihn gehen, das bestimmt aufgrund des Gesetzes des freien Willens jeder von uns selbst.

»... einen Schritt getan«, das heißt, wir haben verwirklicht. Unsere Seele ist lichter geworden. Das Licht der Seele ist größer und strahlt weiter. Dadurch sehen wir schon den

nächsten Schritt vor uns, und wir haben auch die Kraft, ihn zu gehen. Denn je größer das Bewußtseinslicht der Seele wird, um so weiter sehen wir, um so tiefer schauen wir, um so mehr erkennen wir – bei uns selbst und durch die Verwirklichung auch an unserem Nächsten. Nur dadurch können wir Hilfe geben.

Denken wir an Christus. Er bereitete uns den Weg durch Golgatha. Er geht ihn mit uns und führt uns zum Vater.

Mit Christus und durch Ihn reifen wir hinein in das göttliche Leben, das tief in unserer Seele ist, das darauf wartet, wieder erschlossen zu werden. Deshalb sind wir Wanderer auf dieser Erde. Solange wir nicht in Gott ruhen, wandern wir, und wir werden immer wieder unzufrieden sein, immer wieder unglücklich. Glauben wir auch heute, das Glück sei uns hold – morgen ist es schon entwichen. Das äußere Glück ist nicht von Dauer; es folgt immer wieder Unzufriedenheit oder Unglück.

Wir müssen das innere Glück finden. Es ist die Festigkeit in Christus. Das innere Glück ist die Sicherheit und die Geborgenheit in Christus. Wagen wir es mit Ihm! Er ist gegenwärtig; Er ist in uns.

Der Tag zeigt uns auf, daß wir Ihm näherkommen können. Wie? Jedem einzelnen sagt es der Tag. Und auch im Tag, in allen Ereignissen, in allen Widrigkeiten – gleich, was auf uns zukommt – ist Christus der Helfer. Er ist immer bei uns.

Gehen wir in dem Bewußtsein, daß Er immer bei uns ist, durch unsere Tage, dann wagen wir es auch, mit Ihm die Schritte heraus aus unserem Menschlichen zu tun. Dann ist uns das innere Glück beschieden und im inneren Glück der innere Friede. Im inneren Frieden wächst die selbstlose Liebe, weil wir nicht nur auf die Fehler unseres Nächsten schauen. Wir schauen unseren Nächsten auch mit seinen positiven Seiten.

Sagen wir ja zu Christus! Wagen wir es, mit Ihm den ersten Schritt zu tun – und wir gewinnen Mut, die weiteren Schritte zu vollziehen und reifen so hinein in das Leben, in unser wahres Leben, das göttlich ist.

Wohl dem, der zu erfassen vermag, daß der wahre Halt – der Halt, der immer hält – uns so nahe ist! Es ist Christus in unserer Seele. Es ist Christus in jeder Zelle unseres Leibes. Es ist Christus in jedem Gedanken, in jedem Problem, in jeder Schwierigkeit die positive Lösung. Christus ist im Vater der allgegenwärtige Geist, und der Geist Gottes ist in uns.

Unsere Tage verändern ihr Gesicht, wenn wir uns dies des öfteren vergegenwärtigen: Wo wir auch hingehen – der Halt, die Sicherheit, ist in uns. Was auch geschieht – der Halt, die Sicherheit, ist in uns. Gleich, was wir denken, auch wenn wir glauben, wir können diese und jene Probleme kaum bewältigen – der Halt, die Sicherheit, die Hilfe ist in uns.

Er, Christus, ist immer da – immer bereit, uns zu helfen. Wenn wir fallen – Er fängt uns wieder auf, stellt uns auf die Beine und spricht: »Komm, geh weiter!« Wohin? Zu Ihm. Wo ist Er? Da, dort? Nein! I n uns.

Wird uns dies bewußt, dann erlangen wir innere Sicherheit. In der inneren Sicherheit spüren wir die Geborgenheit – und in der Geborgenheit wächst wieder die Liebe. Es ist die Liebe des Kindes zum ewigen Vater; denn Christus und der Vater sind eins: e i n Strom, der eine Geist, der alles durchdringt.

In der heutigen Zeit brauchen wir Ihn mehr denn je. Christus weicht nicht von uns; Er verläßt uns nicht. Auch dann, wenn wir Ihn jahre-, jahrzehntelang verschmäht haben, auch dann, wenn wir kaum an Ihn gedacht haben, auch dann, wenn wir Ihn verleugnet und nicht an Ihn geglaubt haben – Christus ist da. Eine ehrliche Bitte, ein kleiner, selbstloser Schritt hin zu Ihm, hinein in das Innere – und Er kommt uns aus dem Innersten mehrere Schritte entgegen.

Lieber Bruder, liebe Schwester, tun wir den Schritt, Ihm zu vertrauen, uns Ihm anzuvertrauen, so werden wir sehr bald erfahren, daß Christus uns Halt ist; Er ist der Tröster und der Erlöser. Er ist der Weg zum Vater. Er ist die Wahrheit in uns. Christus ist unser Leben, und wir sind in Ihm das Leben.

Der Mensch, welcher der Wahrhaftigkeit zustrebt, überwindet sein niederes Ich nicht um seiner selbst willen, sondern, um wieder göttlich zu werden.

Gabriele:

Was liegt für uns in dieser Aussage?

Legen wir unser niederes Ich um unser selbst willen ab, dann werden wir im Geistigen wenig Fortschritte erzielen. Zwar legen wir eventuell das eine Menschliche ab, bauen jedoch das andere Menschliche auf, weil es uns nicht darum geht, göttlich zu werden, sondern darum, weiteres zu erreichen. Das ist Selbsttäuschung. Wir werden nicht weiteres erreichen, sondern wir werden weitere Ichheiten, weitere Menschlichkeiten, aufbauen. Denn aus der Wurzel des Niederen wird nur wieder Niederes hervorgehen, wenn wir uns nicht in das Bewußtsein versetzen, göttlich zu werden.

Unser Ziel, unsere innere Motivation, ist wesentlich. Ist unser Ziel, Christus, dem Inneren Licht, dem Gesetz der Himmel, näherzukommen, dann werden wir Christus, das Innere Licht, das Gesetz der Himmel, auch in uns erschließen.

»Der Mensch, welcher der Wahrhaftigkeit zustrebt ...«

Lieber Bruder, liebe Schwester, was ist Wahrhaftigkeit? Wahrhaftigkeit ist Göttlichkeit.

Wahrhaftigkeit kommt von Wahrheit. Die Wahrheit kommt aus der Lauterkeit, und die Lauterkeit ist die Reinheit, die Absolutheit. Die Wahrheit ist die Tiefe des Seins und das Sein selbst. Die Wahrheit ist die Quelle, aus der die Wahrhaftigkeit entströmt. Denn der Wahre ist der Lautere, und der Lautere ist der Reine, und der Reine ist der Wahrhaftige, und der Wahrhaftige lebt in der Quelle der Wahrheit.

Wir können also unser Menschliches nicht überwinden, wenn wir *uns* nicht überwinden, wenn wir den geistigen Fortschritt nur für unser Persönliches erlangen wollen. Denn das menschliche Streben hat schon wieder Wurzeln für neue Menschlichkeiten. Dann bauen wir weiter im Gesetz von Saat und Ernte.

Wir wollen jedoch göttlich werden. Das ist das Ziel jeder Seele und der Sinn und Zweck unseres Erdenlebens. Deshalb sollen wir der Wahrhaftigkeit zustreben. Die Wahrhaftigkeit erlangen wir, indem wir allmählich in unser wahres Selbst eintauchen. Täglich gilt für uns die Frage: Wer bin ich in meinen Worten und in meinen Werken? Bin ich wahrhaftig – oder noch menschlich? Wie ist meine Gefühls- und Empfindungswelt? Die Welt der Gefühle und Empfindungen sagt uns klarer und deutlicher als unsere Gedankenwelt, ob wir wahrhaftig sind oder nur vom Intellekt her die Wahrheit bejahen.

Was im Gehirn ist, das ist noch lange nicht im Herzen. Das Gehirn birgt unsere menschlichen Programme, unser Wissen, unser Verstandesdenken. Im Herzen, dem geistigen Bewußtsein, in den Tiefen unserer Seele, wohnt das Göttliche, der Logos, die Intelligenz – die Wahrheit. Infolgedessen täuscht der Intellekt, jedoch niemals die Intelligenz in der Seele.

Dort ist die Wahrheit, und aus ihr entspringt die Wahrhaftigkeit. Alles andere ist Täuschung und Schein.

Die Wahrheit ist schlicht, still und einfach – sie ist das Sein. Alles Wahrhaftige, Göttliche ist das Sein. Nur das Sein-Wollende, das nicht das Sein ist, will glänzen, sich darstellen, will schillern und brillieren. Wer auf das Wissen und den Intellekt setzt, der glänzt und schillert; das ist nicht Leben, nicht Sein, nicht Wahrheit, sondern Schein – hohl und vergänglich.

Dazu ein Satz aus der göttlichen Weisheit:

Jeder hat sich selbst zu dem gemacht, was er heute i s t – nicht, wie er heute schillert! Morgen wird er wieder das sein, was er heute ist – er wird jedoch nicht mehr schillern.

Die Wahrheit – gleich Weisheit – ist ohne Wenn und Aber; sie ist fraglos. Die Weisheit muß nicht fragen. Sie erfaßt den Kern, das Innere, das Herz aller Dinge und Geschehnisse und w e i ß .

Wer in sein Inneres gelangen möchte, vom Kopf ins Herz, der möge folgende Aussagen in sich bewegen:

Das Wissen hat nur ein Auge für das Äußere. Wer nur Wissen hat, der fragt - weil er keine Weisheit besitzt. So läßt sich sagen: Der Wissende fragt – der Weise weiß.

Gelebtes geistiges Wissen wird zur Weisheit, zum Inneren Leben, dem Leben aus und in Gott. Sind geistiges Wissen und Weisheit Einheit geworden, dann schaut der Mensch allem auf den Grund; er weiß um alle Dinge; denn er ist weise geworden.

Was Ich euch offenbare, ist der Weg zum göttlichen Gesetz und auch das göttliche Gesetz selbst.

Hierzu sprach unsere Schwester Gabriele
in der Inneren Geist=Christus-Kirche,
der großen Lehrkirche
des Christus-Gottesgeistes:

In dem Buch »Die großen kosmischen Lehren des Jesus von Nazareth an Seine Apostel und Jünger, die es fassen konnten. Das Leben der wahren gotterfüllten Menschen« berührt der Herr für uns auch immer wieder das Kausalgesetz. Vom Absoluten her strahlt Er in das Gesetz von Ursache und Wirkung, damit wir uns selbst finden und durch Verwirklichung herausfinden – zu unserem wahren Erbe, zu unserem wahren Sein.

So können wir sagen: Es ist die Hand Gottes, die Er uns reicht, die Hand des Vaters, der Seinem Kind heraushelfen möchte aus der

Mühsal und Bedrängnis, der Umklammerung durch das menschliche Ich. Unser Vater möchte uns emporziehen in das Lichte, Reine, Feine, in das Sein. Er ist da, immer bereit für uns. Es liegt allein an uns, wann wir Seine Hand ergreifen, um sie nicht mehr loszulassen.

Kommet alle zu Mir her, denn Ich Bin das Leben, das euch reich macht.

Ich Bin der innere Reichtum, Christus, der sich euch schenkt. Öffnet eure Herzen – und ihr werdet Herzensdenker, die einwärts blicken und so das Reich des Inneren auf die Erde kommen lassen.

Ich Bin das Reich des Inneren. Deshalb kommet in euer Inneres, und wisset: Jeder von euch ist der Tempel des Heiligen Geistes. Reinigt den Tempel; dann heiligt ihr eure Empfindungen, Gedanken, Worte und Werke, und ihr werdet der neue Mensch sein, der nicht statisch, sondern dynamisch denkt, der die drei Dimensionen durchdringt, weil er das Kind des Alls ist – der Sohn und die Tochter Gottes, welche die Sohn- und Tochterschaft leben, weil sie in Gott, ihrem Vater, leben.

Erläuterungen:

Kommet alle zu Mir her, denn Ich Bin das Leben, das euch reich macht.

Ich Bin der innere Reichtum, Christus, der sich euch schenkt. Öffnet eure Herzen – und ihr werdet Herzensdenker, die einwärts blicken und so das Reich des Inneren auf die Erde kommen lassen.

Hierzu sprach unsere Schwester Gabriele
in der Inneren Geist=Christus-Kirche,
der großen Lehrkirche
des Christus-Gottesgeistes:

Liebe Schwester, lieber Bruder, Christus ruft: *»Kommet alle zu Mir her, denn Ich Bin das Leben, das euch reich macht.«*

Wir wissen: Christus, der Geist des Lebens, ist in uns. Er ist das zentrale Licht unserer Seele. Er ist in jeder Zelle unseres Leibes. Er ist im Vater allgegenwärtig in allem Sein. Das bedeutet für uns, daß wir uns nach innen wenden müssen, denn nur im Inneren finden wir Ihn. Suchen wir Christus im Äußeren, dann werden wir Ihn nicht finden. Dann stellen wir Theorien und Meinungen über Christus auf – und davon gibt es viele.

Wer Christus nicht in seinem Herzen findet, der findet sich selbst nicht. Er kennt sich nicht. Nicht kennen heißt, sein göttliches Erbe verleugnen durch Nichtbeachtung des ewigen Seins. Denn zu Christus finden heißt, sich selbst finden, sich selbst erkennen, das Menschliche ablegen, um göttlich zu werden. Dann einen wir uns mit dem Erlöserfunken, Christus, in uns. Daraus ersteht der Urfunke, der uns die Leuchte ist ins Reich Gottes zu unserem Vater.

»Ich Bin der innere Reichtum«, so spricht Christus.

Wer den inneren Reichtum nicht erschließt, wer nur nach äußerem Reichtum strebt, wer Äußeres sammelt und rafft und hortet, der ist im Inneren arm. Wenn er auch heute noch reich ist, so wird er doch morgen arm sein; denn das Gesetz von Saat und Ernte wird immer zur rechten Zeit aktiv, gemäß der Strahlung der Gestirne.

Wer nach äußerem Reichtum strebt, wer rafft und neidet, wer giert und Besitz hortet, der ist in den Augen der Welt ein angesehener Mann. Vom Geiste Gottes, dem inneren Reichtum aus gesehen, ist er ein armer Mann, denn er hat sich als Reicher schon in die Armut gestürzt.

Nur wer gibt, ist reich, nicht der, welcher nimmt. Denn Gott, das Leben, gibt und verschenkt sich unermüdlich. Wer im inneren Reich lebt, der braucht nicht zu bangen, daß sein Reichtum vergeht. Gott ist Unendlichkeit, unendliche Liebe, Ewigkeit und ewiger Reichtum. Wer selbstlos gibt, lebt im Kreislauf des Gebens und Empfangens; und dieser Kreislauf ist ewiglich.

Das Leben, die Liebe, ist Geben. Wer nicht selbstlos gibt, der liebt nicht. Wer nicht gibt, der lebt nicht. Es gibt keine Erfüllung durch Nehmen, nur durch Geben.

Selbstloses Geben ist selbstloses Empfangen, ist der Kreislauf des Lebens.

Ich Bin das Reich des Inneren. Deshalb kommet in euer Inneres, und wisset: Jeder von euch ist der Tempel des Heiligen Geistes. Reinigt den Tempel; dann heiligt ihr eure Empfindungen, Gedanken, Worte und Werke, und ihr werdet der neue Mensch sein, der nicht statisch, sondern dynamisch denkt, der die drei Dimensionen durchdringt, weil er das Kind des Alls ist – der Sohn und die Tochter Gottes, welche die Sohn- und Tochterschaft leben, weil sie in Gott, ihrem Vater, leben.

Gabriele:

Wie oft haben wir schon gehört: Jeder von uns ist der Tempel des Heiligen Geistes.

Solange wir äußere Tempel brauchen, haben wir unseren eigenen Tempel nicht geheiligt. Solange wir in äußere Tempel gehen, um Gott anzubeten, haben wir uns als Kind Gottes noch nicht gefunden. Solange wir Menschen anbeten, beten wir die Finsternis an. Einzig Gott soll angebetet werden; denn Er ist das Ganze, Er ist die Mitte in unserem Leben, Er ist der Heilige, und wir sollen Geheiligte werden.

Wer seinen eigenen Tempel nicht reinigt, der verschmutzt auch den Tempel seines Nächsten; wer seinen eigenen Tempel nicht reinigt, der verschmutzt die ganze Erde, denn er huldigt dem, der es so will.

Der neue Mensch, der Mensch des Geistes, denkt nicht statisch, sondern dynamisch. Er ist nicht eingekerkert und in seiner Vorstellungswelt festgefahren. Er denkt nicht von hier nach dort – er durchdringt die drei Dimensionen, weil ihm bewußt ist, daß er göttlich ist. Die drei Dimensionen zu durchdringen heißt: nicht die Enge, die Materie zu bejahen, sondern sich in die Materie hineinzuspüren, auf daß wir Den finden, der in allem ist und der um alle Dinge weiß.

Erweitert sich unser Bewußtsein, dann leben wir auch bewußt. Was uns begegnet, betrachten wir nicht nur von außen, sondern wir nehmen das Innere in uns auf und lassen es in uns lebendig werden. So spüren wir, daß die drei Dimensionen nur in unserer Denkwelt bestehen, nicht jedoch im Reich des Inneren.

Erst wenn wir unseren Tempel reinigen, dann durchschauen – gleich durchdringen – wir die Dichte und erfassen, was es heißt, Kinder des Alls zu sein. Dann stehen wir auch in der Sohn- und Tochterschaft Gottes. Warum? Weil wir Seinen Willen tun. Und Sein Wille ist das Absolute Gesetz von der Ordnung bis zur Barmherzigkeit.

Liebe Schwester, lieber Bruder, das Kind des Alls, das als Sohn, als Tochter Gottes bewußt in Gott, seinem Vater lebt, werden wir wieder durch Christus, der das Licht und Leben unserer Seele ist. Lassen wir Ihn zum Mittelpunkt unseres Lebens werden! Wie finden wir zu Ihm?

Jeder Tag ist ein Wegweiser zu Christus. Leben wir in der Gegenwart, leben wir im Tag, dann sehen wir die vielen Hinweise und Wegweisungen. Wir finden zu uns selbst – zuerst einmal zu unserem niederen Selbst, um es zu bereinigen. Handeln wir nach unserer Erkenntnis, so erwacht mehr und mehr in uns das göttliche Selbst, unser Erbe, und wir spüren den inneren Reichtum. Es ist das tiefe Glück, die Selbstlosigkeit und Offenheit, die Geradlinigkeit und die Wahrhaftigkeit. Wir sind nicht mehr Gehetzte und Gejagte; wir sind Planer, die ihren Plan in Gottes Hand legen, die sich so Tag für Tag vom großen Ordnungsgesetz, Gott, führen lassen, der die Gegenwart ist und in der Gegenwart des Menschen die Zukunft kennt.

Vergessen wir nicht, Ihm auch zu danken. Er vergißt uns nie. Dank verbindet. Dank ist Ausrichtung auf den großen Geber alles Guten. Dank ist Einstimmen und Einschwingen in den großen Strom des Gebens und der Güte. Ohne Dank gelangen wir nicht in die Selbstlosigkeit. Dank macht frei und freudig.

Lieber Bruder, liebe Schwester, der Geist Gottes berührt uns und spricht zu uns durch alles, was uns begegnet. So ist auch in dem, was wir lesen, die eine oder andere Botschaft an uns enthalten. Wir spüren es: es bewegt uns; es beschäftigt uns; Bilder kommen, Erinnerungen, Empfindungen, Erkenntnisse, Mahnungen.

Die Aufgabe, die für uns darin liegt, sollten wir ernst nehmen. Welche Botschaft an uns, welche Aufgabe ist es heute? Der Tag, der sie uns bringt, bringt zugleich die Energie zu ihrer Bewältigung. Nützen wir diese Chance, von unseren Belastungen frei zu werden!

Ich Bin alles in allem.

Schaue den Strauch an – und du wirst Mich finden.
Hebe den Stein auf – und du wirst Mich finden.
Blicke zu den Gestirnen – und du nimmst Mich wahr.
Schaue tief in den Menschen – und du findest dich selbst und somit Mich, Christus, das Selbst in dir.
Betrachte das Tier – und du findest Mich.
Spüre den Wind – und du vernimmst Mich.
Betrachte den Wassertropfen – und du betrachtest dich in Mir.

Denn Ich Bin das Leben in allem,
und du bist das Leben in allem,
und alles ist in Mir, und alles ist in dir.
Wir sind geeint in Ihm,
dem großen All-Einen,

der i s t ewiglich –
der Strom des Seins und das personifizierte Sein.
Er ist der Strom des Alls und der Tropfen selbst.

Hierzu sprach unsere Schwester Gabriele
in der Inneren Geist=Christus-Kirche,
der großen Lehrkirche
des Christus-Gottesgeistes:

Worte, aus denen der ganze Himmel strahlt!

»Ich Bin alles in allem.«

Gott ist niemals im Äußeren. Gott ist strömende Kraft, ist das Leben in uns. Haben wir zu Gott in uns gefunden durch ein Leben der Verwirklichung und Erfüllung Seiner Gesetze, dann haben wir auch Zugang zum Göttlichen in allen Lebensformen. Um mit dem Göttlichen in unserem Nächsten kommunizieren zu können, müssen wir also in Gott leben. Wir müssen zu unserem wahren Wesen zurückkehren, um in allem Gott zu finden.

»Schaue den Strauch an – und du wirst Mich finden.«

Sehen wir nur den Strauch an, dann empfinden wir aus der Substanz, dem Ich Bin, keine Reaktion. Wir sprechen von ihm, dem Strauch, er wäre schön – und erhalten doch keine Antwort. Der Allgeist spricht aus unzähligen Mündern, und doch vernehmen Ihn viele nicht. Was will uns das sagen? Nicht der Intellekt vernimmt das Gesetz, Gott, sondern der tiefe Urgrund unseres wahren Seins erfaßt die Sprache des Alls.

Nehmen wir jedoch den Strauch mit den Augen unseres wahren Seins auf, dann erfassen wir die Gesamtstrahlung des Strauches und treten zugleich mit dem Urgrund allen Seins in Kommunikation. Dann beginnt der Strauch zu senden, und wir empfangen.

Gott ist alles in allem. Infolgedessen ist in jedem Blatt Gott, das ganze Gesetz, das ganze All. Schaue den Strauch an – und du wirst Mich, das All, das Ganze, finden. Die Schöpferkraft ist überall als Ganzes; denn: Gott ist unteilbar.

Liebe Schwester, lieber Bruder, machen wir uns bewußt: In einem Blatt, in einem Gräslein ist das ganze All. Gott ist unteilbar. Der Strauch hat das seiner Art entsprechende geistige Bewußtsein entwickelt, das Naturbewußtsein des Strauches. Dieses strahlt uns an – es sendet. Gott ist immer das Ganze. Auch wenn ein Aspekt Gottes, z.B. der Naturaspekt des Strauches, uns zustrahlt, so ist es doch wieder Gott – das Ganze, das alles in allem enthalten ist.

Die Worte »Gott ist unteilbar, Er ist alles in allem« müssen wir erfassen lernen. Dann erst können wir allmählich die Fülle aus Gott erahnen. Die Fülle Gottes ist das Ich Bin, ist unser wahres Wesen, das göttlich ist. Wir sind also Erben des Alls.

Machen wir uns unseren geistigen Leib bewußt: Er besteht aus unzähligen geistigen Partikeln, und in jedem geistigen Partikel können wir die ganze Unendlichkeit empfangen, weil wir Wesen des Alls sind.

Die Sprache der Unendlichkeit ist die Sprache des Bildes. Farben, Formen, Düfte, Klänge und Wesen empfangen wir bildhaft in den geistigen Partikeln unseres geistigen Leibes als absolutes, als vollkommenes Bild.

Wir erkennen: Gott ist uns so nahe.

»Hebe den Stein auf – und du wirst Mich finden.«

Im kleinsten Stein ist wiederum Gott, das Ganze. Gott ist das Ganze und die Fülle in allem. Jede entwickelte Facette aus dem Ganzen strahlt uns zu und teilt sich uns mit.

Wer wird den Stein achtlos und geringschätzig wegwerfen? Doch nur der, der nicht weiß, daß er damit einen Teil seines Lebens verwirft. Wer wird auf den Strauch einschlagen? Nur der, der letztlich andere schlägt in Gedanken, Worten und Werken – und folglich wird er selbst geschlagen werden.

»Schaue tief in den Menschen – und du findest dich selbst und somit Mich, Christus, das Selbst in dir.«

Wiederum im Urgrund eines jeden von uns. Es gilt also, nicht auf das Menschliche unseres Nächsten zu blicken, nur auf die Hülle, sondern seine Gesamtstrahlung in unserem Inneren aufzunehmen; das ist Wahrnehmung. Sind wir unserem Nächsten von innen her gewogen, dann kommunizieren wir auch mit den positiven Kräften in ihm; das heißt, wir kommunizieren mit dem Göttlichen in ihm, letzten Endes mit unserem geistigen Erbe. Was unser Nächster in sich trägt, das Göttliche, das haben wir ebenfalls in uns.

Verwerfen wir unseren Nächsten, dann werden auch wir eines Tages verworfen werden. Werten wir unseren Nächsten ab, dann werden auch wir abgewertet werden. Töten wir unseren Nächsten, dann werden auch wir eines Tages getötet werden. Denken wir daran: Was wir unserem Nächsten antun, das tun wir uns selbst an.

»Betrachte das Tier – und du findest Mich.
Spüre den Wind – und du vernimmst Mich.«

Betrachten heißt, die Gesamtstrahlung eines Tieres aufzunehmen, es in uns nachschwingen zu lassen. Die göttlichen Aspekte, die entfalteten Facetten einer Teilseele, empfangen wir nur im Urgrund unseres Seins, durch den wir mit allem Reinen beständig in Kommunikation stehen. Die Hülle, der Mensch, empfängt diese göttliche Wahrnehmung als Freude. Es ist die himmlische Freude – gleich dem himmlischen Frohsinn –, welche die Nerven nicht erregt. Mit der Strahlung, die dann aus unserem Inneren strömt, werden wir das Tier sanft und liebevoll berühren.

Was spüren wir dann als Mensch? Wir werden unseren Übernächsten ganz anders erfassen, weil wir dessen Gesamtstrahlung aufgenommen haben, nicht nur das Äußere, so, wie wir es bisher gelernt haben: »Das ist ein Tier. Das ist ein liebes Tier.«

Nehmen wir die Bewußtseinsstrahlung des Tieres in uns auf, dann werden wir auch nicht mehr werten und sagen: »Dieses Tier ist schön, jenes ist nicht schön«, oder gar: »Das Tier ist häßlich.« Diese Wertungen würden wir uns selbst zusprechen.

In Gott ist alles vollkommen, auch die Essenz des unscheinbaren Steines, des Strauches, des Tieres. Was sollte in Gott unschön sein, wo doch Er, Gott, in allem vollkommen ist? Wer nur das Äußere betrachtet, der wertet.

»Betrachte den Wassertropfen – und du betrachtest dich in Mir.«

Schauen wir in einen Wassertropfen, der sich an einem Glas entlang bewegt. Versetzen wir uns hinein in den Wassertropfen und fragen wir: Was ist i m Wassertropfen oben, unten, rechts, links, hinten, vorne? Fühlen wir uns in den Wassertropfen hinein, dann erahnen wir die sieben Dimensionen.

Unzähliges Leben ist in einem Wassertropfen!

Wir erkennen also: Das Leben ist alles in allem, und in allem ist das ganze Schöpfungsprinzip enthalten. Gottes Schöpfung ist Liebe, Schönheit, Reinheit, ewiges Sein. Verachten wir die kleinste Lebensform, dann verachten wir uns selbst. Verachten wir den Wassertropfen, der unzählige Lebensformen birgt, dann verachten wir uns selbst und werden einst dürsten.

Wie sagte der Herr sinngemäß: »Was ihr dem Geringsten Meiner Brüder antut, das tut ihr Mir an« – das tun wir uns letzten Endes selbst an. Er ist Gott, und wir sind göttlich. Er ist das große Ganze, und wir sind die Erben. Was wir unseren Nächsten, unseren Übernächsten, den Naturreichen antun, das tun wir Ihm und somit uns selbst an.

Wir erkennen: Gott, dem Inneren Leben, werden wir nur dann näherkommen, wenn wir uns nicht nur Ihm, dem ewigen Vater, und Christus, unserem göttlichen Bruder, zuwenden, sondern auch in Kommunikation treten mit allen Lebensformen der Natur, mit den Gestirnen und mit unseren Nächsten, die wir nach dem göttlichen Prinzip der Gleichheit und Einheit an- und aufnehmen müssen.

Wir erfahren: Alles ist in uns; alles vollzieht sich in uns. In uns erhalten wir auch die gesetzmäßige Antwort, durch ein Aufleuchten unseres Bewußtseins.

Voraussetzung dafür, daß diese Kommunikationen stattfinden können, ist, daß wir uns bewußt sind: Wir sind nicht nur Menschen;

unser wahres Sein gehört dem Licht der Ewigkeit an. Unser wahres Leben ist das Innere Leben. Dort sind wir im Licht und fühlen uns im Licht. Dort ist unser geistiges Bewußtsein. Das ist unsere Heimat.

Lieber Bruder, liebe Schwester, wir alle sind im Erdenkleid. Doch müssen wir darum auch ein grober Mensch mit engem Horizont und niederem Bewußtsein sein oder bleiben?

Ein jeder entscheidet selbst. Eines jedoch steht unumstößlich fest: Einmal wird eine jede Seele – und sei es erst nach weiteren Lichtumläufen, die wir Äonen nennen – zu ihrem wahren Wesen zurückfinden, das geistig ist, rein, fein, edel, gut und selbstlos – in einem Wort gesagt: göttlich.

Streben wir dem Feinen, dem Edlen zu, dann finden wir nach innen, und wir finden hinein in das Licht, das uns umgibt gleich einer Burg. Dort sind wir sicher. Dort sind wir gefestigt. Dort sind wir umgeben von der Stärke und Liebe Gottes. Dann sind wir geeint in Ihm, dem großen All-Einen, der ist ewiglich.

Wir sind Kinder der Ewigkeit, weil Gott ewig ist. Und da wir Kinder der Ewigkeit sind, sollten wir uns auch als Kinder der Ewigkeit sehen und uns wie Kinder der Ewigkeit verhalten.

Wir dürfen getrost und ruhig sein und aufrecht das Rechte tun – das, was im Augenblick für uns ansteht. Wir sind sicher in dem Bewußtsein, daß die große, weiße Flamme in uns die Burg ist, gleich einer Festung, der feste Tempel. Wir sind im Licht. Das Licht umgibt uns. Wir sind im Licht geborgen. Wir sind in Gott geeint.

Wir brauchen uns nicht zu ängstigen und zu sorgen – Gott, das Licht, das uns umgibt, möchte für uns das Beste. Und wir werden auch das Beste für uns erlangen, wenn wir uns Ihm hingeben – Dem Einen, der alles in allem ist, der in uns das Leben ist und in dem wir das Leben sind.

Die Kräfte des Alls sind nur dem verborgen, der sein wahres Selbst nicht kennt. Wer die Kräfte des Alls erfahren möchte, der muß sie enthüllen durch Verwirklichung.

Hierzu sprach unsere Schwester Gabriele
in der Inneren Geist=Christus-Kirche,
der großen Lehrkirche
des Christus-Gottesgeistes:

Wer sich vor Christus nicht verbirgt, sondern mehr und mehr die Gesetzmäßigkeiten der Zehn Gebote und der Bergpredigt erfüllt, dem wird sich alles enthüllen; denn alles Reine ist als Essenz, Kraft und Licht in ihm. Er ist der innere Himmel, das ewige Sein.

Was du siehst, in dem Bin Ich.
Was du hörst, in dem Bin Ich.
Ich Bin alles-in-allem, das Ganze.

Bist du zum Ganzen erwacht, dann bist du das Sein.
Du schaust das Sein.
Du hörst das Sein und sprichst die Sprache des Seins.
Du schaust, hörst und sprichst Mich; denn Ich Bin das Ganze in dir.
Ich Bin das Ganze in deinem Nächsten,
in dir,
in der Blume, im Grashalm und im Stein.
Ich Bin dein – du bist Mein.
Ich Bin das All – und du bist das All in Mir, dem All.

Du fragst nicht – du weißt.
Du siehst nicht – du schaust.
Du horchst nicht – du hörst und weißt.

Hierzu sprach unsere Schwester Gabriele in der Inneren Geist=Christus-Kirche, der großen Lehrkirche des Christus-Gottesgeistes:

»Ich Bin das All«, so spricht der Herr, *»und du bist das All in Mir, dem All.«*

Was Gott ist – Gesetz –, das sind wir. Denn Er, Gott, das All, die strömende Liebe, hat uns das Ganze als Essenz und Kraft gegeben. Wir sind niemals von Gott getrennt, weil in der Tiefe unserer Seele das All pulsiert, das ewige Gesetz, unser wahres Erbe.

»Du fragst nicht – du weißt.«

Tauchen wir in das ewige Gesetz ein, dann werden wir nicht um die Dinge fragen – wir wissen darum. Wir brauchen dann nicht um Gesetzmäßigkeiten zu bitten – wir wissen darum. Denn alles, was im All ist, ist komprimiert der Aufbau unseres geistigen Leibes, sind wir selbst. Die ganze Unendlichkeit ist als Wissen und Kraft in uns.

Fragen wir um die Dinge des Lebens, dann sind sie uns noch nicht bewußt. Daran erkennen wir: Wir haben unser geistiges Bewußtsein, unser ewiges Erbe, noch nicht vollkommen erschlossen.

Solange der Intellekt aktiv ist, leben wir unbewußt, weil wir uns nur auf die angelernten Dinge beziehen. Wir erfassen dann nur das, was wir im Oberbewußtsein gespeichert haben. Alles andere ist für uns unbewußt. Wir fragen also nach dem, was unser Leben ausmacht: unser geistiges Erbe, unsere göttliche Weisheit, unsere wahre Intelligenz; denn wir sind Kinder des Alls. Kinder des Alls sein heißt allbewußt sein, weil der Allweise uns als Erben der Unendlichkeit eingesetzt hat.

»Du siehst nicht – du schaust.«

Schauen ist gleich Wahrnehmen.

Wir Menschen sehen da- und dorthin. Wir betrachten die Details im Äußeren, und so ziehen in uns auch menschliche Gedanken ein.

Nehmen wir jedoch die Dinge wahr, nehmen wir den ganzen schwingenden Komplex auf, dann erleben wir allmählich unser wahres Sein **in** uns, weil wir Kommunikation mit den inneren Werten, mit der inneren Kraft, herstellen. Das Erleben ist der innere Friede, Bewußtheit, Sicherheit, Geborgenheit, Gottnähe.

»Du horchst nicht – du hörst und weißt.«

Das Gesetz braucht nichts zu erhorchen, so auch nicht das komprimierte Gesetz, das Geistwesen. Es weiß um alle Details des ewigen Gesetzes.

Wollen wir etwas erhorchen, so ist das menschlich, ist es Neugierde; denn was wir hören sollen, das werden wir hören. Wollen ist Steuerung durch die Neugierde. Ist es gut für unsere geistige Entwicklung, dann werden wir hören, was wir hören sollen, durch die innere Führung. Wir können uns also fragen: Ist unser Leben Führung oder Steuerung?

Solange wir etwas erhorchen wollen, sind wir neugierig. Die Neugierde hat immer ihre menschlichen Gedanken, die sich auf unser Wollen und unser niederes Seinwollen beziehen. Was wir wollen, besitzen wir nicht, und was wir menschlich haben, gehört uns nicht. Wir müssen uns allen Wollens und Wünschens entledigen und uns vom inneren Reichtum füllen lassen. Dann werden wir auch im Äußeren nie darben.

Immer dann, wenn wir etwas wollen, sind wir Gesteuerte – gesteuert von unseren menschlichen Gefühlen, Empfindungen und Gedanken, die uns in unsere Welt der Wünsche drängen. Sind wir bestrebt, daß Gott uns führt, dann müssen wir geradlinig werden, müssen unsere Neugierde und unsere drängenden Wünsche, die oftmals gar nicht realisierbar sind, ablegen und uns immer wieder bewußt machen: Gott weiß, was für uns gut ist.

Wachsen wir in dieses Bewußtsein hinein, so werden wir still und erfahren aus der inneren Stille die innere Führung. Die innere Stille gibt uns auch die entsprechende Ruhe, welche die Besonnenheit und die Konzentration beinhaltet. Daraus erwächst die geistige Dynamik, die uns den Tag über konzentriert leben läßt.

Sieh niemals nach außen. Das Licht ist in dir.

In dir ist die Wahrheit, die um alle Dinge weiß, die alle und alles kennt. Du brauchst dich nicht nach deinem Nächsten umzusehen, du brauchst die Dinge nicht von außen zu betrachten - was ist, das ist in dir.

Alles, was du siehst, ist nur die Spiegelung der Wahrheit, Reflexion also, die nicht die absolute Wahrheit ist.

Was innen in dir ist, das Licht, die Wahrheit, was du im reinen Sein als Wesen in Gott bist, das hat im Himmel in reinster Substanz Gestalt und Form angenommen.

Was im Innersten deiner einverleibten Seele, im Seelengrund, ist, ist das unbelastbare Licht, die ewige Wahrheit. Es ist und bleibt das Sein ewiglich.

Nur ein vorgegebenes Quantum göttlicher Energie wurde durch den Abfall eines Wesens von Gott in Fallenergie verwandelt, woraus Fallreiche, Fallwesen und Menschen entstanden. Dieses Quantum göttlicher Energie wurde den weiteren Fallwesen vom Ewigen zum Erhalt ihres Lebens gegeben. Es ist heruntertransformierte göttliche Energie. Deshalb sind die Materie und alle heruntertransformierten Energien nur Spiegelungen des reinen Seins.

Erläuterungen:

Sieh niemals nach außen. Das Licht ist in dir.

In dir ist die Wahrheit, die um alle Dinge weiß, die alle und alles kennt. Du brauchst dich nicht nach deinem Nächsten umzusehen, du brauchst die Dinge nicht von außen zu betrachten – was ist, das ist in dir.

Alles, was du siehst, ist nur die Spiegelung der Wahrheit, Reflexion also, die nicht die absolute Wahrheit ist.

Hierzu sprach unsere Schwester Gabriele
in der Inneren Geist=Christus-Kirche,
der großen Lehrkirche
des Christus-Gottesgeistes:

»Sieh niemals nach außen. Das Licht ist in dir.«

Nach außen sehen heißt, nur den Schein erfassen zu wollen. Das Wollen birgt wieder die

Neugierde, die uns unruhig nach rechts, links, oben und unten blicken läßt, um alles zu sehen.

Vertiefen wir uns in das Innere Licht, so werden wir ruhiger, und wir werden allmählich tiefer schauen. Dann nehmen wir Kommunikation mit den positiven Kräften in Menschen, Pflanzen, Tieren, in allen Dingen auf.

»In dir ist die Wahrheit, die um alle Dinge weiß, die alle und alles kennt.«

Wird uns bewußt, daß in uns Gott ist, die Wahrheit, die um alle Dinge weiß, die alle und alles kennt, dann erlangen wir Stärkung und Stärke; dann kehren wir auch immer wieder zurück zum Licht in uns, in der Bewußtwerdung: In uns ist die Wahrheit, die um alle Dinge weiß, die alle und alles kennt.

»Du brauchst dich nicht nach deinem Nächsten umzusehen, du brauchst die Dinge nicht von außen zu betrachten – was ist, das ist in dir.«

Liebe Schwester, lieber Bruder, denken wir an Situationen in unserem täglichen Leben:

Grüßen wir z.B. unseren Nächsten und sehen uns nach ihm um – welche Gedanken sind in unserem Oberbewußtsein? Sind es menschliche Gedanken, die erkennen lassen: Wir haben nur auf das Äußere, die Hülle, geblickt und nur mit dem Äußeren, der Hülle, kommuniziert? Grüßen wir unseren Nächsten hingegen aus dem Herzen als unseren Bruder oder unsere Schwester, dann werden wir uns nicht nach ihm umsehen.

Nehmen wir uns vor, uns während des Tages zu kontrollieren, wie oft wir nach unseren Mitmenschen blicken und was wir dabei denken. Wir blicken uns um mit der Frage: Ist dies wohl der Bekannte? Dann fragen wir uns: Was steht hinter dieser Frage, welche Gefühle und Empfindungen? Wir blicken uns um, weil uns an unserem Nächsten etwas gefällt oder mißfällt. Welche Gefühle und Empfindungen liegen unter dieser äußeren Wahrnehmung? Wir selbst sagen uns, welche Bewandtnis es mit unserem Nach- oder Umblicken hat.

Sind wir geistig so weit entwickelt, daß der positive Teil unseres Nächsten in uns schwingt, dann werden wir uns nicht nach ihm umsehen, außer, er ruft uns. Wenden wir uns ihm daraufhin bewußt zu, so ist dies nicht das menschliche Gezogensein, die Steuerung, sondern zwei Wesen begegnen einander in gegenseitiger Achtung – unpersönlich.

»Alles, was du siehst, ist nur die Spiegelung der Wahrheit, Reflexion also, die nicht die absolute Wahrheit ist.«

Liebe Bruder, liebe Schwester, die absolute Wahrheit, das Sein, unser wahres Erbe – wie können wir es erspüren?

Da jedes Gefühl, jede Empfindung, jeder Gedanke und jedes Wort ein Baustein von Bildern ist, so sind auch unsere Gebetsworte Aspekte von Bildern – oder eines ganzen Bildes, dann, wenn wir immer wieder gleich oder ähnlich beten. Diese Bilder, auch die Bilder unserer Gebete, dringen in unser Oberbewußtsein ein, machen uns eventuell unruhig oder lassen uns nicht zur Ruhe kommen.

Wir wollen uns im tieferen Gebet üben, das unser Bewußtsein erweitert und uns gleichzeitig fühlen läßt, welch eine wunderbare

Ruhe und welch ein Friede über uns kommen. Wir nehmen dann nicht mehr die Reflexionen unserer Gebetsgedanken auf, denn alles, was von uns an Menschlichem ausgeht, ist nur wieder Reflexion. Es strahlt zurück in Bildern, in Farben und Formen, die unser Menschliches zeigen und die unser Menschliches unter Umständen weiter bewegen und somit verstärken.

Wir gehen in die Stille.
Wir schließen die Augen.
Wir werden ruhig.
Wir lösen uns von unseren menschlichen Gedanken. Wir übergeben sie Christus und konzentrieren uns nun auf unseren Atem.
Die Gedanken ziehen von uns.
Nun stellen wir uns im Inneren, in unserem physischen Leib, ein Licht vor. Es ist Energie, die Liebe Gottes.

In dieses Licht tauchen wir nun ein und rufen das Allheilige in uns an, Gott, es möge durch uns hindurchstrahlen. Dabei erwarten wir nichts. Wir werden auch nicht denken.

Wir lassen das Heilige durch uns strahlen, dorthin, wo wir es hinsenden wollen.
Jetzt rufen wir das ewige Licht an.

Ewiges Licht,
Du bist die Kraft und die Liebe.
Fließe verstärkt in mich ein.
Durchströme mich,
durchglühe mich!
Aus Deinem Born des Heils,
aus Deinem Licht,
sende ich Deine Liebe, Dein Licht,
zu allen Menschen.

Wir senden und denken nicht.

In diesem Augenblick des tiefen Betens kommunizieren wir mit dem Geist Gottes in vielen Menschen.
Die Antwort aus dieser selbstlosen Kommunikation ist die Stille, der Friede, die Hoffnung, die Zuversicht, die Stärkung und die Stärke. Dabei hören wir keine Stimme; wir empfinden, wie sich unser geistiges Bewußtsein erweitert, weil Gott aus dem Born Seines

Lebens Seine Stille und Seinen Frieden in uns eingießt.
Wir lassen Gebetsempfindungen zum Ewigen in uns fließen:

Herr, Dein Licht durchglüht mich.
In Deinem Bewußtsein lebe ich.
Deine Kraft, die in mir wirksam ist,
sende ich zu den Naturreichen.

Wir lassen die Kraft hinausströmen; dabei denken wir nicht und machen uns auch kein Bild von den Naturreichen.

Die Antwort ist wieder die Antwort der Stille:

Friede, Hoffnung und Zuversicht bauen sich in uns auf, denn wir hatten Kommunikation mit der Schöpferkraft in der Natur.

Liebe Schwester, lieber Bruder, diese Übung ist eine Form des tiefen Gebetes. Die hier wiedergegebenen Gebetsworte sind als Beispiel anzusehen.

Ein solches Gebet kann uns unendliche Stille bringen und innere Erfahrung – die Erfahrung des Friedens. Wir hören so oft: »Gott ist Friede.« In uns sollen wir diese geistige Realität erfahren; durch dieses Gebet kann dies geschehen.

Zuerst lassen wir uns mit der Kraft der Liebe füllen, dann senden wir die heiligen Gebetsstrahlen aus und denken dabei nicht. Sie bringen unserem Nächsten Lebensenergie. Was aus dieser Kraftquelle zurückstrahlt, erfüllt auch uns selbst.

Nennen wir es Übung, nennen wir es Gebet – diese Tiefenkommunikation ist eine Möglichkeit, zu erspüren, was unser geistiges Erbe ist. Dann erwacht immer mehr die Sehnsucht, so zu werden, so zu sein, wie wir es im Inneren fühlen.

Um uns dieses Tiefengebet einzuprägen, wiederhole ich: Wir lassen uns mit der Kraft Gottes füllen, indem wir den Vater bitten: »Strahle Du in mich ein, und strahle durch mich hinaus zu meinen Brüdern und Schwestern« – und dann bleiben wir in der Stille.

Dadurch werden auch wir erfüllt und kommen so Dem näher, der die Sehnsucht der Seele ist.

In dem Augenblick, da wir senden, da wir hinausstrahlen, spüren wir, daß sich in uns Freude, Dankbarkeit, Stärke und Hoffnung aufbauen.

Doch Voraussetzung ist, daß wir nichts wollen! Machten wir uns ein Bild, so würden wir uns selbst erleben, nämlich die Reflexionen unseres menschlichen Ichs. Diese Bilder kämen aus unserem dreidimensionalen Denken.

Wir dürfen keinerlei Erwartungen haben, sondern nur die Strahlung des Ewigen durch uns fließen lassen. Dann, aber nur dann, baut sich in unserer Seele, im Seelengrund, das auf, was heute und für die kommende Zeit unsere geistige Entwicklung fördert.

Dieses innere Gebet ist selbstlos und unpersönlich. Wir nennen es »Tiefengebet« oder »Allgebet«.

Was innen in dir ist, das Licht, die Wahrheit, was du im reinen Sein als Wesen in Gott bist, das hat im Himmel in reinster Substanz Gestalt und Form angenommen.

Gabriele:

In diesem Satz liegt unser ganzes Erbe:

Alle reinen Wesen tragen dasselbe in sich, das Gesetz, Gott. Aus dem strömenden Leben, aus dem fließenden und strömenden Licht, der Energie Gott, hat der Ewige die geistigen Formen geschaffen. Sie nahmen Gestalt an und wurden reinste Substanz aus Gottes Odem, aus Seinem strömenden Gesetz. Auch unser Innerstes ist reinste Substanz, auch wir sind Wesen des Alls, weil wir Kinder Gottes sind.

Was im Innersten deiner einverleibten Seele, im Seelengrund, ist, ist das unbelastbare Licht, die ewige Wahrheit. Es ist und bleibt das Sein ewiglich.

Gabriele:

In uns ist also die unendliche, ewige Quelle, aus der alle geistigen Wesen, alle Lebensformen der Himmel schöpfen. Es ist der Allgeist, der alles durchströmt. Es ist die Allgegenwart Gottes, aus der wir empfangen und geben dürfen.

Wir alle sind als geistige Wesen in diesem mächtigen, ewigen Strom. Aus diesem Strom, dem Prinzip des Alls, schöpfen und geben wir. So leben alle reinen Wesen im Kreislauf der Unendlichkeit: Empfangen, gleich Schöpfen, und Geben. Das ist unser wahres Dasein im ewigen Sein.

Nur ein vorgegebenes Quantum göttlicher Energie wurde durch den Abfall eines Wesens von Gott in Fallenergie verwandelt, woraus Fallreiche, Fallwesen und Menschen entstanden. Dieses Quantum göttlicher Energie wurde den weiteren Fallwesen vom Ewigen zum Erhalt ihres Lebens gegeben. Es ist heruntertransformierte göttliche Energie. Deshalb sind die Materie und alle heruntertransformierten Energien nur Spiegelungen des reinen Seins.

Gabriele:

Jedem von uns ist geboten, das Quantum Energie, das der einzelne durch falsches Denken heruntertransformiert hat, wieder umzuwandeln, es geistige Ursubstanz, Urkraft, werden zu lassen, um diese dann wieder einzubringen in das ewige Sein.

Das Quantum göttlicher Energie, das jedem von uns mitgegeben wurde, als wir in die Fallreiche eingetaucht sind, ist geliehene Energie. Jede Leihgabe muß wieder zurückgebracht werden.

Auf dem Inneren Weg lernen wir, das Negative in Positives umzuwandeln, indem wir das erkannte Menschliche mit Christus bereinigen und nicht mehr tun. Dadurch wandelt sich die von uns heruntertransformierte Gottesenergie, also die negative Energie, um in göttliche fließende Kraft. Auf diese Weise transformieren wir sie wieder hoch, hin zum Ursprung, zu Gott.

Jeder von uns wird das früher oder später tun müssen; deshalb haben wir den Inneren Weg.

Wir hören immer wieder, daß die Erde und alles, was auf der Erde ist, nur Spiegelung oder Reflexion des ewigen Seins ist.

Denken wir an einen See mit mehr oder weniger bewegter Oberfläche. Was am Ufer des Sees ist, Gräser, Bäume, Bauwerke und anderes mehr, spiegelt sich im Wasser. Sehen wir im Spiegel des Sees, auf dem sich eventuell Wellen kräuseln, dasselbe wie am Ufer? Nein, im Wasser erscheint alles verzerrt.

Wenden wir diesen Vergleich auf das geistige Reich der Himmel und die Erde an: Der Himmel spiegelt sich auf der Erde. Was wir auf der Erde erfassen und wahrnehmen, ist jedoch nicht die Realität, das Sein, das Reich der Himmel. Durch die verschiedenen Schichten des menschlichen Ichs ist das Ganze nur Spiegelung, Schein, und niemals die Realität.

Es kommt darauf an, auf welcher Ebene wir uns bewegen – auf der Ebene der Spiegelung, des Scheins, der Ebene des Äußeren und Äußerlichen, der menschlichen Bilder oder auf der Ebene des Seins, des Inneren Lebens.

In der ganzen Unendlichkeit gibt es nur ein Prinzip: Senden und Empfangen. Was du sendest, das bist du; das strahlst du aus. Was du ausstrahlst, das kommt auch wieder auf dich zurück.

Hierzu sprach unsere Schwester Gabriele
in der Inneren Geist=Christus-Kirche,
der großen Lehrkirche
des Christus-Gottesgeistes:

Mit jedem Gedanken, den wir denken, senden wir und empfangen zugleich. So baut sich unser Schicksal auf. Wir können das, was wir aufgebaut haben, aber auch abbauen, indem wir unser Sendepotential durch Bereinigung, mit Hilfe der umwandelnden Kraft unseres Erlösers, abtragen und immer mehr zu Christus hinsenden, der der Mittelpunkt unseres Lebens sein soll. Nur so erlangen wir Schritt für Schritt unser geistiges Erbe. Nur dann können wir sagen: Wir gehen sicher durch diese Zeit, die voller Wirren ist.

Die einzige Sicherheit ist Christus. Es gibt für uns keine äußere Sicherheit. Menschen, Dinge, Gegenstände, Geld und Gut – nichts kann uns Sicherheit bieten. Wir leben in einer mächtigen Umwandlungszeit. Die alten Strukturen, auf die bisher viele Menschen gebaut haben, fallen. Auf dieser Erde, in dieser Welt wird im Laufe des Umwandlungsprozesses von der alten zur Neuen Zeit im Äußeren kein Halt mehr sein.

Wer im Innersten, in Gott, lebt, der ist göttlich. Er strahlt das ewige Gesetz, das Reine, Schöne, Feine, die absolute Liebe, aus - das Sein, das er ist.

Das ewige Gesetz, das Reine, Schöne, Edle, Feine, die absolute Liebe, strahlt das, was von dem Gotterfüllten ausgeht, dann auch wieder in ihn ein und durch ihn hindurch.

Im Sein, das ewig ist, lebt das reine Wesen und hat im ewigen Sein sein Dasein, weil es selbst das ewige Sein ist, das ewige Gesetz, Gott: die Reinheit, Schönheit, Freiheit, das Edle und Feine, die selbstlose Liebe. Das reine Wesen ist das Sein im Allstrom, in Gott, im Sein.

Die belasteten Seelen in den Stätten der Reinigung und die einverleibten belasteten Seelen, die Menschen, leben nicht als das Sein und bewegen sich auch nicht im Strom des Seins.

Wer nicht in Gott lebt, der lebt in seiner selbstgeschaffenen Welt, die aus seinen menschlichen Empfindungen, Gedanken, Worten und Handlungen besteht, die er sein »Sein« und sein »Selbst« nennt. Das ist die kleine Welt des menschlichen Ichs.

In dieser kleinen Welt lebt er, bewegt er sich und glaubt, einzig dort sein Dasein zu haben.

Er sieht dann nur mit den Augen seiner kleinen Welt, die mit einem Kokon zu vergleichen ist. Damit sieht er dann auch nur auf die kleine Kokonwelt seines Nächsten.

Er sieht nur die Oberfläche des Lebens, die Spiegelung, weil er nur im Äußeren lebt und sich nur in seiner kleinen Welt, in seinem Kokon, bewegt, den er selbst gesponnen hat mit seinen belasteten Empfindungen, Gedanken, Worten und Handlungen. Das ist sein Bewußtseinsstand.

Die Fäden der kleinen Kokonwelt sind gleichsam die Wände, auf die er blickt und die er als »die Wahrheit« bezeichnet. Da er nur auf die Wände seiner kleinen, eigenen Welt blickt, sieht er auch nur auf die Wände der kleinen Welt seines Nächsten. Er sieht also nur in die Spiegel der Wahrheit und schaut nicht die Wahrheit selbst.

Er spricht von der Wahrheit und meint damit die Spiegelung der Wahrheit, das, was er selbst eingegeben hat, womit er sich selbst umsponnen hat, woran er glaubt, weil er nur das sieht. Er glaubt also nur das, was er sieht, und das nennt er die Wahrheit.

Es gibt im ganzen All nur ein Prinzip: Senden und Empfangen. Jeder sendet sich selbst – das, was er ist, sein Empfinden, Denken, Sprechen und Handeln.

Das reine Wesen lebt und wirkt in und aus dem reinen ewigen Gesetz, dem Allgesetz.

Der Unreine lebt in seiner kleinen, selbstgeschaffenen Welt, die aus seinem Unreinen besteht, also aus dem Unrat seiner Empfindungen, Gedanken, Worte und Handlungen. In dieser seiner Kokonwelt lebt und bewegt er sich und empfindet, denkt, spricht und handelt so, wie er ist, woraus seine Kokonwelt besteht.

Der belastete Mensch ist mit einer Raupe zu vergleichen.

So lange spinnt sich der belastete Mensch – die Raupe – in seine kleine Welt ein, bis er erkennt, daß er sich entpuppen, das heißt entfalten, muß, um ein Falter, ein Wesen des Lichts, zu werden, das in Gottes ewigem Allgesetz lebt, sich bewegt und im Ewigen sein ewiges Dasein hat, in dem Allprinzip, das ist und das sich selbst als das Selbst spricht: das Reine, Feine, Edle, Schöne, die selbstlose Liebe, das Allgesetz, die Absolutheit, das ewige Sein, die ewige Wahrheit.

Deshalb muß sich jede Raupe entfalten, also das aufwickeln, womit sie sich umsponnen hat, um sich darin zu erkennen, um das Erkannte zu bereuen, um Vergebung zu bitten und zu vergeben und das Erkannte nicht mehr zu tun.

Dann lösen sich die Fäden seines Kokons auf; die Mauern fallen, auf die der Mensch bisher blickte und die er die Wahrheit nannte – seine kleine Ichwelt, die nur die Spiegelung der Wahrheit war. Die lichte Seele und der nach innen, zum Allerheiligsten, gekehrte Mensch schauen dann das ewige Sein, die ewige Wahrheit, in sich selbst.

Das ewige Selbst ist die Wahrheit. Wer zur Wahrheit geworden ist, ist selbst die

Wahrheit, das Selbst, das Sein, das Ich Bin, das ewige Gesetz der Liebe.

Mit den Augen der Wahrheit schaut der Mensch in sich auch das, was außen ist. Er durchdringt die Spiegelung der Wahrheit und schaut in allen Menschen, Geschehnissen, Gesprächen und Ereignissen die Wahrheit.

Er sieht mit den Augen der Wahrheit auch das Unwahre. Er kann nicht getäuscht werden, weil er die Wahrheit ist und mit den Augen der Wahrheit schaut und alles in der Wahrheit spricht, bespricht und vollzieht.

Er ist also die Wahrheit, die das ewige Gesetz des Alls ist, in dem er lebt, in dem er sich bewegt, aus dem er schöpft und mit dem er wirkt.

Er ist die Wahrheit, das Gesetz, in jeder Empfindung, in jedem Gedanken, in jedem Wort und in jeder Handlung.

Da die Wahrheit, das Sein, das ewige Gesetz, in dir ist und das Wahre, das Ewige, zuerst in dir Form und Gestalt annimmt und dann erst im Äußeren, in deiner Umgebung und in der Welt, mußt du in dir leben, im Allheiligen, der in dir wohnt.

Deshalb erkenne: Du bist der Tempel des Einen, Heiligen, der in dir wohnt.

Merke dir folgenden Satz der Wahrheit und lebe danach:
Wohne in dir, denn du bist der Tempel des Einen, Heiligen, der in dir wohnt.

»Wohne in dir« heißt:
Laß keinen menschlichen, eigensüchtigen Gedanken zu.
All dein Empfinden, Denken, Reden und Tun erhebe zu Gott.

Sprich nur, wenn du gefragt wirst, und dann ausschließlich nach dem ewigen Gesetz der Tempelordnung – nicht zu viel und nicht zu wenig; das Maß liegt in dir. Oder sprich, wenn es für deinen Nächsten von Bedeutung ist, wenn du ihm Gaben des Lebens mitgeben kannst.

Frage nicht aus Neugierde. Wenn möglich, frage überhaupt nicht; denn was du hören und wissen sollst, wird dir der zuführen, der in dir wohnt.

Und wenn dein Nächster neben dir in Meditation oder in Gedanken versunken ist, sprich ihn nicht an, um ihm deine menschliche Weisheit nahezubringen, denn du weißt nicht, wo er sich gerade befindet, mit wem oder mit was er in Kommunikation steht.

Störe deinen Nächsten nicht – dann wirst auch du niemals gestört werden, weil du dann die Wachsamkeit selbst bist.

Und wenn dein Nächster speist oder arbeitet, störe ihn nicht, außer du hast ihm Wichtiges und Wesentliches mitzuteilen, denn du weißt nicht, mit wem oder mit was er in Kommunikation steht.

Erläuterungen:

Wer im Innersten, in Gott, lebt, der ist göttlich.

Hierzu sprach unsere Schwester Gabriele
in der Inneren Geist=Christus-Kirche,
der großen Lehrkirche
des Christus-Gottesgeistes:

Wir hören immer wieder von dem Inneren Licht. Wie finden wir zu dem Inneren Licht, und wie können wir im Inneren bleiben? Hierzu eine kleine Übung.

Wollen wir sprechen, dann nehmen wir uns in der Frage zurück:

Ist das, was wir sagen möchten, göttlich?

Warum möchten wir uns mitteilen?

Wir sprechen dann, wenn wir spüren, daß wir für uns persönlich nichts wollen. Wir spüren es daran, wenn hinter dem, was wir aussprechen wollen, kein Drängen, kein Abwerten steht; wenn wir nicht unseren Vorteil im Auge haben. Wir können uns auch prüfen, *wie* wir uns mitteilen, denn in der Art und der Kombination der Worte, ebenso im Tonfall und in der Satzmelodie erkennen wir, ob sich unser Ich – seien es die tiefen Schichten des Ichs – mitteilt oder ob es unpersönlich ist und aus dem Born des Lebens kommt.

Oftmals sagen wir: »Ich habe das und jenes schon bereinigt. Ich habe schon vergeben. Und doch kommt es immer wieder in mein Oberbewußtsein. Immer wieder kommen die alten Gedanken.« Was liegt vor?

Es ist möglich, daß es Erinnerungen sind, die geweckt wurden. Wenn z.B. unser Nächster an uns denkt und über jene Situation nachdenkt, die schon bereinigt ist, so kann dadurch diese in unserer Erinnerungswelt lebendig werden. Dann sollten wir prüfen: Wie sind – vor allem gegenüber jenem Nächsten – unsere Gefühle und Empfindungen? Sind unsere Gefühle und Empfindungen lauter, dann sagen wir »nein« zu diesen alten Gedanken, wenden uns Christus zu und beten ähnlich, wie wir es gelernt haben:

Wir rufen das Innere Licht an und lassen das Licht durch uns zu unserem Nächsten oder zu unseren Nächsten strahlen, an die wir denken. Durch das Allgebet nehmen die Gedanken von uns Abstand; dadurch fällt es uns immer leichter, in uns zu ruhen.

Weitere Beispiele sollen uns nun helfen, das Allgebet noch tiefer zu erfassen, um es mehr und mehr selbständig durchführen zu können.

Machen wir uns bewußt: Alles ist in allem, und zu allem sollen Seele und Mensch die Kommunikation herstellen. Denn so, wie im Himmel, so soll es auf Erden werden.

Wir beobachten nun unseren Atem und versenken uns in das Innere Licht. Wir rufen das heilige Licht an, die Liebe des Schöpfergottes; wir lassen uns von Liebe, Kraft und Weisheit füllen und beten:

Ewiger, herrlicher Vater!
Du bist das Licht und die Kraft in uns.
Du bist der allgegenwärtige Geist,
der alles durchströmt und alles durchglüht.

Du liebst Deine Schöpfung,
zu der auch wir Menschen gehören.
Du bist in allem die Liebe, das Licht,
die Heimat und das Heil.
Dein Licht, das uns Wärme
und Geborgenheit schenkt,
senden wir nun den Mineralreichen.
Du strömst durch uns
zu den Mineralreichen.

Unsere Gedanken schweigen.

*

In gleicher Weise können wir das Licht Gottes zu den Pflanzen- und Tierreichen strömen lassen.

*

Wir beobachten wieder unsere Atmung. Immer tiefer geht es hinein in das Licht; immer mehr umfängt uns die Sonne der Liebe.

Wir rufen das Innere Licht an und lassen uns von Gottes Liebe, Kraft und Weisheit mehr und mehr füllen.

Geliebter Vater!
Alle Geistwesen, Seelen und Menschen
sind Deine Kinder.
Du, Gütiger, sandtest uns Deinen Sohn,
auf daß wir wieder zu Geistwesen werden,
Licht aus Deinem Licht,
Liebe aus Deiner Liebe,
Kraft aus Deiner Kraft.
Gütiger All-Einer,
fülle uns aus dem Born
des Friedens und des Heils.
Fülle uns mit Deiner Liebe,
auf daß wir spüren,
daß wir Deine Kinder sind.

Gütiger, ewiger Vater,
Dein Licht strahlt durch uns zu allen Brüdern
und Schwestern auf der ganzen Erde.
Unsere Gedanken schweigen –
Du, o All-Einer, strahlst durch uns
zu unseren Menschengeschwistern.

Wir lassen es strahlen; wir denken nicht.
Es strahlt.

*

Abermals beobachten wir unseren Atem und spüren gleichzeitig nach innen.
Wir merken, wie die Ruhe und der Friede über uns kommen.
Es ist die Antwort der Liebe.

Wiederum rufen wir das mächtige Licht in uns und bitten es, daß es uns durchglühe.

Ewige Sonne,
Du Güte und Wärme,
Du Liebe und Barmherzigkeit!
Du, Vater, Du geliebtes Du unserer Seelen,
Du bist uns so nahe,
weil wir Deine Kinder sind.
Du durchströmst uns mit der Kraft
der Himmel, die unser geistiges Erbe ist.
Du durchglühst uns und läßt uns
erglühen in Deiner Liebe,
die unser wahres Sein ist.

Ewiger, Gütiger,
durch Deine unendliche Kraft
treten wir nun in Kommunikation
mit unseren Brüdern und Schwestern
des ewigen Seins.

In uns öffnen sich die Himmel,
die Regionen von der Ordnung
bis zur Barmherzigkeit.
Das Licht des All-Einen
strahlt durch uns hindurch
und stellt die Kommunikation zu unseren
Himmelsgeschwistern her.

Wir lassen die Liebe strömen. Unsere Gedanken schweigen.
Wir dürfen die Verbindung tief in unserer Seele spüren. Wir dürfen empfangen. Wir senden himmelwärts – heim. Wir empfangen vom Himmel, von daheim.

Vater,
Du unsere Wonne und unser Glück!
Bruder, Du unser Erlöser und unser Freund!
Wir danken Dir, Vater;
wir danken Dir, Bruder!
Von ganzem Herzen Dank.
Dank für das Sein.
Dank für die Erlösung.
Danke für den Inneren Weg.
Danke für die ewige Heimat.

Er [der Mensch in Gott] strahlt das ewige Gesetz, das Reine, Schöne, Feine, die absolute Liebe, aus – das Sein, das Er ist.

Gabriele:

Lieber Bruder, liebe Schwester, haben wir uns tagsüber zurückgenommen in unserem Reden und Denken – indem wir uns selbst prüfen in der Frage: »Ist mein Gedanke, mein Wort unpersönlich, also göttlich, oder ichbezogen?« –, dann können wir am Abend uns selbst erspüren, wie es uns ergeht.

Das Erspüren unseres Selbst bedeutet: Wir nehmen uns selbst wahr. Wie war und wie ist unser Körperrhythmus? Wie war und ist unsere innere und äußere Haltung? Wie war und ist unser Verhalten? Wir können uns auch im Spiegel erforschen. Wie reflektieren, wie strahlen wir?

Wir werden kleinere oder größere sogenannte Wunder erleben, wenn wir tagsüber diese Übung konsequent durchführen. Der

Abend zeigt uns einen ganz anderen Menschen.

Diese Übungen lassen uns erkennen, wie rasch und wunderbar der Geist Gottes in uns und an uns zu wirken vermag. Wir erfahren die Nähe Gottes.

Das ewige Gesetz, das Reine, Schöne, Edle, Feine, die absolute Liebe, strahlt das, was von dem Gotterfüllten ausgeht, dann auch wieder in ihn ein und durch ihn hindurch.

Gabriele:

Was vom Gotterfüllten ausgeht, strahlt wieder in ihn ein und durch ihn hindurch – aufgrund des Prinzips Senden und Empfangen.

Wir hören immer wieder vom Sein. Das Sein ist das Göttliche in allem. Erst wenn wir die göttliche Kommunikation zu allem erlangt haben – denn alles ist in allem –, leben wir im Sein.

Im Sein zu leben heißt also, in unserem Innersten zu leben. Die vorausgegangenen Übungen helfen uns, zu erfahren, was es heißt, in uns zu leben und aus dem Sein, der Quelle, zu geben durch die Kommunikation mit der Allkraft in allem.

Wir hören immer wieder von der Reinheit. Die Reinheit der Seele erlangen wir durch selbstlose Gefühle, Empfindungen, Gedanken, Worte und Handlungen. Das führt zur inneren Schönheit. Die Schönheit erlangen Seele und Mensch also durch die Reinheit.

Wir sehen: Alles durchdringt und ergänzt sich. Wer sich mit den Tugenden und der selbstlosen Liebe schmückt, der gelangt zur inneren Freiheit, weil er zu sich selbst, zu seinem wahren Selbst, gefunden hat. Er läßt dann auch seinen Mitmenschen die Freiheit. Dann ist der Mensch edel und fein, weil die Seele rein geworden ist.

Lieber Bruder, liebe Schwester, nehmen wir diese Aussage noch einmal bewußt auf und lassen sie in uns nachschwingen, denn in dieser einen Aussage liegt so viel Entscheidendes für uns: *»Das ewige Gesetz, das Reine, Schöne, Edle, Feine, die absolute Liebe, strahlt das, was von dem Gotterfüllten ausgeht, dann auch wieder in ihn ein und durch ihn hindurch.«*

Im Sein, das ewig ist, lebt das reine Wesen und hat im ewigen Sein sein Dasein, weil es selbst das ewige Sein ist, das ewige Gesetz, Gott: die Reinheit, Schönheit, Freiheit, das Edle und Feine, die selbstlose Liebe. Das reine Wesen ist das Sein im Allstrom, in Gott, im Sein.

Gabriele:

Die Reinheit ist unser wahres Leben. Wenden wir uns von unserem wahren Leben ab, von der Reinheit, der Schönheit, dem ewigen Sein, dann schaffen wir unser Scheinleben, das aus unserem Ichgesetz besteht. Es ist die Reflexion, das heruntertransformierte, umgewandelte Ich Bin. Das haben wir durch unser menschliches Fühlen, Denken, Sprechen, Handeln und Wollen aufgebaut. Unser Ichgesetz, das einzig uns umschließt und im Kausalcomputer, den Gestirnen, gespeichert ist, nennen wir als Oberbegriff das Gesetz von Saat und Ernte.

Was wir also säen, das ernten wir. Dieses kausale Senden und Empfangen währt so lange, bis wir die Reinheit unserer Seele weitgehend erlangt haben.

In der Reinheit liegt die Schönheit, und in der Schönheit wieder die Reinheit. Beide strahlen aus und ergeben die Freiheit. In der Reinheit, Schönheit und Freiheit liegt das Edle, das Feine, die selbstlose Liebe.

Die belasteten Seelen in den Stätten der Reinigung und die einverleibten belasteten Seelen, die Menschen, leben nicht als das Sein und bewegen sich auch nicht im Strom des Seins.

Gabriele:

Solange wir noch belastet sind, sind Teile unseres geistigen Erbes, unseres wahren Seins, abgedeckt; daher finden wir nicht zum Ursprung unseres Lebens zurück. Um wieder in den Strom Gottes eintauchen zu können, um als gereinigter Tropfen im ewigen Ozean, Gott, zu leben, müssen wir den Weg der Selbsterkenntnis gehen.

Wir müssen lernen, uns selbst zu verstehen; denn nur, wenn wir uns selbst verstehen, werden wir uns auch mit der Zeit selbst erkennen. Lernen wir, uns selbst zu verstehen, dann werden wir auch Verständnis für unsere Mitmenschen erlangen. Auf diese Weise reinigen wir unsere Seele und finden Zugang zu unserem Nächsten. Denn unser Nächster – der positive Teil unseres Nächsten – ist ein Teil unseres wahren Seins, unseres göttlichen Erbes.

Nur auf diese Weise – durch Selbsterkenntnis und durch Verständnis – reifen wir in unser Inneres hinein, erlangen die Verbindung zu unserem Nächsten und gewinnen die Kommunikation zu den Naturreichen. Dann verstehen wir auch, was es heißt, die Kommunikation mit dem unendlichen All aufzubauen, weil wir Kinder des Alls sind, Erben der Unendlichkeit, Wesen, die in sich das ganze Sein bergen.

Wer nicht in Gott lebt, der lebt in seiner selbstgeschaffenen Welt, die aus seinen menschlichen Empfindungen, Gedanken, Worten und Handlungen besteht, die er sein »Sein« und sein »Selbst« nennt. Das ist die kleine Welt des menschlichen Ichs.

Gabriele:

Wir erkennen also, wie der Widersacher die höchsten Worte umgedreht hat. Unsere kleine Welt, die Ichwelt des einzelnen, die aus unseren menschlichen Empfindungen, Gedanken, Worten und Handlungen besteht, nennen wir unser »Sein« und unser »Selbst«. Es ist jedoch nicht das ewige Sein. In unserem menschlichen »Sein« ist das »Mein«, das die Abgrenzung zum ewigen Sein beinhaltet. In unserem menschlichen »Selbst« ist das »Mir«, wieder die Abgrenzung. Durch die menschliche Ichbezogenheit, das Mein und Mir, haben wir uns in eine Kokonwelt begeben, von der wir noch hören werden. Wir sehen also, wie dicht Licht und Schatten beieinanderliegen.

Worte, aus der Verwirklichung und Erfüllung des ewigen Gesetzes gesprochen, tragen das Göttliche in sich, Licht und Kraft. Hingegen sind Worte dann unser niederes Sein, wenn sie nicht vom Geist der Liebe durchdrungen sind, wenn sie von uns nicht gelebt werden.

Gott spricht vom ewigen Selbst, vom ewigen Sein. Die Umpolung heißt: unser menschlich Sein, unser menschlich Selbst.

In dieser kleinen Welt lebt er, bewegt er sich und glaubt, einzig dort sein Dasein zu haben.

Er sieht dann nur mit den Augen seiner kleinen Welt, die mit einem Kokon zu vergleichen ist. Damit sieht er dann auch nur auf die kleine Kokonwelt seines Nächsten.

Er sieht nur die Oberfläche des Lebens, die Spiegelung, weil er nur im Äußeren lebt und sich nur in seiner kleinen Welt, in seinem Kokon, bewegt, den er selbst gesponnen hat mit seinen belasteten Empfindungen, Gedanken, Worten und Handlungen. Das ist sein Bewußtseinsstand.

Gabriele:

Von diesem Bewußtseinsstand ausgehend, fühlen, denken, sprechen und handeln wir – als Menschen, die in der Begrenztheit materialistischen, ichbezogenen Denkens verhaftet sind. Weiter können wir nicht sehen. Weiter können wir auch nicht verstehen. Was wir entfaltet, was wir entwickelt haben, das ist unser Bewußtseinsstand. Dementsprechend strahlt auch unser Bewußtseinslicht. Es strahlt auch nur wieder das an, was unser Bewußtseinsstand ist, die Weite oder die Enge, je nach Begrenzung.

Weil wir, je nach unserer Bewußtseinsstrahlung, in unserem selbstgeschaffenen Lichtkegel leben, erleben wir immer wieder uns selbst. Beobachten wir, was wir denken, was und wie wir sprechen! Dies alles sagt uns, wer wir sind.

Bewegen wir uns mit unseren Empfindungen und Gedanken nur um uns selbst, dann leben wir in einer Kokonwelt und sehen unseren Nächsten nur im Lichtkegel unseres Ichs. Unsere Mitmenschen gehen dann an uns vorbei, und wir erkennen sie nicht; wir nehmen sie nicht als Bruder und Schwester im Geiste des Herrn wahr, weil wir uns nur selbst bejahen, weil wir nur auf unsere kleine Welt blikken. Diese kleine Welt ist unser Gedankengut, und dieses Gedankengut nennen wir die Wahrheit.

Die Fäden der kleinen Kokonwelt sind gleichsam die Wände, auf die er blickt und die er als »die Wahrheit« bezeichnet. Da er nur auf die Wände seiner kleinen, eigenen Welt blickt, sieht er auch nur auf die Wände der kleinen Welt seines Nächsten. Er sieht also nur in die Spiegel der Wahrheit und schaut nicht die Wahrheit selbst.

Gabriele:

Daraus ergibt sich die Verzerrung der Wahrheit.

Was sind die »Wände«? Die sogenannten Wände sind die Ausstrahlung der Aura, sind die verschiedenen Facetten unseres Seelenlichtes. Denn das, was in unseren Seelenpartikeln gespeichert ist, Licht oder Schatten, das strahlt durch unseren Körper und bildet die Aura, die Korona. Unsere Aura ist gleichsam der Kegel unseres Bewußtseinslichtes.

Nur das, was unsere Seele ausstrahlt, das können wir einigermaßen erfassen und von dem sprechen wir. Darüber hinaus geht es nicht. Je nach Strahlungspotential, Licht oder Schatten, ist unsere Aura. Das ist unser Bewußtseinslicht, unser Bewußtseinsstand.

Er spricht von der Wahrheit und meint damit die Spiegelung der Wahrheit, das, was er selbst eingegeben hat, womit er sich selbst umsponnen hat, woran er glaubt, weil er nur das sieht. Er glaubt also nur das, was er sieht, und das nennt er die Wahrheit.

Gabriele:

Unsere Sprache ist eine bildhafte Sprache. Jedes Bild zeigt unseren Bewußtseinsstand. Tag für Tag schießen durch unser Gehirn unendlich viele Gedanken. So, wie die Gedanken durch unseren Kopf schießen, so schießen auch die Bilder durch uns hindurch und prägen unsere Zellstruktur. Da wir zumeist noch unbewußt leben, erfassen wir von unserer eigenen Bildersprache wenig und lassen dadurch viele Chancen zur Selbsterkenntnis ungenutzt verstreichen.

Bewußt leben heißt, die Kräfte unseres Bewußtseins im Augenblick zu sammeln, ganz bei dem zu sein, was momentan ansteht. Bewußt leben heißt also konzentriert leben.

Lieber Bruder, liebe Schwester, nehmen wir uns vor, alles, was wir tun, konzentriert zu tun. Konzentration heißt: Unsere Gedanken sind bei unserer Arbeit, bei der Tätigkeit, die wir augenblicklich ausführen, oder bei dem, was wir sprechen.

Verläuft unser Leben dadurch bewußter, dann erfassen wir auch sehr rasch, wenn Gedanken uns bedrängen. Sie klopfen an unsere Konzentrationsstrahlung an und wollen sich uns mitteilen. Dann sollten wir kurz innehalten, die Gedanken zulassen und in die Welt der Gedanken hineinblicken; denn sie kommen und zeigen sich uns in Bildern. Diese Bilder haben wir geschaffen; sie sind ein Teil unseres Lebens. Auch auf diese Weise können wir sehr rasch erkennen, wer wir sind. Nützen wir die Tagesenergie, um zu bereinigen, was heute zur Bereinigung ansteht, dann erweitert sich unsere Bewußtseinsstrahlung, unser Bewußtseinskegel.

Gedanken, die uns ansenden, können auch von Mitmenschen ausgehen. Das sind jedoch nur kurze Fluggedanken, die uns nicht erregen – und uns doch etwas sagen können, denn es gibt keine Zufälle. Klopfen sie jedoch ständig an unsere Konzentrationsstrahlung an, dann ist etwas in uns, das bereinigt werden sollte.

Gedanken, Empfindungen oder Gefühle können auch von unserem derzeit entwickelten geistigen Bewußtsein ausgehen – Impulse, die uns anregen wollen, uns weiter zu entfalten, hinwegzuräumen, was unsere Seele einengt und belastet. Auch diese Gedanken oder Gefühle pochen an die Konzentrationsstrahlung an. Sie melden sich an, um bereinigt zu werden. Halten wir kurz inne. Nehmen wir die Gedankenbilder auf. Was wollen sie uns sagen? Das steht zur Bereinigung an.

Wir sind in der Lebensschule Erde: Die Tagesenergie bringt für jeden einzelnen Menschen individuell die Aufgaben, die für ihn anstehen, aufgrund dessen, was er selbst einmal in die Gestirne eingegeben hat. So begegnen wir unserem eigenen Menschlichen, Tag für Tag.

Das Menschliche ist unser niederes Sein, ist unser niederes Selbst. Wir müssen das niedere Selbst, das niedere Sein, mit Christus umwandeln. Auf diese Weise finden wir zum ewigen Sein, zu unserem wahren Selbst, und somit zu unserem göttlichen Erbe.

Wir sehen also: Die ganze Unendlichkeit besteht aus Senden und Empfangen. Zu uns wird hingesendet, und wir empfangen. Wir senden und empfangen. Das ganze All ist ein mächtiges Kommunikationsnetz, in das jeder einzelne von uns eingebunden ist.

Es gibt im ganzen All nur ein Prinzip: Senden und Empfangen. Jeder sendet sich selbst – das, was er ist, sein Empfinden, Denken, Sprechen und Handeln.

Gabriele:

Beachten wir die Aussage: Jeder sendet sich selbst.

Das Sendepotential unseres Nächsten können wir nicht aussenden; wir senden einzig unser eigenes Sendepotential aus, jene Programme, die wir uns im Laufe dieses Erdenlebens und in den Vorleben auferlegt haben – das also, was noch nicht bereinigt ist.

Machen wir uns also immer wieder bewußt: Jeder von uns sendet nur sein eigenes Sendepotential aus. Mit unseren Empfindungen, Gedanken, Worten und Handlungen bauen wir dieses Sendepotential auf. Es bildet die verschiedenen Programme in unseren Gehirnzellen, die wieder auf unsere Seele einwirken und auf jede Zelle unseres Leibes, denn diese befinden sich ebenfalls in Kommunikation mit den Speicherplaneten. So sind wir mit unserem – aber nur mit unserem eigenen – Sendepotential in Kommunikation mit den Gestirnen.

Das, was wir aussenden, geben wir in unsere Seele ein und in die entsprechenden Speicherplaneten – in dem Fall in den Kausalcomputer. Vom Kausalcomputer kommt es wieder zurück – über unsere Seele, über unsere Empfindungen und Gedanken. So können unsere Gefühle, Empfindungen, Gedanken, Worte und Handlungen unsere Mahner sein. Deshalb sollten wir wachsam sein, um zu erfahren und zu erfassen, was sie uns über uns sagen wollen.

Wir sind unser eigenes Sendepotential. So schwingen wir. So denken wir. So leben wir. So handeln wir. Das ist auch unser Körperrhythmus. So schwingt auch jede Zelle unseres Leibes.

Unser Körper ist gleichsam ein Klangkörper. Mit unseren Gefühlen, Empfindungen, Gedanken, Worten und Handlungen stimmen wir den Klangkörper Mensch ein.

Wollen wir wissen, wie wir klingen? Hören wir, was wir denken und reden! Dann wissen wir, wie wir klingen.

Gott ist Harmonie. Gott ist ewige Symphonie, ewiger kosmischer Klang. Ist unser Klangkörper eins mit der Symphonie Gott, dann ist unsere Seele im Sein. Ist unser Körper disharmonisch, sind unsere Rhythmen eckig, kantig, sind wir unausgeglichen, unausgewogen, dann sind wir nicht in Harmonie mit dem ewigen Sein; dann spielen wir unsere eigene Geige.

Das reine Wesen lebt und wirkt in und aus dem reinen ewigen Gesetz, dem Allgesetz.

Der Unreine lebt in seiner kleinen, selbstgeschaffenen Welt, die aus seinem Unreinen besteht, also aus dem Unrat seiner Empfindungen, Gedanken, Worte und Handlungen. In dieser seiner Kokonwelt lebt und bewegt er sich und empfindet, denkt, spricht und handelt so, wie er ist, woraus seine Kokonwelt besteht.

Gabriele:

Der Unrat unserer Empfindungen, Gedanken, Worte und Handlungen ist ein Raunen, ein Rauschen in unserem Inneren; es macht uns unzufrieden, unstet, unglücklich; denn die wache Seele drängt, um frei und glücklich zu sein. Sie möchte sich mit dem ewigen Strom, Gott, verbinden; sie möchte wieder eintauchen in das ewige Sein, in das ewige Licht – als das wahre Selbst, das komprimierte Sein.

Hin und wieder sollten wir den Gesang der Seele üben. Die Liebe der Seele zum Vater ist gleichsam eine Anbetung, ein himmlischer Gesang, der sich Ihm zuwendet; denn Gott ist Klang, ist Symphonie, Harmonie und Liebe.

Lassen wir öfter diese Sehnsucht der Seele aus uns herausbrechen, herausstrahlen; sprechen wir aus, was sich in uns regt, und empfinden uns in diese Melodie hinein! Dann erspüren wir die Diskrepanz zwischen Seele und Mensch und merken zugleich auch, was noch zur Bereinigung ansteht.

Die Seele hat nicht unsere Worte. Was sie uns vermittelt – die Sehnsucht nach Gott, nach der Reinheit, nach der Schönheit, nach der Einheit mit dem ewigen Strom –, das kommt bei uns, dem Menschen, in Form von Gedanken und Worten an. Unsere Gedanken und unsere Worte sind jedoch begrenzt – sie können das, was aus der Seele hochbricht, oftmals nicht aussprechen, und somit kann es der Mensch auch kaum erfassen, weil ihm nur die Werkzeuge der Gedanken und der Worte zur Verfügung stehen.

Auch das Fühlen gehört in den Bereich des Menschlichen und ist nicht die Wahrnehmung der Seele selbst. Kommen die emporsteigenden Schwingungen der Seele – Sehnsucht nach der Einigung mit Gott – in unseren Gehirnzellen an, dann ist dieses feine, zarte Gefühl schon wieder auf die drei Dimensionen eingestimmt, weil der Mensch nun einmal nur dreidimensional fühlt, denkt, spricht und handelt. Wir sehen: Immer ist eine Diskrepanz zwischen Seele und Mensch. Das schmerzt oft.

Ich erlebe es häufig, auch hier in der Lehrkirche. Im Inneren erfasse ich alles und allumfassend. Mit unseren menschlichen Worten jedoch vermag ich die Ganzheit nur begrenzt herüberzubringen. Die menschliche Sprache verfügt nicht über die Worte, das wiederzugeben, was in einem Satz, in einem Wort des Absoluten Gesetzes wirksam ist. Die Strahlung, das Absolute Gesetz, ist unendlich und gewaltig und machtvoll – das menschliche Wort dagegen ist klein und nichtig.

Wir müssen lernen, in die Worte und Begriffe hineinzuspüren. Doch auch das Spüren als solches ist noch Begrenzung, weil wir es wieder in unsere drei Dimensionen übertragen. Die Diskrepanz bleibt bestehen – bis wir wieder göttlich sind, bewußt der Sohn, die Tochter Gottes, das Sein im Sein. Dann bedürfen wir nicht mehr der Worte, um das Sein zu beschreiben.

Denken wir immer wieder daran: Wir sind auf dieser Erde, um göttlich zu werden. Unser Inneres ist das Reine, das Feine, das Edle und Schöne, das Gesetz der unendlichen Liebe.

Denken wir immer wieder daran: Gott, unser Vater, liebt uns. Er sandte Seinen Sohn, unseren Erlöser. Christus ist uns so nahe, denn Er ist der Weg, die Wahrheit und das Leben.

Denken wir immer wieder darüber nach. Begeben wir uns gedanklich in diese Botschaft der Liebe hinein: Gott, unser Vater, sandte Seinen Sohn, auf daß wir wieder zu Ihm, Gott, unserem Vater, zurückkehren. Diese Botschaft ist die Botschaft der Liebe. Sie zieht sich durch die letzten zweitausend Jahre hindurch und wird immer wieder an unser Herz pochen – bis wir zur Liebe geworden und geeint sind mit dem großen Geist unseres Vaters, mit Gott.

Gott ist der Strom des Alls. Unser Vater ist das Wesen des Alls. Denken wir daran, daß wir im Göttlichen Seine Ebenbilder sind, die Ebenbilder des ewigen Vaters. Er ist das Leben im Strom, und wir sind das Leben im Strom. Kehren wir heim in das ewige Sein – wer empfängt uns? Die unendliche Liebe unseres Vaters. Wir dürfen Ihn schauen, weil Er sich aus dem Strom die Form gegeben hat, so, wie Er uns geformt hat als Seine Kinder, Seine Ebenbilder.

Lieber Bruder, liebe Schwester, wir können uns auch fragen: Werden wir nach unserer Erdenwanderung vor Gott, unseren Vater, hintreten? Werden wir uns vor Ihm verbeugen und Ihm von Herzen danken für Seine Führung durch Christus, unseren Bruder und Erlöser? Werden wir als Kind Gottes zu Ihm emporblicken, in die sanften, milden, gütigen Augen des ewigen Vaters?

Er wird uns sicher in die Arme nehmen und sagen: »Kind, es ist getan. Es ist vorbei der Schmerz, das Leid. Siehe, durch Meinen Sohn, deinen Bruder, habe Ich dich zu Mir zurückgeholt. Komm, und besitze das Reich, das dir von Urbeginn gehört.

Mein Kind, es ist vorbei. Alles ist gut. Schaue, und du siehst dich selbst; denn das, was du geschaffen hast mit Meiner Kraft, bist du selbst, ist dein Wesen.«

Und wir werden in unserem Inneren und überall, wohin unsere geistigen Augen fallen, das schauen, was uns von Ewigkeit her bewußt ist: das Licht, die Heimat. Wir werden wieder eingebettet sein in den Schoß Gottes, in die Freiheit, in das Leben der Kommunikation mit allem Sein.

Denken wir immer wieder daran, machen wir uns bewußt und bejahen wir, daß wir Söhne und Töchter Gottes sind! Bejahen wir, daß wir unsterblich sind. Bejahen wir unser Gesetz – ja, unser Gesetz –, das ewige Leben, unser geistiges Erbe – und uns wird es von Stunde zu Stunde besser gehen.

Der belastete Mensch ist mit einer Raupe zu vergleichen.

So lange spinnt sich der belastete Mensch - die Raupe - in seine kleine Welt ein, bis er erkennt, daß er sich entpuppen, das heißt entfalten, muß, um ein Falter, ein Wesen des Lichts, zu werden, das in Gottes ewigem Allgesetz lebt, sich bewegt und im Ewigen sein ewiges Dasein hat, in dem Allprinzip, das ist und das sich selbst als das Selbst spricht: das Reine, Feine, Edle, Schöne, die selbstlose Liebe, das Allgesetz, die Absolutheit, das ewige Sein, die ewige Wahrheit.

Deshalb muß sich jede Raupe entfalten, also das aufwickeln, womit sie sich umsponnen hat, um sich darin zu erkennen, um das Erkannte zu bereuen, um Vergebung zu bitten und zu vergeben und das Erkannte nicht mehr zu tun.

Dann lösen sich die Fäden seines Kokons auf; die Mauern fallen, auf die der

Mensch bisher blickte und die er die Wahrheit nannte – seine kleine Ichwelt, die nur die Spiegelung der Wahrheit war. Die lichte Seele und der nach innen, zum Allerheiligsten, gekehrte Mensch schauen dann das ewige Sein, die ewige Wahrheit, in sich selbst.

Gabriele:

Jeder von uns muß also den Kokon seines Ichs wieder zurückspulen, ähnlich, wie eine Filmspule zurückgespult wird. Während wir zurückspulen, müssen wir uns in den Bildern, die auf die Leinwand unseres Bewußtseins projiziert werden, erkennen: unser menschliches Spiel, die Intrigen, die drängenden Wünsche, die Leidenschaften, Begierden, den Haß, den Neid, die Feindschaft; das Streben nach Reichtum, nach Ansehen und Besitz.

Wir hören uns auch in diesen Bildern: wie wir unsere Nächsten abwerten, uns selbst aufwerten; wir hören, was wir über sie sagen, wie wir von ihnen denken; ob wir ihnen geschadet haben, mit welchen Methoden und vieles mehr. Dies alles muß über Christus mit dem Nächsten bereinigt werden.

Das ewige Selbst ist die Wahrheit. Wer zur Wahrheit geworden ist, ist selbst die Wahrheit, das Selbst, das Sein, das Ich Bin, das ewige Gesetz der Liebe.

Mit den Augen der Wahrheit schaut der Mensch in sich auch das, was außen ist. Er durchdringt die Spiegelung der Wahrheit und schaut in allen Menschen, Geschehnissen, Gesprächen und Ereignissen die Wahrheit.

Er sieht mit den Augen der Wahrheit auch das Unwahre. Er kann nicht getäuscht werden, weil er die Wahrheit ist und mit den Augen der Wahrheit schaut und alles in der Wahrheit spricht, bespricht und vollzieht.

Er ist also die Wahrheit, die das ewige Gesetz des Alls ist, in dem er lebt, in dem er sich bewegt, aus dem er schöpft und mit dem er wirkt.

Er ist die Wahrheit, das Gesetz, in jeder Empfindung, in jedem Gedanken, in jedem Wort und in jeder Handlung.

Da die Wahrheit, das Sein, das ewige Gesetz, in dir ist und das Wahre, das Ewige, zuerst in dir Form und Gestalt annimmt und dann erst im Äußeren, in deiner Umgebung und in der Welt, mußt du in dir leben, im Allheiligen, der in dir wohnt.

Gabriele:

Wollen wir die Welt verändern, dann müssen wir uns selbst verändern. Solange wir nur von der Veränderung sprechen und wir uns selbst nicht ändern, schaffen wir nur weitere Belastungen in dieser Welt und lasten uns diese auch selbst auf.

Sprechen wir nur vom Frieden, der in diese Welt kommen soll, und haben selbst keinen Frieden, so tragen wir zu weiterer Friedlosigkeit bei, weil unser Unfriede andere wiederum mit Unfrieden ansteckt.

Sprechen wir vom Licht Christi und bleiben selbst lichtlos, dann verhöhnen wir Christus und tragen dazu bei, daß unsere Nächsten ähnlich denken, sprechen und leben wie wir – lichtlos.

Sprechen wir von der Barmherzigkeit und dem Samariterdienst an unserem Nächsten, davon, daß in der Welt Barmherzigkeit und Nächstenliebe geübt werden sollte, und sind selbst unbarmherzig und friedlos, dann tragen wir dazu bei, daß Unbarmherzigkeit und Lieblosigkeit in dieser Welt zunehmen. Dadurch belasten wir uns selbst.

Wollen wir die Welt zum Guten verändern, dann müssen wir gütig werden.

Solange wir uns selbst nicht achten, beachten wir auch Gott in uns nicht. Solange wir nach äußeren Tempeln streben, haben wir zu uns selbst als dem Tempel Gottes nicht gefunden.

Deshalb erkenne: Du bist der Tempel des Einen, Heiligen, der in dir wohnt.

Merke dir folgenden Satz der Wahrheit und lebe danach:
Wohne in dir, denn du bist der Tempel des Einen, Heiligen, der in dir wohnt.

Gabriele:

Wir können nur dann in unserem Inneren wohnen, wenn wir unseren Tempel mit der Tugend der selbstlosen Liebe, der Freiheit und Brüderlichkeit schmücken. Dann wird die Eigensüchtigkeit von uns abfallen; die Süchte werden sich verwandeln, und wir werden Suchende werden, die finden. Wir finden Gott in uns.

»Wohne in dir« heißt:

Laß keinen menschlichen, eigensüchtigen Gedanken zu.

All dein Empfinden, Denken, Reden und Tun erhebe zu Gott.

Gabriele:

Um unser Empfinden, Denken, Reden und Tun zu Gott zu erheben, müssen wir uns bewußt werden, daß Gott für uns das Beste möchte und daß Er der Lauscher in uns ist. Haben wir menschlich empfunden, gedacht, gesprochen und gehandelt, dann tragen wir unsere Menschlichkeiten zu Gott und bitten den Geist unseres Vaters, der in uns wohnt, um Vergebung.

Gott, der uns liebt, wird uns vergeben und uns immer dann erinnern und mahnen, wenn wir wieder in gleiche oder ähnliche Empfindungsketten, Gedanken- oder Wortketten hineinfallen wollen. Durch unsere zunehmende Wachsamkeit wird es uns immer besser gelingen, unser Empfinden, Denken, Reden und Tun rechtzeitig zu Gott zu erheben.

Sprich nur, wenn du gefragt wirst, und dann ausschließlich nach dem ewigen Gesetz der Tempelordnung – nicht zu viel und nicht zu wenig; das Maß liegt in dir. Oder sprich, wenn es für deinen Nächsten von Bedeutung ist, wenn du ihm Gaben des Lebens mitgeben kannst.

Gabriele:

Warum sollen wir nur sprechen, wenn wir gefragt sind oder wenn es wesentlich ist und dann ausschließlich nach dem Gesetz der Tempelordnung, also nach den Zehn Geboten und der Bergpredigt?

Alles ist Energie. Unsere Seele besteht aus kosmischer Energie. Auch unser physischer Leib ist von kosmischer Energie durchdrungen. Mit dieser kostbaren Lebenskraft sollen wir behutsam umgehen, sie also nicht vergeuden. Wir sollen unseren Nächsten aus dem Schatz des Inneren, aus den Gesetzen Inneren Lebens, geben. Die Auszüge daraus sind die Zehn Gebote und die Bergpredigt.

Geben wir aus der höchsten Quelle, aus den Gesetzen des Lebens, dann geben wir Gaben Inneren Lebens, die einen unschätzbaren Wert haben. Diese göttlichen Gaben sind dann in unseren Worten und Handlungen aktiv.

Wir können nur dann aus dem Reichtum Inneren Lebens schöpfen und geben, wenn wir zuvor durch Verwirklichung und Erfüllung der göttlichen Gesetze den Schatz des Inneren gehoben haben.

Frage nicht aus Neugierde. Wenn möglich, frage überhaupt nicht; denn was du hören und wissen sollst, wird dir der zuführen, der in dir wohnt.

Gabriele:

Wer aus Neugierde fragt, der hört nur sich selbst und hört unter Umständen das, was er heute nicht zu verarbeiten vermag. Das bewegt er dann in Gedanken. Dadurch kann er sich weiter belasten, weil jeder Gedanke Energie ist, die nicht von ihm zieht, sondern bei ihm bleibt; sie belastet seine Seele und seinen physischen Leib.

Und wenn dein Nächster neben dir in Meditation oder in Gedanken versunken ist, sprich ihn nicht an, um ihm deine menschliche Weisheit nahezubringen, denn du weißt nicht, wo er sich gerade befindet, mit wem oder mit was er in Kommunikation steht.

Störe deinen Nächsten nicht - dann wirst auch du niemals gestört werden, weil du dann die Wachsamkeit selbst bist.

Und wenn dein Nächster speist oder arbeitet, störe ihn nicht, außer du hast ihm Wichtiges und Wesentliches mitzuteilen, denn du weißt nicht, mit wem oder mit was er in Kommunikation steht.

Gabriele:

Beachten wir also das Gesetz Inneren Lebens, das Feine, Edle, Schöne und Reine. Dann werden wir ganz allmählich zum Gesetz Gottes werden. Dann werden wir unsere Seele adeln und sie als Wesen in Gott achten – und auch unseren Nächsten, der im Innersten ist, wie wir sind: fein, edel, schön und rein. Dringen wir also niemals in seinen Tempel ein; dann werden auch wir nicht gestört und unser Tempel nicht zerstört werden.

Vergeude keine Energie; denn damit schwächst du deine Seele und deinen Leib. Zugleich verläßt du die heilige Stätte in deinem Innersten, die Gottheit in dir, und begibst dich außerhalb von dir.

Du beginnst dann, dich an den Tempel deines Nächsten anzulehnen, und beginnst zu fordern, weil deine seelische und physische Energie abnimmt.

Wer nicht in seinem Tempel wohnt, der vergißt allmählich, daß er selbst der Tempel des Heiligen Geistes ist, weil er nicht mehr die Tempelordnung hält, die besagt:

Bleibe in dir. Im Allerheiligsten erfährst und empfängst du alles für dich und für deinen Nächsten. In dir vernimmst du alles, was du sagen oder nicht sagen sollst. Im Allerheiligsten, in dir, empfängst du auch die Kräfte für deine tägliche Arbeit.

Wer seinen eigenen Tempel nicht rein hält, der baut äußere Tempel oder erhält diese durch seine Energie in Form der Bejahung von Riten, Dogmen und Kulten und mit seinen Talenten und Talern. Er wird dann zum Gefangenen einer Ordnung, welche nicht die heilige Ordnung, Gott, ist.

Wer in Gott, in seinem Tempel, zu Hause ist, der lebt im Innersten, im Allerheiligsten, und wird niemals in den Tempel seines Nächsten eindringen und ihn schänden.

Dringe also niemals mit deinen hartnäckigen Wünschen, mit deinem Wollen, mit deinen Vorstellungen und Meinungen in den Tempel deines Nächsten ein.

Wirke niemals bestimmend und fordernd auf deinen Nächsten ein, und zwinge ihn auch nicht, das oder jenes zu tun. Erfüllt er dein Drängen einzig, um dir einen Gefallen zu erweisen oder vor dir Ruhe zu haben, so bist du zum Räuber und Plünderer geworden, denn du hast ihm einen Teil seiner Lebenskraft geraubt.

Achte den Tempel deines Nächsten, denn auch er soll die Tempelordnung erlernen und über seine Schwächen und Fehler – die er nur dann sieht, wenn du ihm die Sicht nicht verwehrst – sich erkennen und das bereinigen, was ihm bewußt ist, damit auch er in das Allerheiligste einzukehren vermag, in seinen Tempel, der sich mehr und mehr reinigt.

Beachtest du die Gesetzmäßigkeiten der Tempelordnung, dann achtest du dich selbst und deinen Nächsten.

Wer sich selbst nicht achtet, der achtet auch seinen Nächsten nicht, weil er selbst die Tempelordnung, das Tempelgesetz, nicht hält.

Die Tempelordnung ist das Tempelgesetz; es ist das ewige Heilige Gesetz; es ist das Leben in Gott und mit Gott.

Wer das Tempelgesetz hält, der erhebt seine Gefühle, sein Empfinden, sein Denken, sein Reden und Tun zu Gott, und somit ist er erfüllt von Gott, und was er empfindet, denkt, spricht und vollbringt, das beinhaltet göttliche Kraft.

Wer das Gesetz, Gott, hält, der ist eins mit seinem Nächsten und mit allem Sein, weil der, welcher das ewige Gesetz hält, das Sein ist.

Merke dir:
Du bist der Tempel des Einen, Heiligen, der in dir wohnt.

Halte also deinen Tempel rein, indem du die Tempelordnung hältst.

Erläuterungen:

Vergeude keine Energie; denn damit schwächst du deine Seele und deinen Leib. Zugleich verläßt du die heilige Stätte in deinem Innersten, die Gottheit in dir, und begibst dich außerhalb von dir.

Du beginnst dann, dich an den Tempel deines Nächsten anzulehnen, und beginnst zu fordern, weil deine seelische und physische Energie abnimmt.

Hierzu sprach unsere Schwester Gabriele
in der Inneren Geist=Christus-Kirche,
der großen Lehrkirche
des Christus-Gottesgeistes:

Wodurch vergeuden wir unsere Energie? Wir vergeuden sie, weil wir unser Ego mitteilen wollen, weil wir uns darstellen wollen. Das Ich will eigensüchtig dem Nächsten helfen, um sich in den Vordergrund zu stellen. Wir betreiben Leistungssport, damit sich das

Ich im Wettkampf beweisen kann. Diese und weitere menschliche Ichheiten bewirken, daß wir Energie vergeuden.

Wir streiten eventuell mit unserem Partner, mit unserer Partnerin. Wir streiten mit unseren Kollegen und Kolleginnen am Arbeitsplatz. Wir pflegen ständig Wünsche in Gedanken. Wir bauen Wunschbilder auf und leben in dieser Welt der Wünsche. Ist uns bewußt, daß wir damit Energie vergeuden und unsere Seele schwächen?

Außerhalb von uns geraten wir, wenn wir nicht in uns sind, nicht auf das Ich Bin, das Göttliche, in uns bezogen. Wenn wir ständig darauf bedacht sind, daß der Nächste uns sieht, wie wir vorgeben zu sein – das ist Leben nach außen. Unablässig sind wir darauf bedacht, daß er uns sieht, daß er uns lobt, daß er uns anerkennt, daß er uns in alles mit einbezieht. Wir sind neugierig, möchten alles hören, möchten alles sehen, möchten diskutieren, um zu zeigen, wie recht wir haben. Das ist die Veräußerlichung unseres Lebens.

Durch die Vergeudung der Energie zieht es unsere Sinne immer mehr nach außen und in den weiteren Verlust der Energie. Durch die Energiearmut entsteht dann das Streben nach Aufwertung, das Streben nach Anerkennung, nach Lob, nach Bereicherung und vieles mehr. Wir werden immer unzufriedener, denn die Sinne gieren und wollen immer mehr. Je schwächer unsere Seele wird, je weniger Energie sie hat, um so mehr verlangt der Mensch für sich persönlich.

»Du beginnst dann, dich an den Tempel deines Nächsten anzulehnen, und beginnst zu fordern, weil deine seelische und physische Energie abnimmt.«

Sich an den Nächsten anzulehnen heißt, von ihm zu fordern; das bedeutet, von ihm Energie zu ziehen. Wir erwarten von unserem Nächsten das, was uns selbst fehlt, was bei uns an Seelenschwäche zugrunde liegt.

Zehren wir auf diese Weise am Leben unseres Nächsten, dann kann er sein Leben immer weniger meistern. Jeder von uns befindet sich in der Lebensschule Erde, und jeder braucht seine Energie, um diese Lebensschule bestehen zu können. Entziehen wir jedoch unserem Nächsten Energie, so kann er unter Umständen vieles nicht erkennen, weil er sich mit uns beschäftigen muß, weil er uns dies und jenes erfüllen muß, damit wir zufrieden sind. In der Zwischenzeit gehen viele Tagesimpulse an ihm vorbei – seine Impulse, die er nicht wahrnehmen kann, weil wir uns an ihn anlehnen und fordern.

Die Hauptschuld trägt derjenige, der sich anlehnt. Der andere, der die Wünsche erfüllt, ist mitschuldig. So belasten sich beide. Dadurch sind beide aneinander gebunden – der eine, der fordert, und der andere, der sich benutzen läßt. Gemeinsam müssen sie es bereinigen. Mag auch die Situation vergangen sein, bildhaft bleibt alles in unserer Seele bestehen, bis es bereinigt ist. Jeder von uns erkennt sich eines Tages in den Bildern seines Seelenfilms.

Jeder Gedanke ist Baustein eines Bildes oder ein ganzes Bild. Die Bilder bleiben in uns; sie werden auch in den Gestirnen gespeichert. Wir sind also registriert. Zur gegebenen Zeit kommen unsere Bilder wieder auf uns zurück. Wir erleben uns selbst im Bilderwald unseres menschlichen Ichs. Wir können dann nicht sagen: »Das bin ich nicht« oder »Das war ich nicht« – wir erleben uns selbst in der Rolle unserer Menschlichkeiten.

Wer sich schon heute in den Augenblicken des Tages erkennt und bereinigt, der tut wohl. Er wird die Bilder seines Ichs nicht in den Seelenreichen durchleben und durchleiden müssen.

Wer nicht in seinem Tempel wohnt, der vergißt allmählich, daß er selbst der Tempel des Heiligen Geistes ist, weil er nicht mehr die Tempelordnung hält, die besagt:

Bleibe in dir. Im Allerheiligsten erfährst und empfängst du alles für dich und für deinen Nächsten. In dir vernimmst du alles, was du sagen oder nicht sagen sollst. Im Allerheiligsten, in dir, empfängst du auch die Kräfte für deine tägliche Arbeit.

Gabriele:

Nicht mehr die Tempelordnung zu halten, bedeutet: Wir denken nicht mehr an die Zehn Gebote und nicht mehr an die Bergpredigt. Dabei vergessen wir, daß wir Erben der Unendlichkeit sind und daß das göttliche Erbe in uns liegt. Dann leben wir in den Tag hinein und verunreinigen täglich mehr unseren Tempel, das heißt, wir belasten uns Tag für Tag mehr. Die Tempelordnung halten heißt: bewußt zu leben, mehr und mehr die Gesetze Gottes zu erfüllen, so daß sich unser Tempel reinigt und wir ganz allmählich zum Inneren Licht finden.

Lieber Bruder, liebe Schwester, um hineinzufinden in das Allerheiligste, müssen wir den Inneren Weg gehen, denn erst dadurch stellen wir eine Kommunikation zum Allheiligen in uns her.

Haben wir dies erlangt – durch Arbeit an uns selbst, durch Überwindung unserer niederen Menschlichkeiten und durch die Verwirklichung und Erfüllung des ewigen Gesetzes –, dann brauchen wir nicht mehr zu fragen: »Wie ist wohl dies oder jenes?« Das Göttliche in uns weiß um alle Dinge, weil es das Selbst des Alls ist.

Das Göttliche teilt sich immer mit. Christus in uns ist immer bereit, uns zu helfen, uns zu dienen, uns Antwort zu geben. Doch dazu bedarf es der Kommunikation mit Christus. Durch den Inneren Weg kommen wir Schritt für Schritt der Kommunikation mit Ihm näher.

Wer seinen eigenen Tempel nicht rein hält, der baut äußere Tempel oder erhält diese durch seine Energie in Form der Bejahung von Riten, Dogmen und Kulten und mit seinen Talenten und Talern. Er wird dann zum Gefangenen einer Ordnung, welche nicht die heilige Ordnung, Gott, ist.

Gabriele:

Nicht die heilige Ordnung ist z.B. die Ordnung einer Institution. Denn wo es Bräuche gibt wie Riten, Dogmen und dergleichen, heißt es in vielen Fällen: »Du mußt.« Bräuche haben es an sich, daß der Mensch gebraucht und oftmals mißbraucht wird. Bräuche werden oft zu Zwängen. Im Geiste Gottes jedoch gibt es keinen Zwang. »Wir d ü r f e n« ist das Gesetz der Freiheit. Deshalb dürfen wir den Weg nach Innen gehen, um Christus näherzukommen. Das Dürfen macht uns Mut. Das »Muß« hingegen zieht uns immer hinab. Deshalb werden alle Brauchtümer zerfallen.

Alles, was auf Zwang aufgebaut ist, ist ungöttlich.

Nur die schwache und energiearme Seele will sich mit äußeren Reichtümern schmükken. Die reife Seele, die mit Lebenskraft gefüllt ist, ist erfüllt und ist im Inneren reich. Sie ist genügsam. Der genügsame Mensch wird das empfangen, was er braucht – und oftmals darüber hinaus; denn Gott gibt dem, der sich Ihm hingibt.

Wer in Gott, in seinem Tempel, zu Hause ist, der lebt im Innersten, im Allerheiligsten, und wird niemals in den Tempel seines Nächsten eindringen und ihn schänden.

Dringe also niemals mit deinen hartnäckigen Wünschen, mit deinem Wollen, mit deinen Vorstellungen und Meinungen in den Tempel deines Nächsten ein.

Wirke niemals bestimmend und fordernd auf deinen Nächsten ein, und zwinge ihn auch nicht, das oder jenes zu tun. Erfüllt er dein Drängen einzig, um dir einen Gefallen zu erweisen oder vor dir Ruhe zu haben, so bist du zum Räuber und Plünderer geworden, denn du hast ihm einen Teil seiner Lebenskraft geraubt.

Gabriele:

Jeder Raub ist sündhaft, und diese Sünde muß wieder getilgt werden.

Drängen wir unseren Nächsten, dringen wir in ihn, so nehmen wir ihm Energie. Tut er, was wir wollen, so lernt unser Nächster seine Gedanken und seine Wünsche nicht kennen; er geht an seinem Lebensweg vorbei. Bricht dann bei ihm die Sünde auf, werden also die Ursachen wirksam, dann wird uns, die wir in den Tempel eingedrungen sind, doppelt so viel aufgelastet.

Muß unser Nächster die Wirkung seiner Ursachen voll tragen, wie z.B. Leid oder Krankheit, weil er unseretwegen sich seinen Aufgaben, die ihm das Leben gestellt hat, nicht zuwenden konnte, so tragen wir Mitschuld an dem Leid oder der Krankheit; denn wir trugen dazu bei, daß seine Ursachen jetzt voll wirksam wurden.

Stirbt unser Nächster an seiner Krankheit, so ist es möglich, daß wir auch an dem frühen Tod mit schuld sind. Daraus kann ein großer Schuldenberg entstehen, der die Sünde gegenüber dem Nächsten, die Bindung also, enthält.

Tag für Tag bekommen wir sogenannte Mahnimpulse, damit wir rechtzeitig die sündhaften Komplexe erkennen, die für uns unter

Umständen zu Leid oder zu Krankheit führen könnten. Bereinigen wir rechtzeitig, was uns die Tagesenergie in Gefühlen, Empfindungen und Gedanken zuspiegelt, dann wandelt der Christus-Gottesgeist in uns die negative Energie in positive Kraft um. Die Ursache muß dann nicht mehr wirksam werden.

Achte den Tempel deines Nächsten, denn auch er soll die Tempelordnung erlernen und über seine Schwächen und Fehler - die er nur dann sieht, wenn du ihm die Sicht nicht verwehrst - sich erkennen und das bereinigen, was ihm bewußt ist, damit auch er in das Allerheiligste einzukehren vermag, in seinen Tempel, der sich mehr und mehr reinigt.

Gabriele:

Mit unseren drängenden Wünschen, mit denen wir immer wieder in den Tempel unseres Nächsten einbrechen, verwehren wir ihm die Sicht. Er muß dann auf uns schauen und kann sich selbst nicht erkennen. Infolgedessen tragen wir dazu bei, daß unser Nächster an seinem Leben vorbeilebt, er also die Erdenschule nicht meistern kann.

Beachtest du die Gesetzmäßigkeiten der Tempelordnung, dann achtest du dich selbst und deinen Nächsten.

Wer sich selbst nicht achtet, der achtet auch seinen Nächsten nicht, weil er selbst die Tempelordnung, das Tempelgesetz, nicht hält.

Gabriele:

Wer sich selbst nicht achtet, der kontrolliert sich nicht. Er spricht alles heraus, was ihm in den Sinn kommt. Dadurch vergeudet er Energie und lebt immer mehr nach außen. Er reinigt seinen Tempel nicht, weil er auf sich nicht achtet, und begnügt sich mit den Sinnesreizen. Durch die Veräußerlichung achtet er sich nicht und wird auch seinen Nächsten nicht achten.

Daraus ergibt sich: Wer sich selbst achtet, der kontrolliert sich selbst. Er zügelt seine Rede, spricht nur Wesentliches, lebt wach und konzentriert, auf die Situation und den Augenblick bezogen. So baut sich in ihm das Innere Leben auf und um ihn ein geistiges

Fluidum, das Stärke und Schutz bedeutet. Er wird auch seinen Nächsten achten, weil er sich selbst achtet, wird in allem und in allen das Positive finden und darauf aufbauen. Er ist der geistige Mensch, der selbstlos wirkt.

Das Tempelgesetz ist die heilige Ordnung, ist der göttliche Wille, ist die göttliche Weisheit, der göttliche Ernst, die Geduld des Ewigen, Seine unendliche Liebe und Barmherzigkeit. Das sind die sieben Grundkräfte Gottes.

Die Tempelordnung ist das Tempelgesetz; es ist das ewige Heilige Gesetz; es ist das Leben in Gott und mit Gott.

Wer das Tempelgesetz hält, der erhebt seine Gefühle, sein Empfinden, sein Denken, sein Reden und Tun zu Gott, und somit ist er erfüllt von Gott, und was er empfindet, denkt, spricht und vollbringt, das beinhaltet göttliche Kraft.

Wer das Gesetz, Gott, hält, der ist eins mit seinem Nächsten und mit allem Sein, weil der, welcher das ewige Gesetz hält, das Sein ist.

Gabriele:

Die göttliche Kraft, die in allem ist, wirkt in den lichten Gefühlen, in den veredelten Empfindungen und Gedanken sowie im selbstlosen Wort des geistigen Menschen, der vom Göttlichen durchdrungen ist. Sein Wort hat Inhalt, weil es von Gott durchdrungen ist.

Das Sein ist das Gesetz. Wir, das Sein, sind als reine Wesen das komprimierte Gesetz. Das heißt: Alles ist in allem, und wir als komprimiertes Gesetz sind im fließenden Sein, im Strom, Gott, als der Tropfen der Unendlichkeit.

Merke dir:
Du bist der Tempel des Einen, Heiligen, der in dir wohnt.

Halte also deinen Tempel rein, indem du die Tempelordnung hältst.

Gabriele:

Machen wir uns bewußt: Der Eine, Heilige, Gott, wohnt in uns.

Da Er in uns wohnt, sind wir als Wesen in Gott, als die reinen Wesen, Geheiligte, weil wir Sein heiliges Gesetz sind, das unser geistiges Erbe ist.

Sehen wir uns als diesen Tempel, empfinden, spüren wir tief in unser Inneres hinein – welche Anliegen kommen uns?

Sind es noch die menschlichen Wünsche, das Haben- und das Sein-Wollen? Oder ist es das, was unsere Seele sich wünscht, weil sie sich nach der Reinheit, der Klarheit und dem Licht des Inneren Lebens sehnt?

Streben wir ernsthaft Gott zu, dann komt mehr und mehr der Wunsch, immer weniger zu sündigen.

Alles ist Bewußtsein. Auch das ist Bewußtsein: immer weniger zu sündigen. Nehmen wir uns dies tagtäglich vor, dann greift es eines Tages in unserem Oberbewußtsein, und wir werden immer wieder daran erinnert - insbesondere dann, wenn wir wieder in alte Fehler und Gewohnheiten fallen oder wenn wir im Begriff sind, neue Ursachen zu schaffen.

Durch das bewußte Leben beginnt sich ganz allmählich unser Bewußtsein zu erweitern. Wir sehen und registrieren mehr. Wir erkennen uns in dem, was wir sehen, und wir finden ganz allmählich zu dem Innersten in allem, was uns begegnet.

Unser Leben wird lebendig; es wird interessant. Wenn wir wach sind, entdecken wir: Alles will uns etwas sagen.

Licht und Schatten sprechen zu uns. Das Licht ist das Glück und der Friede; der Schatten ist das Bedrückende, das wir bereinigen sollen. Bereinigen wir es, dann haben wir wieder einen Schritt zu Gott, unserem Vater, getan.

Befolgen wir die Impulse, die der Tag jedem von uns entsprechend seinem Bewußtsein gibt, ändern wir uns also und tun das erkannte Negative nicht mehr, dann können wir auch auf ein erarbeitetes Verwirklichungspotential zurückgreifen, wenn unser Nächster Hilfe braucht. Wir können ihn dann verstehen und ihm gerecht werden, weil wir Gleiches oder Ähnliches erlebt und überwunden haben.

Das Absolute Gesetz ist der Pulsschlag der Unendlichkeit, Gott. Diesem Pulsschlag folgen die reinen Wesen, die reinen Naturreiche und alle Gestirne. Gott ist das Sein und der Strom, der alles durchströmt. Er ist die Kraft, die alles erfaßt. Er ist das Leben, Er ist unsere Bewegung, Er ist unser Sein.

Nehmen wir Kommunikation zu der Tiefe und Weite in unserer Seele auf, und wir werden spüren, daß in uns das mächtige All ist, das allumfassende Gesetz, unser wahres Sein, unser ewiges Dasein, unser ewiges Leben.

Anhang

Was ist das Universelle Leben?

Das Universelle Leben ist eine urchristliche Glaubensgemeinschaft von Menschen, die sich täglich bemühen, die Zehn Gebote und die Bergpredigt - das ewige Gesetz Gottes - in allen Lebensbereichen zu verwirklichen und mehr und mehr zu erfüllen.

Ihre Prinzipien sind Gleichheit, Freiheit, Einheit und Brüderlichkeit. Diese Lebensqualität zieht sich durch alle Bereiche ihres Lebens. Sie empfangen in dieser unserer Zeit - einer Zeit des gewaltigen Aufbruchs und Umbruchs - für alle Lebensbereiche umfassende Offenbarungen des Christus-Gottesgeistes direkt durch einen Menschen, eine Frau, die Gott als Seine Prophetin und Botschafterin dient.

Durch Sein Prophetisches Wort gründete Christus 1977 das Heimholungswerk Jesu Christi, Sein Erlöserwerk, das Aufklärungs- und Rückführungswerk auf der Erde. Es weist allen Menschen und Seelen den Weg zurück zu Gott, in die ewige Heimat. In Tausenden von Offenbarungen vermittelte und vermittelt der Christus-Gottesgeist seit 1977, erstmals in der Geschichte der Christenheit, ein allumfassendes geistig-göttliches Wissen, das es jedem Menschen ermöglicht, den Inneren Weg, den Weg zurück in das ewige Sein, zu beschreiten.

Aus der Wurzel des Heimholungswerkes Jesu Christi ging das Universelle Leben hervor – das heißt: Denken, Leben und Wirken im Geiste Gottes. Im Universellen Leben lehrte und lehrt der Christus-Gottesgeist weiter und gab uns alle Stufen auf dem Weg zur Vollendung. Es ist der Weg der Selbsterkenntnis und der Läuterung von Seele und Mensch. Er führt durch die konsequente Arbeit an sich selbst schrittweise in ein Leben nach den Gesetzen Gottes, in ein Leben der Selbstlosigkeit, der Gottes- und Nächstenliebe und führt in die Einheit mit allem Sein.

Die geistigen Sammelbecken für die in ihrem Inneren Gott suchenden Menschen weltweit – ganz gleich, welcher Religion, Konfession oder Weltanschauung sie angehören – sind die Inneren Geist=Christus-Kirchen, freie Zusammenkünfte von Menschen, ohne Mitgliedschaft, ohne Priester, ohne Riten. Diese

Menschen vollziehen keine Zeremonien; sie kommen zusammen, um zu beten und den Worten des Ewigen zu lauschen. Sie wenden die Lehren Gottes bei sich selbst an, um so Menschen im Geiste Gottes zu werden – so, wie es schon die Nachfolger Jesu vor 2000 Jahren im Urchristentum hielten. Diese Kirche des Inneren ist die große Lehrkirche des Geistes Gottes auf dieser Erde, in welcher der Ewige durch das erschlossene Bewußtsein Seiner Lehrprophetin, Seiner Botschafterin, das Absolute Gesetz lehrt, welches das Erbe der Kinder Gottes ist. Wer die ewigen Gesetze befolgt, der tritt sein geistiges Erbe an und wird der geistige Mensch in Christus.

Im Universellen Leben verwirklichen wir die Gesetze Gottes überall dort, wo sich der Alltag vollzieht: in der Familie, im Wirtschaftsleben, am Arbeitsplatz, in Kindergärten, in der Schule, in Kliniken, in der Landwirtschaft und in sozialen Einrichtungen.

Das konsequente Wirtschaften nach den göttlichen Gesetzen geschieht in den Christusbetrieben, in denen immer mehr Menschen –

Urchristen – nach einer urchristlichen Betriebsordnung leben und arbeiten und in denen das Anwendung findet, was der Herr, der Ewige, den Seinen an praktischen geistigen Gesetzmäßigkeiten in einer bisher nie dagewesenen Schulung durch unsere Schwester Gabriele vermittelt.

Das Leben und Arbeiten im Universellen Leben ist auf dem Gottesprinzip »Geben und Empfangen« aufgebaut, das heißt: Wer dem Gemeinwohl selbstlos dient, wird selbst nicht darben.

Anfang 1989 schloß der Ewige den Bund mit Brüdern und Schwestern der Urgemeinde Neues Jerusalem für das Friedensreich Jesu Christi. Er, der All-Eine, übertrug Seiner Bundgemeinde die Verantwortung für alles Geschehen im Universellen Leben. Die Glieder der Bundgemeinde, die urdemokratisch alles gemeinsam beschließen, blicken einzig auf den einen Hirten, Christus, und sind bestrebt, die göttlichen Gesetze zu erfüllen. Sie sind aktiv für den Aufbau des Friedensreiches Jesu Christi tätig, das aus dem Universellen

Leben erwächst. Ausgehend von der Bundgemeinde Neues Jerusalem, entstanden und entstehen weitere Urgemeinden im Universellen Leben.

Menschen des Universellen Lebens sind Pioniere für die Neue Zeit, die schon angebrochen ist. Es beginnt bereits das neue Zeitalter, das Geistzeitalter, in welchem Christus, der Herrscher des Reiches Gottes auf Erden, wiederkommen wird, um das Reich Gottes auf Erden ähnlich zu führen, wie es im Himmel ist. Im Friedensreich Jesu Christi werden die ewigen Gesetze, die Gesetze des ewigen Seins, erfüllt, um die Materie ganz allmählich mehr und mehr zu verfeinern und sie wieder dem Urstoff, dem göttlichen Sein, anzugleichen.

Jedem Menschen steht der Weg in das Reich Gottes offen. Die Schritte auf dem Weg sind die Meditationskurse und die Stufen zur Vollendung, vom Gesetzesprinzip der Ordnung bis zur Barmherzigkeit. Keiner ist ausgeschlossen, der ernsthaft mit Christus den Weg im Inneren und Äußeren gehen will, um mit Ihm das Friedensreich auf dieser Erde aufzubauen.

Der Innere Weg im Universellen Leben

»O erkennet:
In dieser düsteren Zeit
strahle Ich allumfassend
den Befreiungsweg aus,
den Inneren Weg, den Weg der Liebe,
der zum Herzen des ewigen Vaters führt.
Auf diesem Weg rufe Ich die Meinen,
die Gebote des Heils anzunehmen
und schrittweise aus dem Sündenpfuhl
menschlichen Ichs herauszufinden.
Denn jedem Menschen, jeder Seele,
reiche Ich, Christus,
die Hand.«

(Christus in Seiner Offenbarung
am 4. Oktober 1991)

*

Wir sind auf Erden, um wieder göttlich zu werden! Christus hat in unserer Zeit Seine Christliche Mysterienschule ins Leben gerufen. In dieser Hohen Schule des Geistes Gottes lehrt Sein Diener, der Cherub der göttlichen Weisheit – auf Erden Bruder Emanuel genannt –, über das Prophetische Wort unserer Schwester Gabriele den unmittelbaren und kürzesten Weg zu Gott.

Der Innere Weg im Universellen Leben, der geistige Schulungsweg, führt uns – durch die konsequente Arbeit an uns selbst – schrittweise in ein Leben nach den ewigen göttlichen Gesetzen, in ein Leben der Gottes- und Nächstenliebe und schließlich wieder in die Einheit mit dem Göttlichen in uns.

Der gesamte Schulungsweg des Inneren kann in der Gemeinschaft von Kursteilnehmern oder im Alleingang zu Hause anhand der Bücher und Cassetten beschritten werden.

In zwei vorbereitenden Meditationskursen lernen wir, unser Fühlen, Denken und Handeln mehr und mehr auf den Christus-Gottesgeist in uns auszurichten (Urchristlich Meditieren I). Sodann werden wir uns der geistigen Kraft, der göttlichen Energien, in uns bewußt, indem wir lernen, die geistigen Bewußtseinszentren im physischen Körper anzusprechen, auch zur Gesundung von Seele und Leib (Urchristlich Meditieren II).

Leichte Bewegungsübungen zu harmonischer Musik unterstützen die geistige Ausrichtung des Gott Zustrebenden. Sie bewirken eine weitere Ausgewogenheit von Seele und Mensch.

Auf den ersten vier Stufen des Inneren Weges, der Intensivschulung, erschließt der Schüler Schritt für Schritt die ersten vier geistigen Evolutionsstufen – die Stufen der Ordnung, des Willens, der Weisheit und des Ernstes.

Auf der ersten Stufe des Inneren Schulungsweges, auf der *Stufe der Ordnung,* lernen wir, unsere Gedanken zu ordnen, die Rede zu zügeln, die Sinne zu verfeinern und sie so nach innen zu wenden. Es heißt: Erkenne dich selbst! Es gilt, alle menschlichen Schwächen zu erkennen, sie mit Christus zu überwinden und das erkannte Negative nicht mehr zu tun. Nicht durch Fanatismus, sondern aus Liebe zu Gott treten wir unserem menschlichen Ich –

unserer Selbstsucht und unseren Fehlern – entgegen. Durch Bereuen, Vergeben, Um-Vergebung-Bitten und durch die verwandelnde Kraft Christi werden wir Schritt für Schritt frei für ein Leben in Frieden mit unserem Nächsten.

Auf der zweiten Stufe des Inneren Weges, der *Stufe des Willens,* werden wir sensitiver und durchlässiger für die geistigen Kräfte. Das Gewissen reagiert feiner. Es läßt uns die verschiedenen Aspekte unseres bisher kaum oder nicht bekannten Menschlichen erkennen. Gezielte Aufgaben und Übungen zeigen uns dieses, Schritt für Schritt. So ist es Christus möglich, uns immer mehr über unsere Empfindungen spüren zu lassen, was Sein Wille, das Gesetz Gottes, ist. Zugleich erlernen wir die rechte, gesetzmäßige Konzentration.

Durch die weitgehende Bemeisterung unseres Menschlichen werden wir allmählich frei von den Fesseln der Ichbezogenheit; unser geistiger Horizont weitet sich; Klarheit und innere Stille ziehen in uns ein.

Die *Stufe der Weisheit* beschreiten wir, um unser geistiges Bewußtsein weiter zu entfalten. Die Verwirklichung der ewigen Gesetze schließt uns immer mehr für das Innere Leben auf, so daß wir nun spürbar vom Geistbewußtsein, dem Inneren Helfer und Ratgeber, geführt werden können. Zugleich erschließen wir die Fähigkeit, unsere Nächsten so zu erkennen, wie sie sind – und sehen sie nicht nur so, wie sie scheinen. Das ist uns möglich, weil wir uns im Verlauf dieses Schulungsweges des Inneren selbst erkannt haben.

Durch konsequente schrittweise Verwirklichung der ewigen Gesetze tauchen wir immer mehr in deren beständige Erfüllung ein, in ein Leben der selbstlosen Tat.

Auf der *Stufe des Ernstes* zeigen sich die Früchte der Erfüllung der göttlichen Gesetze durch ein Leben im Geiste Gottes: Der geistig souveräne, klar und geradlinig denkende und handelnde Mensch ist weitgehend frei vom Wollen für sich selbst. Ganz auf das Göttliche, das ewige Ich Bin, ausgerichtet, erfaßt er in allem das Wesentliche, sieht das Positive und baut darauf auf; er erkennt das Gesetzmäßige und wendet es an. So kann das Gesetz, Gott, mehr und mehr durch ihn wirken; er wird zum Miterbauer des Reiches Gottes auf dieser Erde.

Haben wir die Stufe des göttlichen Ernstes erschlossen, so sind wir frei von noch vorhandenen menschlichen Restprogrammen; dadurch lösen wir uns aus dem Rad der Wiederverkörperung.

Unser göttlicher Bruder, Christus, selbst führt uns sodann über unser lichtes Innere in die Vollendung, in das Herz des ewigen Vaters.

Bücher und Cassetten im Universellen Leben

Die großen kosmischen Lehren des
JESUS
von Nazareth
an Seine Apostel und Jünger,
die es fassen konnten.
Das Leben der wahren gotterfüllten Menschen
296 S., geb., Best.-Nr. S 134, DM/SFr 45,-, ÖS 360,-

Das ist Mein Wort
A *und* Ω
Das Evangelium Jesu
Die Christusoffenbarung,
welche die Welt nicht kennt
Sammelband, 1114 Seiten, geb., Best.-Nr. S 007,
DM/SFr 49,50, ÖS 386,-

Christus enthüllt:
Der Dämonenstaat,
seine Helfershelfer und seine Opfer
88 S.,kart., Best.-Nr. S 132, DM/SFr 19,80, ÖS 155,-

Sein Auge
Die Buchhaltung Gottes
Der Mikrokosmos im Makrokosmos
ca. 200 S., Best.-Nr. S 318